2014 山西重点工程大事志

山西省地方志办公室
山西省重点工程领导组办公室

方志出版社

图书在版编目（CIP）数据

2014山西重点工程大事志/山西省地方志办公室，山西省重点工程领导组办公室编. —北京：方志出版社，2015.12

ISBN 978—7—5144—1926—9

Ⅰ.①2… Ⅱ.①山… ②山… Ⅲ.①重大建设项目—大事记—山西省—2014Ⅳ.①F123.6

中国版本图书馆CIP数据核字（2016）第027164号

2014山西重点工程大事志

编　　者：山西省地方志办公室　山西省重点工程领导组办公室
责任编辑：徐　宏

出 版 人：冀祥德
出 版 者：方志出版社
地址　北京市朝阳区潘家园东里 9 号（国家方志馆 4 层）
邮编　100021
网址　http://www.fzph.org
发　　行：方志出版社发行中心
电话　（010）67110500
经　　销：各地新华书店
承　　印：山西省史志印刷厂

开　　本：889mm×1194mm　1/16
印　　张：17
字　　数：447千字
版　　次：2016年1月第1版　　2016年1月第1次印刷
印　　数：0001～3000册

ISBN　978—7—5144—1926—9　　**定　　价：**400.00元

主　修

李小鹏

《2014山西重点工程大事志》编审委员会

主　任：高建民

副主任：李茂盛　廉毅敏　李栋梁　武　涛　姚少峰

委　员：赵群虎　刘益龄　郑小豹　张晓光　梁力民
　　　　史红权　王恩茂

总 主 编：李茂盛

副总主编：姚少峰　梁力民

主　编：郭建平

副主编：刘　先　张运宁　沈　乔

编辑部

主　任：郭建平

副主任：刘　先　张运宁　沈　乔

编　辑：冯翠兰　安丽娜　马晓玲　张　丽　和晓芳
　　　　杜晓宇　李　丽

前言

PREFACE

重点工程作为山西经济建设的“火车头”、“排头兵”和“主力军”，对全省经济社会的全面快速发展，有着举足轻重的作用。翔实、全面记述重点工程全貌，弘扬重点工程决策者、组织者、建设者的可喜成绩，并将其载入史册，是方志工作者的责任和义务。为了让全社会更加关注、了解和支持重点工程，推动全省重点工程建设，自2009年开始,省地方志办公室和省重点工程领导组办公室共同编辑上年《山西重点工程大事志》，受到各级党委、政府和社会各界一致好评。2015年在总结经验的基础上，又编辑出《2014山西重点工程大事志》。

2014年，山西省委、省政府确定了4大类19小类842项省重点工程,并将2014年确定为“项目见效年”。全省重点工程项目单位深入落实全省“综改攻坚、创新驱动、项目见效”会议精神，切实开展“项目见效果”活动，坚持“六位一体”（项目储备、签约、落地、开工、建设和投产），突出统筹推进，充分发挥重点工程对经济社会发展的引领带动作用，为山西省转型发展做出积极贡献。

《2014山西重点工程大事志》，主要收录全省842项重点工程中有代表性的项目，共设概述、新建项目、续建项目、竣工项目、各市重点工程概览五个篇章。新建、续建、竣工项目均按开工或竣工时序排列，每个项目资料由工程主管部门提供，每项重点工程的眉题由编者所加。

编　者

2015年8月26日

上海电气

CONTENTS | 目录

续建项目 | CONTINUED CONSTRUCTION PROJECTS

CONTENTS | 目录

竣工项目 | COMPLETED CONSTRUCTION PROJECTS

附录 | APPENDIX

分类目录 | CATEGORIES

后 记 | POSTSCRIPT

概述

INTRODUCTION

2014年，山西省重点工程建设者按照省委、省政府决策部署，认真贯彻落实全省“综改攻坚、创新驱动、项目见效”大会精神，深入开展“项目见效果”活动，坚持“六位一体”（项目储备、签约、落地、开工、建设和投产），突出统筹推进，不断创新工作机制，凝神聚力，团结协作，全力推进重点工程工作，圆满完成全年任务。

一、任务完成情况

（一）重点工程“六位一体”任务完成

项目储备投资额158019.55亿元，完成年度计划的131.68%；

项目签约投资额24719.36亿元，完成年度计划的164.80%；

项目落地投资额12767.64亿元，完成年度计划的106.40%；

项目开工投资额10819.39亿元，完成年度计划的108.19%；

省市重点工程建设投资额11244.20亿元，完成年度计划的106.48%，其中，省重点工程建设投资额4824.43亿元，完成年度计划的110.32%；

项目投产投资额10846.24亿元，完成年度计划的108.46%（各市落地投资、开工投资、建设投资完成情况见表3、表4、表5、表6）。

2014年全省重点工程“六位一体”任务完成情况表

表 1

序号	名 称		年度目标任务（亿元）	完成额（亿元）	完成率（%）
1	项目储备		120000	158019.55	131.68
2	项目签约		15000	24719.36	164.80
3	项目落地		12000	12767.64	106.40
4	项目开工		10000	10819.39	108.19
5	重点工程建设	省重点工程	4373	4824.43	110.32
		市重点工程	6187	6419.77	103.76
		省市合计	10560	11244.20	106.48
6	项目投产		10000	10846.24	108.46

（二）省重点工程推进有力

产业类项目持续领跑。产业类项目完成投资3365.12亿元，占省重点工程完成投资的近七成，完成年度计划的117.53%，全年一路领先其他类工程。重大基础设施类完成投资524.94亿元，完成年度计划的82.72%。城镇化和生态环保类完成投资322.56亿元，完成年度计划的100.65%。民生社会事业类完成投资611.81亿元，完成年度计划的109.95%。

2014年省重点工程分类投资完成情况表

表 2

项目类别			项目数量	年度投资计划（亿元）	完成额（亿元）	完成率（%）
重大基础设施类		1. 铁路	28	279.81	188.76	67.46
		2. 公路	20	184.30	152.05	82.50
		3. 机场	2	5.90	7.82	132.46
		4. 水利	14	164.57	176.32	107.14
		小　计	64	634.58	524.94	82.72
产业投资类	传统产业	5. 煤炭	58	238.37	375.97	157.73
		6. 焦化	13	139.89	69.62	49.77
		7. 火电（含电网工程）	53	401.54	431.42	107.44
		8. 冶金	20	122.07	228.53	187.21
		小　计	144	901.87	1105.54	122.58
	新兴产业	9. 化工	47	407.00	477.01	117.20
		10. 装备	68	247.88	232.83	93.93
		11.新能源及"四气"产业	106	321.78	374.09	116.26
		12. 材料工业	42	85.36	158.34	185.50
		13. 其他工业	64	232.46	230.58	99.19
		14. 服务业	165	603.17	654.07	108.44
		15. 现代农业	19	63.76	132.66	208.06
		小　计	511	1961.41	2259.58	115.20
	小　计		655	2863.28	3365.12	117.53
城镇化和生态环保类		16. 城镇化	41	247.88	238.25	96.12
		17. 生态环保	31	72.58	84.30	116.15
		小　计	72	320.46	322.56	100.65
民生社会事业类		18. 保障性住房	1	450.00	528.05	117.34
		19. 文教卫生及其他社会事业	50	104.82	83.77	79.92
		小　计	51	554.82	611.81	109.95
合　计			842	4373	4824.43	110.32

大型企业投资主力作用突出：2014年中央企业和省属大型企业投资的省重点工程共224项，年度投资计划1353.23亿元。全年累计完成投资1543.87亿元，完成年度计划

的114.09%。其中，12家中央企业投资72项，年度投资计划的443.21亿元，累计完成投资510.09亿元，完成年度计划的115.09%；14家省属大型企业投资152项，年度投资计划910.02亿元，累计完成投资1033.78亿元，完成年度计划的113.60%。中央企业和省属大型企业投资的重点工程项目累计完成投资占省重点工程完成投资的32%，成为山西重点工程建设的重要力量（见表7、表8）。

（三）“项目见效年”取得实效

2014年，全省上下认真贯彻落实省委、省政府的总体工作部署，全力推进“项目见效年”，全年建成105个项目。铁路建设成效显著。大西客运专线等6条铁路项目如期建成，全省铁路新增运营里程1400公里以上。高速公路新增运营里程850公里，新建改建国省干线700公里。电力项目有4个火电项目和10个风电项目建成投产，全年新增发电装机337万千瓦;煤炭项目有7个项目投产，新增产能1400万吨/年;保障房建成21.02万套;输变电线路新增1905.22公里。水利项目110座病险水库除险加固任务基本完成。

二、主要工作和推进措施

2014年，重点工程各项任务完成，主要得益于以下几点：

（一）贯彻“综改攻坚、创新驱动、项目见效”工作大会精神，层层分解落实各项目标任务

2014年是省委、省政府确定的“项目见效年”，省委、省政府主要领导对重点工程工作高度重视，2月8日，春节刚过，省委、省政府就组织召开全省“综改攻坚、创新驱动、项目见效”大会，动员部署全年的重点工程工作。根据会议安排，全省上下迅速行动，一个月内各市召开了本市的“三合一”（考绩、考人、考廉）动员大会，并将全年重点工程“六位一体”目标任务进行层层分解，逐级建立了目标责任制，强化目标管理和过程管理，严格工作责任和工作措施，责任落实到每个环节、每个岗位和每个个人，确保全年任务按期完成。

（二）领导率先垂范，“对口联系”推进重点工程

为进一步加快推进重点工程建设，2014年省委常委、副省长每人联系两项省级重点工程，各市领导班子成员每人联系所在地域内的省级重点工程，各县领导班子成员也建立了相应的领导联系重点工程制度，全省建立并深化“一个项目、一位领导、一套班子、一抓到底”工作机制。8月份，为确保大西客运专线和中南部铁路通道配套设施与主体工程同步建成投运，又将相关项目纳入了省领导同志对口联系范畴，给予重点推进。省领导率先垂范，成为项目推进的强大动力，极大地加快了项目进展。

（三）省重点工程领导组坚持科学合理的工作机制，调动了各方工作积极性

省重点工程领导组坚持采用科学合理的工作机制，保障全省重点工程顺利推进。一是坚持“月调度、月考核、月排名”，按月对各市、各大企业重点工程“六位一体”任务完成情况进行研判、调度、考核、排名，并将排名在“两台一报”（山西人民广播

电台、山西电视台、《山西日报》）公布。特别是从9月份开始，领导组对重点工程月排名公布办法进行了调整。在公布重点工程“六位一体”排名基础上，重点公布“固定资产投资增速”的第1名和最后1名，形成强烈对比，有效激励了各市奋勇争先的工作积极性。二是进一步强化了过程管理，强化分析研究，确保重点工程在受控状态下顺利推进。从2014年下半年开始，省重点办在每月全省重点工程调度会前增开各市重点办主任月度分析会，对重点工程各项工作的进展情况进行通报和分析，对重点工程投资与固定资产投资之间存在的差异逐月进行比对分析，及时发现工作中存在的问题，提出解决措施，为工作决策提供依据和支撑。

（四）各级政府高度重视，强力推进重点工程建设

各市在落实“项目见效年”总体部署的同时，积极创新思路，在重点工程的调度方式、要素供给机制、保障体系、协调机制等方面勇于探索。太原市定期召开16个行政审批部门联席办公周例会，研究解决重点工程项目手续办理中存在的问题；大同市建立了市委、市政府主要领导“七包联”责任制，深入实地检查，协调解决问题；朔州市推行重点项目问诊制度，将项目存在的困难分类反馈到相关市直部门、县区，集中解决；忻州市开展“项目见效年”服务月活动，对项目前期手续存在问题进行集中办理；吕梁市组织多部门联合进行专项督查，跟踪对照，确保问题解决方案落到实处；晋中市出台《重点项目建设管理指导意见》，建立了更加科学规范的全过程管理模式；阳泉市建立了重点工程办公自动化系统，完善了项目台账；长治市成立项目见效服务办公室，实行“创环境办实事保增长”周报清单制度；晋城市建立了重点工程项目问题台账和问题销号台账，开展了“百日攻坚战”，推进项目建设；临汾市对重大项目实行重点管理、跟进管理、全程服务，实行“一月一推进会”工作制度；运城市强化项目建设法制宣传和法律服务，组建了服务重点项目的律师公证团队等。各市创造性、创新性开展工作，为重点工程的顺利推进提供了坚强保障。

（五）省直部门积极工作，全力保障重点工程推进

全省进一步加大简政放权力度，6月底，省政府发布了《山西省政府核准的投资项目目录（2014年）》，相比2004年，省级核准项目减少16项，减负达到45%。省环

保厅印发了《关于进一步下放建设项目环境影响评价文件审批权限的通知》（晋环发[2014]156号），下放审批权限15项。省发改委、省国土厅、省环保厅、省住建厅、省林业厅、省金融办、省重点办等单位均建立了“绿色通道”，主动服务重点项目，将服务重点工程工作作为重中之重，狠抓落实，提高效率，有效加快项目前期工作。省国土厅、省重点办先后组织召开百亿元项目、装车点项目土地问题对接协调会，主动提供服务；省金融办、省重点办多次组织银企对接会，为项目单位提供金融服务；省重点办、省文物局组织天然气（煤层气）项目专题会议，就有关项目建设涉及文物保护方面的工作现场答疑解惑。

（六）创新工作思路，建立健全规章制度

按照省重点工程领导组的要求积极从制度层面创新管理，2014年省发改委、省投促局分别印发了《山西省项目储备管理办法（暂行）》和《山西省重点工程“六位一体”项目签约管理办法（暂行）》。省重点办印发了《重点工程统计工作规定》《重点工程统计与核查工作要点》《重点工程统计核查工作办法》《山西省重点工程2014年考核办法》《省重点工程项目挂牌督办办法》《关于规范重点工程统计上报工作的通知》和《关于推行重点工程项目管理台账的通知》等一系列规范性文件；着手建立了统计核查、项目档案、项目台账、挂牌督办、百亿元项目调度会等5项新的工作制度。

（七）强化督查工作，解决重点问题

以督查为手段，全面推进重点工程工作。2014年省重点办先后配合组织专项督查20余次。7月底，省考核办组织11个督查组对各市上半年目标责任完成情况进行了督查，重点工程“六位一体”完成情况是督查的重要内容；9月中旬，省政府分为五个组，由省长、副省长带队对11个市“项目见效年”工作进展情况进行督查；11月中旬，省政府

督查室组织全省固定资产重点工程重大项目督查调研。为加快推进“两路”配套设施建设，省政府督查室牵头，省监察厅、省重点办配合，9月上旬对“两路”配套设施建设进展情况进行了全面督查。10月15日-24日，省重点办对建成投运的大西客运专线配套设施工程进行了复查，对中南铁路配套设施及装车点进行了全面督查。2014年底，省政府安排部署的“百日百项”开工工作、“清盘行动”对推进项目开工、竣工发挥了重要作用。

（八）加大协调服务力度，重点推进重大项目

一是进一步完善了省重点工程专题协调会制度，坚持深入一线了解掌握第一手情况，现场研究解决问题，形成与项目单位联动、有关厅局互动的良好工作机制。全年召开协调推进会议100余次，协调解决问题200个以上，重点解决了征地拆迁、压覆矿产、供水供电、排水排污、阻工挡工等一系列推进中存在的问题，确保了省重点工程高效推进。二是将直通车制度实施范围扩展到省重点百亿元项目，并对百亿元项目和战略装车点项目建立专项调度会制度，重点研究解决项目在推进中遇到的审批、土地、资金、拆迁等问题。全年分别召开百亿元项目调度会5次、装车点项目调度会20余次，为项目解决困难60多个。三是对重大问题实行挂牌督办，做到责任单位、责任领导、责任人、解决办法、解决时限“五到位”。定期通报情况，严格问责，及时帮助企业和项目解决重大问题。全年共下发督办通知书5份，涉及4个项目，解决了4个问题。

2014年，在全省各级各部门的共同努力下，克服困难，取得了显著成绩。但在工作推进中，依然存在项目数量多、投资规模大、管理跟不上，项目前期工作滞后、质量不高，制约因素增多，推进手段落后，项目接续乏力等诸多困难。需要在今后的工作中，坚持改革的思路，依法治国的理念，切实转变工作作风，提高管理水平，强化服务，创优环境，为促进富民强省做出应有贡献。

表 3

2014年各市落地项目情况表

市别	年度目标任务（亿元）	落地投资额（亿元）	完成额排名	完成率（%）	完成率排名
太原市	1264	1596.39	1	126.30	1
大同市	1115	1198.95	5	107.53	5
朔州市	1159	1174.09	6	101.30	8
忻州市	748	866.52	10	115.85	2
吕梁市	1433	1209.24	4	84.39	11
晋中市	1078	1150.11	7	106.69	6
阳泉市	484	490.52	11	101.35	7
长治市	1242	1243.62	3	100.13	10
晋城市	973	1125.86	9	115.71	3
临汾市	1376	1575.95	2	114.53	4
运城市	1128	1136.38	8	100.74	9
合 计	12000	12767.63	—	106.40	—

表 4

2014年各市开工项目情况表

市别	年度目标任务（亿元）	开工投资额（亿元）	完成额排名	完成率（%）	完成率排名
太原市	1484	1579.30	1	106.42	7
大同市	717	723.30	10	100.88	10
朔州市	1219	1220.41	4	100.12	11
忻州市	700	770.56	8	110.08	5
吕梁市	856	1001.70	5	117.02	2
晋中市	835	900.37	6	107.83	6
阳泉市	488	504.70	11	103.42	8
长治市	1310	1325.78	2	101.20	9
晋城市	632	749.38	9	118.57	1
临汾市	1054	1223.51	3	116.08	4
运城市	706	820.37	7	116.20	3
合 计	10001	10819.38	—	108.19	—

表 5

2014年各市投产项目情况表

市别	年度目标任务（亿元）	投产投资额（亿元）	完成额排名	完成率（%）	完成率排名
太原市	1464	1571.19	1	107.32	6
大同市	769	808.04	8	105.08	8
朔州市	750	815.68	7	108.76	5
忻州市	675	755.88	9	111.98	3
吕梁市	1283	1285.31	2	100.18	10
晋中市	1039	1130.19	4	108.78	4
阳泉市	454	471.39	11	103.83	9
长治市	1111	1111.04	5	100.00	11
晋城市	663	701.75	10	105.84	7
临汾市	1009	1253.74	3	124.26	1
运城市	783	942.03	6	120.31	2
合 计	10000	10846.24	—	108.46	—

表 6

2014年各市省市重点工程投资完成情况表

市别	省重点工程完成额（亿元）	省重点工程完成额排名	省重点工程完成率（%）	省重点工程完成率排名	市重点工程完成额（亿元）	省市完成额合计（亿元）
太原市	681.78	2	111.04%	7	678.91	1360.69
大同市	328.63	8	92.31%	11	747.25	1075.88
朔州市	427.86	5	115.02%	4	286.65	714.51
忻州市	385.89	7	121.73%	1	414.16	800.05
吕梁市	866.41	1	108.85%	8	353.62	1220.03
晋中市	478.61	3	108.53%	9	523.16	1001.77
阳泉市	152.73	11	117.48%	3	323.44	476.17
长治市	464.35	4	103.65%	10	767.16	1231.51
晋城市	297.07	10	111.26%	6	594.79	891.86
临汾市	324.29	9	112.99%	5	973.15	1297.44
运城市	416.81	6	120.81%	2	757.48	1174.29
合 计	4824.43	—	110.32%	—	6419.77	11244.20

表 7

2014年省属企业投资项目完成情况表

企业名称	项目数量	年度计划（亿元）	完成投资额（亿元）	完成额排名	完成率	完成率排名
晋能集团	27	137.18	202.30	1	147.47	4
同煤集团	25	164.50	166.89	2	101.45	9
阳煤集团	15	98.53	132.67	3	134.65	5
潞安集团	13	109.50	122.54	4	111.91	6
山西焦煤	17	103.43	105.40	5	101.90	8
晋煤集团	14	57.70	91.34	6	158.30	1
太钢集团	4	38.00	58.70	7	154.47	3
国际能源	8	31.68	49.46	8	156.12	2
能投集团	5	107.00	42.87	9	40.07	13
国新能源	15	28.10	31.25	10	111.21	7
山煤集团	3	20.00	19.87	11	99.35	11
太重集团	4	6.20	5.45	12	87.90	12
经贸集团	1	5.00	5.04	13	100.80	10
汾酒集团	1	3.20	0.00	14	0.00	14
合 计	152	910.02	1033.78	—	113.60	—

表 8

2014年央企投资项目完成情况表

企业名称	项目数量	年度计划（亿元）	完成投资额（亿元）	完成额排名	完成率	排名
省电力公司	4	81.54	102.37	1	125.55	7
华润集团	12	60.60	73.90	2	121.95	8
大唐集团	14	51.79	69.42	3	134.04	3
太原铁路局	11	67.64	58.77	4	86.89	11
华电集团	7	26.40	39.43	5	149.36	2
国电集团	9	30.07	37.76	6	125.57	6
大西客专公司	1	25.00	32.00	7	128.00	5
中煤集团	5	38.00	25.78	8	67.84	12
华能集团	3	19.70	25.46	9	129.24	4
晋豫鲁铁路公司	1	23.00	25.06	10	108.96	9
中电投集团	3	11.00	10.20	11	92.73	10
中广核集团	2	5.47	9.94	12	181.72	1
合 计	72	443.21	510.09	—	115.09	—

新建项目

2014年6月25日，省长李小鹏（前排中）到吕梁兴县500千伏变电站调研

转型服务 跨越发展

山西电网输变电工程

2014年是山西省重点工程“项目成效年”，按照省委、省政府的统一部署和要求，国网（国家电网）山西省电力公司坚持“依法开工、有序推进、均衡投产”的工作要求，加强工程安全、质量、进度的控制，加强投资管控。对涉及铁路牵引站、电厂送出、高速公路、煤矿双电源建设及一些大型工程项目的配套供用电项目，建立公司领导联系制度，实行领导责任分工，配合服务省重点工程建设，全面完成年度建设任务，对拉动全省经济平稳较快发展发挥了积极作用。

一、项目概况

国网山西省电力公司全年完成电网基建投资102.37亿元，累计新开工110千伏及以上输变电工程46项，线路长度1368.56公里，变电容量421.3万千伏安；竣工投产110千伏及以上输变电工程59项，线路长度2230.12公里，变电容量965.8万千伏安；110千伏及以上工程国网优质率100%，获得“鲁班奖”1项，中国电力行业优质奖2项。

2014年国网山西省电力公司110千伏及以上输电变工程投产情况表

表 9

项　　目	建设规模		投产日期	建设管理单位
	线路长度（公里）	变电容量（千伏安）		
合　　计	2230.12	965.8		
一、500千伏工程（合计）	396	400		
吕梁兴县输变电工程	298	200	2014-05-30	国网山西省电力公司建设管理中心
大同东输变电工程	98	200	2014-09-30	国网山西省电力公司建设管理中心
二、220千伏工程（合计）	1184.52	336		
长治西旺输变电工程	9.4	36	2014-03-30	国网山西省电力公司建设管理中心
太原迎西输变电工程	8.8	48	2014-03-30	国网山西省电力公司建设管理中心
临汾翼城南输变电工程	37	36	2014-01-30	国网山西省电力公司建设管理中心
晋中两渡输变电工程	57.2	36	2014-08-30	国网山西省电力公司建设管理中心
运城临猗输变电工程	28.12	36	2014-08-30	国网山西省电力公司建设管理中心
临汾隰县输变电工程	163.6	36	2014-02-28	国网山西省电力公司建设管理中心
康宁220千伏输变电工程	62.5	36	2014-09-30	国网山西省电力公司建设管理中心
石楼东卫输变电工程	160	36	2014-12-30	国网山西省电力公司建设管理中心
蒲县输变电工程	68.6	36	2014-03-30	国网山西省电力公司建设管理中心
隰县牵引站供电工程	43.6		2014-06-30	国网山西省电力公司建设管理中心
蒲县牵引站供电工程	11.6		2014-06-30	国网山西省电力公司建设管理中心
辛堡牵引站供电工程	8.8		2014-06-30	国网山西省电力公司建设管理中心
北韩牵引站供电工程	60		2014-06-30	国网山西省电力公司建设管理中心
安泽牵引站供电工程	94		2014-06-30	国网山西省电力公司建设管理中心
安和牵引站供电工程	111.3		2014-04-30	国网山西省电力公司建设管理中心
王家庄牵引站供电工程	39.5		2014-04-30	国网山西省电力公司建设管理中心
沙峪牵引站供电工程	10		2014-04-30	国网山西省电力公司建设管理中心
临汾侯马电厂送出工程	57.2		2014-05-30	国网山西省电力公司建设管理中心
朔州应县白马石风电场送出工程	30.8		2014-05-30	国网山西省电力公司建设管理中心
忻州偏关水泉风电场送出工程	21.5		2014-10-30	国网山西省电力公司建设管理中心
朔州右玉丁家窑总了山风电场送出工程	10		2014-10-30	国网山西省电力公司建设管理中心

续表 9

大同广灵卧羊场风电场送出工程	14		2014-09-30	国网山西省电力公司建设管理中心
忻州静乐康家会风电场送出工程	24		2014-05-30	国网山西省电力公司建设管理中心
朔州丁家窑风电场送出工程	30		2014-09-30	国网山西省电力公司建设管理中心
运城闻喜后宫茨庙风电场送出工程	23		2014-12-30	国网山西省电力公司建设管理中心
三、110千伏安工程（合计）	649.6	229.8		
太原迎泽输变电工程	5.2	10	2014-03-30	国网太原供电公司
长治屯留高头寺输变电工程	11.8	10	2014-02-28	国网长治供电公司
运城万荣城南输变电工程	29.4	8	2014-01-30	国网运城供电公司
太原南峪变电站增容及第二电源工程	17.5	4	2014-09-30	国网太原供电公司
太原古交草庄头输变电工程	32.5	10	2014-08-30	国网太原供电公司
朔州怀仁南家堡变电站增容改造工程		10	2014-06-30	国网朔州供电公司
朔州右玉吐儿水输变电工程	19.7	10	2014-06-30	国网朔州供电公司
朔州山阴八里庄输变电工程	33.2	10	2014-06-30	国网朔州供电公司
晋中榆次北郊增容工程		5	2014-03-30	国网晋中供电公司
吕梁孝义西盘梁输变电工程	10.2	12.6	2014-10-30	国网吕梁供电公司
阳泉城区东区输变电工程	27.1	15	2014-01-30	国网阳泉供电公司
长治城北输变电工程	5.8	10	2014-06-30	国网长治供电公司
晋城沁水龙港西输变电工程	33.6	10	2014-10-30	国网晋城供电公司
晋城阳城润城东输变电工程	22.8	12.6	2014-11-30	国网晋城供电公司
晋城阳城固隆（次营）输变电工程	9.6	10	2014-04-30	国网晋城供电公司
晋城泽州川底北输变电工程	9.9	15	2014-06-30	国网晋城供电公司
临汾大宁输变电工程	52.6	8	2014-08-30	国网临汾供电公司
临汾尧都空港输变电工程	5	10	2014-11-30	国网临汾供电公司
临汾翼城南梁输变电工程	22.8	10	2014-07-30	国网临汾供电公司
运城河津西庄输变电工程	16.2	10	2014-05-30	国网运城供电公司
运城新绛南社输变电工程	20.8	10	2014-06-30	国网运城供电公司
运城永济吕车变电站增容改造工程	9.2	4	2014-03-30	国网运城供电公司
运城临猗姚村输变电工程	17.8	10	2014-11-30	国网运城供电公司
大同南郊北村输变电工程	2.6	5.6	2014-02-28	国网大同供电公司

续表 9

长治西旺变电站接续工程	9		2014-01-30	国网长治供电公司
太原迎西变电站接续工程	14		2014-03-30	国网太原供电公司
临汾翼城南变电站接续工程	25		2014-01-30	国网临汾供电公司
临汾隰县变电站接续工程	55.1		2014-02-28	国网临汾供电公司
临汾蒲县变电站接续工程	55.2		2014-08-30	国网临汾供电公司
晋中灵石两渡变电站接续工程	25		2014-09-30	国网晋中供电公司
运城临猗变电站接续工程	30		2014-08-30	国网运城供电公司
朔州牛家岭风电场送出工程	21		2014-10-30	国网朔州供电公司

二、典型工程

中南铁路220千伏供电工程

中南铁路通道，是国家中长期铁路网规划的重要组成部分、“十一五”铁路建设重点工程，是连接中国东西部的重要煤炭资源运输通道，是世界上第一条按万吨重载铁路标准建设的铁路，是山西省电网建设近年来最为密集开工的一个项目群。该铁路西起山西省吕梁市瓦塘镇，从河南省台前县跨越黄河，进入山东省梁山县，横穿山东省中西部，东至山东省日照港，横贯晋豫鲁三省，全长1260公里，其中山西省579公里。建设标准为国家Ⅰ级双线电气化重载铁路，最高时速120公里，设计轴重30吨，设计运输能力2亿吨/年。

中南铁路配套供电工程是山西省政府及国网山西省电力公司确定的2014年度山西电网的重点建设项目。它的建成将满足中南部铁路通道（山西段）用电需求，保障电铁供电安全性和可靠性。

中南铁路供电工程共新建8座变电站：石楼东卫、柳林张家庄、临县大居、兴县康宁、临汾隰县、临汾蒲县、长治荫城，变电容量252万千伏安。

变电扩建工程9个：吕梁500千伏变电站间隔（兴县）扩建、吕梁500千伏变电站间隔（张家庄）扩建、吕梁500千伏变电站间隔（东卫）扩建工程、壶口220千伏变电站间隔扩建、洪洞西220千伏变电站间隔扩建、明姜220千伏变电站间隔扩建、尧都220千伏变电站间隔扩建、永乐220千伏变电站间隔扩建、神农220千伏变电站间隔扩建。

牵引站配套供电工程14个，分别为兴县、白文、三交、孟门、留誉、石楼、蒲县、隰县、辛堡、北韩、安泽、安和、沙峪、王家庄牵引供电工程。配套线路34条，折算单回路长度1395.6公里。

技术人员正在进行导线测量

建设高品质电网工程

山西城市中低压电网建设与改造项目

2014年，国家电网公司下达国网山西省电力公司生产技改计划306项，共51822.5万元。其中，运检专业技改132项，共33672万元；调控专业技改118项，共12989.5万元；通信技改44项，共3451万元，安全措施10项，共1280万元，其他技改2项，共430万元。

一、项目概况

截至2014年底，生产技改项目完成投资39793.3万元。其中输电专业：线路防雷改造6基，线路防冰改造5基，线路防外破改造9基，线路拉V塔、拉门塔改造1116基，电缆化（含架空入地）6.27公里/8条，线路交叉跨越改造57基/5条，更换耐热导线24.6公里/3条；变电专业：遮断能力不足断路器改造6台，通流能力断路器改造24台，通流能力不足隔离开关改造95组，同流能力不足互感器改造26支，防外破改造8站，薄绝缘主变改造3台/80兆伏安，铝线圈变压器改造4台/77兆伏安，抗短路能力不足变压器改造，19台/1137兆伏安，断路器无油化改造441台，高型、半高型装置支构架改造135站，变压器增容改造16台，电网无功优化改造25兆乏（var，无功功率单位）；配电专业：断路器无油化改造624台，高耗能配变更换66台/12.72兆伏安，配电线路绝缘化改造38.84公里/15条。

二、项目管理

2014年，国网山西省电力公司开展技改项目前期管理，综合考虑基建、迁改、技改、大修需求，优先安排“综合大检修”项目，合理安排停电计划。3月份完成全部项目初设审查工作，4月份下达初设批复，8月份全部完成招标采购工作。所属各单位技改竣工投产项目及时进行结算，核实、审定动用工程预备费改造内容，并督导按期完成。首次开展技改项目后评价工作。委托国家电网山西经济技术研究院对“国网长治供电公司220千伏侯堡变电站综合改造”等5个项目从项目立项、实施过程、效益和改造目标等进行了全面、系统、客观的分析评价，总结经验，促进提高投资决策和项目管理水平。

三、技术改造重点

一是落实反事故措施，安排220千伏抗短路能力不足变压器更换、返厂大修、低压侧加装限流电抗器、快速限流开断器；更换运行超过20年的薄绝缘或铝线圈变压器；更换动稳定不足的断路器，更换运行超过20年存在隐患的开关柜；更换存在隐患、运行超过20年或难以修复的隔离开关、接地开关，更换等径型隔离开关；更换运行12年以上且运行不稳定的直流充电装置、直流馈线屏、交流屏；更换8年以上且容量不足80%额定容量的蓄电池组。二是有序更换存在缺陷的SAS550型500千伏电流互感器。三是对存在隐患缺陷无法消除的防误闭锁装置，实施升级改造或更换。四是安排运行年限超过30年的220千伏、超过35年110千伏老旧输电线路改造。五是改造输送能力存在“瓶颈”“卡脖子”等问题的重要线路。六是对跨越电气化铁路、高速公路、重要线路进行差异化改造，对跨越民房及危及群众安全的线路进行改造。七是对受到“山体滑坡”“采空区”影响，存在重大隐患的线路进行治理。八是针对部分存在时段性、季节性负荷大幅变化的台区，安装智能型调容配电变压器。九是针对运行中的配变过负荷问题，配置配网用轮换变压器，结合开展台区低电压治理和无功电压治理。

华北地区最大压差液化天然气工程

阳曲天然气液化调峰储气设施项目

Back ground 背景资料

液化天然气作为天然气应用领域的一大发展方向，近年来得到快速发展，用气量逐年攀升。由于天然气液化后，体积可缩小至原来的1/600，因此与管道输送相比，不仅可节省巨额管网投资，而且不受地域限制，使用更为灵活方便。依据国新能源集团公司官网大盂首站压力及大气量优势，山西天然气有限公司大盂首站接收陕京二线阳曲分输站天然气，天然气进站压力7.8兆帕斯卡，出站压力3.1兆帕斯卡，输气能力500×104立方米/天，为了充分利用客观存在的余压能，解决下游城镇燃气峰谷差问题，确保供气安全，2012年山西天然气有限公司与北京众能伟业投资有限公司签订合作框架协议，把北京众能伟业投资有限公司的压差式节能液化技术、山西天然气有限公司的天然气资源、太原地区优势整合起来，打破了部门和区域限制，实现了最佳配置和最优组合，提高了天然气开发利用能力。

阳曲县天然气液化调峰储气设施项目（以下简称项目），位于阳曲县城北侧的大盂镇大泉沟村，陕京二线阳曲加压站东侧。采用压差式专利技术进行处理，将来气的压力能通过天然气膨胀机回收，为天然气液化提供冷量。项目建成后，预计平均年销售收入为51234.63万元，年均上缴税金额2296.94万元（其中，增值税1091.67万元，所得税为1096.10万元，营业税金及附加109.17万元），年均净利润3406.79万元。预计可吸纳就业人数为151人。

一、审批立项

2014年5月22日，太原市发展和改革委员以并发改审批发〔2014〕106号文核准项目。

二、工程建设

1. 投资规模

项目总投资估算为40343.04万元，其中：工程建设投资为39283.24万元（建筑工程费4958.07万元，设备购置费17726.30万元，安装工程费5740.00万元，其他工程费7287.67万元，基本预备费3571.20万元），建设期利息为900.56万元，流动资金为159.23万元（其中：铺底流动资金为47.77万元）。

2. 建设规模

项目总征地面积135.68亩，其中厂区49.66亩，办公楼6.02亩，未调规80亩。总建筑面积为77.49亩。

项目建成后规模为51.5万立方米/日，按16995万立方米/年计算，其中：气化调峰规模为30万立方米/天，一年合计900万立方米用于气化调峰。

3. 建设工期

项目于2014年2月10日开工，竣工时间预计为2015年6月10日，6月18日投产。建设工期为16个月。

4. 工程进展

（1）筹资进度

截至2014年底，项目自筹资金已到位5000万元，未到款5000万元，委托贷款12500万元，银行贷款11500万元，煤炭可持续发展基金460万元，低息债券5000万元，合计到位资金34460万元。

（2）施工进度

项目于2014年2月完成选址、征地调规等前期工作后进场开始土方回填工程，3月～5月主要进行地基处理工程，6月～7月进行设备及厂房基础工程，8月～12月进行设备安装及工艺配管、电气等工程。

三、组织机构

1. 主管单位

山西省国新能源发展集团有限公司

2. 设计单位

成都华润燃气设计有限公司

3. 管理单位

山西众能天然气有限公司

4. 监理单位

胜利油田新兴监理咨询有限公司

5. 承建单位

中石化第四建设有限公司

阳泉市生态新城的交通主干道

漾泉大道二期建设工程

漾泉大道二期项目（以下简称项目）位于阳泉市生态新城项目完工后，将成为阳泉市生态新城的主干道，对于完善城市路网体系、方便市民出行具有重大意义。

一、审批立项

2013年8月23日，山西省发展和改革委员会以晋发改设计发〔2013〕1807号文核准项目。

二、工程建设

1. 投资规模

项目投资金额96515.48万元，全部由市财政自筹。截至2014年底，工程已完成投资约2.85亿元，其中拆迁安置费约1.3亿元，工程建设费约1.55亿元。

2. 建设规模

项目位于阳泉市生态新城，总占地面积983.82亩，其中西段占地面积488.88亩，北段占地面积494.94亩。起点为平潭立交桥，终点至新城大道，全长6.09公里，分为西段和北段两部分。西段全长3.21公里，道路宽度20米～50米；北段全长2.88公里，道路宽度73米。

3. 建设周期

项目于2014年2月15日开工，计划竣工时间为2016年3月23日，建设工期为2年。

4. 项目进展

截至2014年底项目：

（1）西段：桃林沟地段正在进行地基强夯处理工作；

（2）北段：北段桃林沟至魏家峪大桥段已完成强夯地基处理，正在进行路基填筑工作；

（3）魏家峪大桥正在进行桩基施工；

（4）魏家峪桥东段路基填筑工作已基本完成，正在进行管道埋设工作，管涵安装已经完工；

（5）李荫路箱涵及李荫路恢复工程已完工，于2014年10月恢复通车；

（6）李荫路箱涵至新城大道段路基、管网、水稳基层等已全部完成。

三、组织机构

1. 主管单位

阳泉市生态新城建设管理委员会

2. 设计单位

阳泉市康德建筑工程设计有限责任公司

3. 建设单位

山西建筑工程（集团）总公司

4. 监理单位

阳泉市工程建设监理中心

5. 承建单位

山西八建集团有限公司

注　签 Note Check

阳泉漾泉大道线路全长10.75公里，宽53米，绿化带40米，起点设于阳泉市郊区白家庄村北，与在建阳盂高速公路阳泉互通相接。

优化路网结构 缓解交通压力

阳泉市泉西路建设工程

泉西路是贯穿阳泉市区南北方向的一条重要城市道路，是阳泉市十大标志性重点工程之一。阳泉市泉西路建设项目（以下简称项目）建成后可直接分流泉中路的交通流量，有效缓解南北向交通压力，优化路网结构，方便百姓出行。

一、审批立项

2013年，山西省发展和改革委员会以晋发改资环发〔2013〕2060号文批准项目建设。

二、工程建设

1. 投资规模

项目总投资为3.47亿元，其中工程费用2.41亿元，拆迁安置等费用1.06亿元，均为阳泉市财政投资。

2. 建设规模

项目起点为宏成桥南口，向南下穿简子沟铁路，在阳泉市物资集团公司西河滩仓库处设置一座半径为65米的螺旋高架桥，跨越石太铁路后修建长190米的隧道连接至南大西街，道路全长1.18公里，标准路宽21米，双向四车道加人行道，道路等级为城市次干道，时速30公里/小时。

3. 建设周期

项目于2014年3月正式动工，计划于2015年6月底完工。

4. 工程进展

截至2014年底，道路支护桩已全部完成，土方开挖52000余立方米，土钉墙完成390平方米。

5. 主管单位

阳泉市住房保障和城乡建设管理局城市道路改扩建工程办公室

2014年1月7日，高河电厂筹备处负责人与长子县领导人就项目相关事项进行研究

“煤电一体化”大型坑口发电工程

高河2×66万千瓦低热值煤发电项目

潞安长子高河2×66万千瓦低热值煤发电项目（以下简称项目），是潞安集团为高河煤矿配套筹建的“煤电一体化”大型坑口发电工程。该项目既是山西省“十二五”规划的重点低热值煤发电项目，也是支撑晋东南1000千伏交流特高压输电线路运行的重点外送电源项目。项目建成后，将有力支撑1000千伏特高压线路的运行，促进山西省变输煤为输电、“西电东送”战略的实施。投产后，预计年发电量约60亿千瓦时，年销售收入约24亿元，年创利税约6亿元，可直接或间接安置就业约500人。同时，还将带动和拉动上下游产业链的进一步发展，促进长子县经济良性发展，对提高当地生活水平，全面实现小康目标具有重要意义。

一、审批立项

2014年4月21日，山西省发展和改革委员会以晋发改能源发〔2014〕538号文同意项目开展前期工作。

二、工程建设

1. 投资规模

项目总投资约45亿元。2014年8月5日，中国银行对项目出具贷款承诺函，进一步落实项目建设的资金来源。

2. 建设规模

项目位于山西省长治市长子县宋村乡谷村附近的高河煤电园区内，由潞安集团、格盟国际和万浦电力分别按35%、35%和30%的比例，共同合资建设经营。

项目拟采用超超临界间接空冷汽轮发电机组，配两台高效煤粉炉，同期配套建设脱硫脱硝及粉煤灰综合利用设施。水源为长治市城市中水，所用燃料为高河煤矿及其配套洗煤厂生产的洗中煤、煤泥及洗矸等低热值煤，不足部分由潞安集团所属的李村、古城、余吾、司马、王庄、常村、郭庄、慈林山等煤矿及配套洗煤厂补充。

3. 建设周期

项目计划2015年正式开工建设，2017年投产发电。

4. 工程进度

2014年5月20日，项目举行了现场“五通一平”简短开工仪式。截至2014年底，厂区初步平场工作已结束，厂区临时围栏已全部安装完毕，厂区地面附属物拆迁补偿方案已组织实施落实到位。

2014年6月，高河电厂筹备处分别对环境影响评价、水资源论证、接入系统设计、规划选址、劳动安全评价、地质灾害评估、地震安全评价、压覆矿产、文物勘探等专题论证报告咨询单位进行了资质审查和商务谈判，并委托及时开展相关工作。

5. 主管单位

山西潞安矿业（集团）有限责任公司

阳煤首个低热值煤发电项目

寿阳明泰2×35万千瓦低热值煤发电工程

Back ground 背景资料

寿阳明泰2×35万千瓦低热值煤发电项目由阳泉煤业(集团)有限责任公司、山西博大集团寿阳京鲁煤业有限责任公司、北京博奇环保科技有限公司三方合资建设。三方股东股比结构为阳煤集团45%、寿阳博大30%、北京博奇25%。

寿阳明泰2×35万千瓦低热值煤发电项目（以下简称项目）位于晋中市寿阳县温家庄乡。项目建成后，每年可利用当地的矸石、中煤307万吨以上，不但充分利用了能源，也减少了矸石和中煤运输对大气环境的影响，有利于保护土地资源和保护大气环境。项目投产后，预计年利税总额3.58亿元（其中年利润总额2.5亿元，年税总额1.08亿元），年发电量35×10^8千瓦时。近期（2016年）可兼顾供热面积576万平方米，远期（2020年）可兼顾供热面积874万平方米。项目可吸纳就业人数180人，可有效地带动当地经济发展，增加居民收入。

一、审批立项

2014年4月21日，山西省发展和改革委员会以晋发改能源发〔2014〕533号文同意项目开展前期工作。

二、工程建设

1. 投资规模

项目总投资32亿元，自筹资金8亿元(各股东方按股比出资)，剩余资金申请银行贷款。其中自筹资金占总投资比例为25%。

2. 建设规模

项目征地面积为361.87亩，建设规模2×35万千瓦。

3. 建设周期

项目计划于2015年7月开工，2016年12月一台机组发电。建设工期为18个月。

三、组织机构

1. 主管单位

山西阳泉煤业（集团）有限责任公司

2. 项目法人代表

杨忠武

3. 设计单位

中国能源建设集团山西电力勘测设计院

4. 监理单位

山西锦通工程项目管理咨询有限公司

5. 承建单位

中国电力工程顾问集团中南电力设计院和山西省电力公司电力建设三公司（联合体）

小店新区奠基

新技术、新工艺、新设备、新材料建设的产业项目

汾西重工新区建设工程

Back ground 背景资料

山西汾西重工有限责任公司隶属于中国船舶重工集团公司，是国家“一五”期间156项重点建设项目之一，是国家生产水下装备、中小电机、煤炭装备的大型骨干企业，是山西省高新技术企业，国家级企业技术中心。拥有中船重工电机科技股份有限公司、山西汾西机电有限公司、山西汾西热能工程有限公司、北京赛思亿电气科技有限公司、青岛海西电机有限公司、装备制造公司、后勤发展公司等多家控股公司和直属单位。在北京建有高端研发中心，在太原、无锡、青岛建有制造中心。

2011年根据山西省总体产业规划，煤机装备业将成为支柱产业，山西汾西重工有限责任公司矿用产品生产有近30年的历程，符合山西省的产业政策。现有厂区主要生产军品、矿用机电产品、安全装备产品及风力发电机、板式换热器等产品，厂区生产条件不能满足产品生产发展的需求。由于产品较多，生产规模逐年增长，部分产品的发展受到场地、配套设施的限制，需要扩展生产用地来解决企业后续发展的问题。根据中国船舶重工集团公司与山西省政府签署的战略协议，公司与太原经济技术开发区于2011年5月份签署了《入园协议书》，协议书中确定了在开发区征地160亩建设矿用机电设备制造园区，即汾西重工新区项目建设工程（以下简称项目）。项目建成后，在现有船陆用发电机和风力发电机生产线产能基础上，补充建设新型防爆电动机生产线，在产品上形成船陆用发电机、风力发电机、高效节能电动机三个系列产品的协同发展，形成大、中、小电机的生产格局，覆盖电机应用的各个领域。同时，兼顾公司空气分离、油气回收、救生设备等产品，补充相关能力建设，集聚产业优势。

一、审批立项

截至2014年底，山西省发展和改革委员会以晋发改备案〔2010〕206号、〔2013〕19号文件备案项目。随后项目以太原市〔2013〕经让准字第11号文件获得建设用地批准书，以地字第140100201327010号文件获得建设用地规划许可证，以晋环函〔2013〕72号文件获得山西省环保厅对项目（一期）环境影响报告表的批复。

二、工程建设

1. 投资规模

项目总投资2.4亿元，其中，中央企业投资40%，其他投资占60%。资金来源为企业自筹1亿元，银行贷款1.4亿元。截至2014年底项目实际完成投资0.4亿元。

2. 建设规模

项目建设地点位于太原市经济技术开发区，厂区占地面积48153平方米，净用地面积39717平方米。主要建设25800平方米的联合厂房，生产辅房为5层钢框架结构。室外工程包括空压机房、调压站、锅炉房、配电室、水泵房及水池、道路等。同时新增工艺设备77台（套），搬迁设备近100台（套）。形成电机系列产品生产线，新增电动机160万千瓦，空气分离装置、油气回收装置等年产110台生产能力。

主要建筑技术指标：联合厂房的车间部分采用轻钢结构，共4跨，每跨24米、30米、30米、24米，柱距12米，轨顶标高为15米，高度为19.7米；生产辅房楼采用框架结构，层数为5层，高度为20.3米。总建筑面积为26260.03平方米。

表 10

技术经济指标表

序号	名称	单位	数量
1	总占地面积	平方米	48153
2	净用地面积	平方米	39717
3	总建筑面积	平方米	26260.03（44602.26）
4	建筑容积率	–	0.93
5	建筑占地系数	百分比	43
6	道路面积	平方米	9300
7	绿地率	百分比	17
8	停车位	辆	108
9	联合厂房	平方米	25708.48(44050.71)
	车间部分	平方米	18342.23(36684.46)
	生活间部分	平方米	7366.25
10	动力用房	平方米	443
11	门卫	平方米	98.55

3. 建设周期

项目于2014年4月开工，预计2016年12月竣工。

4. 设计特点

（1）工艺设计

工艺设计方案执行环保、消防、节能、安全和工业卫生等国家有关法令法规、标准规范。工艺选择要求先进合理，采用新技术、新工艺，减少工程投资，减低运行费用；贯彻专业协作原则，努力实现适用性和前瞻性、先进性和经济性的统一。

（2）规划特点

规划设计中，在满足建筑功能的同时，致力营造一种时代建筑的形象。建筑外形上采用简单的几何形体，遵从简洁、鲜明的建筑风格，严谨的线条划分，充分体现现代建筑简洁、纯净的建筑形式，并且突出企业形象，彰显业主直率的风格，挺拔的立面形象显示企业的大度又不乏庄重、典雅。

（3）主要系统设计

交通系统设计：便捷安全的交通，地块内出主要道路为12米，次要道路为8米，内、外部交通和物流都十分便捷。

景观、绿化系统设计：生产区厂房四周均设有6米的带状绿地，形成连续的绿色空间，使企业有足够的公共绿地，享受从私密空间到公共空间多层次的丰富生态环境景观，并将区域的景观引向城市。厂区内利用道路两侧及建筑物四周种植乔木、灌木及草坪，绿化、美化环境，造就花园式厂区。

5. 项目进展

2014年3月，项目进行了土方回填及桩基工程招标，4月20日开工进场进行土方回填工程，5月底开始进行桩基工程施工。7月初完成桩基工程。截至2014年底，已取得手续的用地量70亩，进行了项目主体招标，确定山西诚泰建设工程公司进行主体建设。

三、组织机构

1. 主管单位

山西省国防科技工业办公室

2. 项目法人

山西汾西重工有限责任公司

项目负责人：王德应

3. 设计单位

山西省机械设计院

4. 监理单位

太原理工大学监理公司

5. 承建单位

山西诚泰建设工程公司

延伸产业链条实现焦炉气综合利用

阳煤丰喜稷山焦炉气综合利用生产尿素联产LNG转型升级项目

Back ground 背景资料

稷山西社新型煤化工循环经济工业园区位于稷山县西社镇，是山西省确定的省级新型工业化产业示范基地。该园区各项手续齐全，项目用地、用水和电力供应充足，周边煤炭资源丰富，交通四通八达。园区内有数家大型焦化企业，已形成了250万吨焦化产业规模，有着丰富的焦炉气资源。

山西阳煤丰喜肥业（集团）有限责任公司稷山焦炉煤气综合利用生产尿素联产LNG转型升级项目（以下简称项目），是阳煤丰喜在稷山西社新型煤化工循环经济工业园区实施的首期工程。项目以园区内富余的焦炉气为主要原料，以水煤浆气化为补充，采用国内先进的水煤浆加压气化、等温变换新工艺、深冷分离及二氧化碳汽提法等工艺技术，新建一套以焦炉气为主要原料，生产尿素联产LNG示范装置。项目不仅从根本上解决了园区内焦炉气的出路问题，而且使园区内的整体产业实现了横向成群、纵向成链、上下游一体化的循环发展模式。可安排就业人员700名。项目符合国家节能减排、大力发展循环经济的政策导向，经济效益、社会效益显著，发展前景广阔。

一、审批立项

2013年6月7日，山西省经济和信息化委员会以晋经信投资字〔2013〕300号文备案批复项目。11月21日，山西省经济和信息化委员会以晋经信投资字〔2013〕454号文备案批复项目建设内容变更。

二、工程建设

1. 投资规模

项目概算投资243195.83万元，资金来源为企业自筹和银行贷款，其中企业自筹7亿元，占28.78%。

2. 建设规模

项目占地约1200亩，新建一套年产24万吨合成氨、40万吨尿素、联产6.3万吨液化天然气装置。主

Note Check 注 签

LNG即液化天然气。

要建设单元有焦炉气净化、气化、变换、低温甲醇洗、液氮洗、空分、氨合成、尿素等，配套建设相应公辅设施单元。

3. 建设周期

2014年4月，项目土建正式破土动工，预计2015年9月建成投产。

4. 项目进展

截至2014年底，项目建设前期所需证照手续已基本办理完成，土建配合安装施工，设备安装进入攻坚阶段，供水供电基本达到项目试车条件，已累计完成投资20.4亿元，占到项目总投资的84%以上，实现了工程项目建设全过程零事故。

设备安装 全厂设备总数共861台，安装就位819台。各单元界区内配管累计完成25900米，占总量的42%；地下管网完成38900米，占总量的99%；外管配管累计完成48000米，占总量64%；焦炉气外管累计完成2600米，占总量48%。

现场制作的设备 焦炉气柜、2台液化天然气罐主体、3台液氨球罐主体等设备已经完成制作；冷箱初步具备试车条件；1号锅炉主体安装完成。

土建施工 2014年12月，土建主体交付安装，主要任务是配合设备安装，做好各单元界区内的厂房室内装修和地面硬化；厂区道路硬化完成16000平方米，达到总工程量80000平方米的20%，围墙完成1600米，达到总工程量3500米的45%。

供水施工 黄河水引用工程已经全线贯通，已给贮水池注满，具备供水条件。公用供水设备全部就位，脱盐水、新鲜消防水泵房具备出水条件，循环水、除氧站安装完成90%，正在进行阀门、仪表安装。

供电施工 梁村至公司110千伏线路施工已经基本完成，古交至公司110千伏线路已开始施工。220千伏线路因占用村民房舍问题，部分线路架设暂缓施工。

仪表施工 全厂桥架完成总量的90%。中央控制室操作间完成安装，大屏幕各工艺点具备画面编辑条件。

三、组织机构

1. 主管单位

山西阳煤丰喜肥业（集团）有限责任公司

2. 法人代表

闫文泉

3. 设计单位

新煤化工设计院（上海）有限公司、山西省化工设计院

4. 管理单位

山西阳煤丰喜泉稷能源有限公司

5. 监理单位

山西安宇建设监理有限公司

山西诚正建设监理咨询有限公司

6. 承建单位

山西宏厦建筑工程有限公司、山西恺元建筑工程有限公司、中色十二冶金建设有限公司、山西运城市建筑工程有限公司、山西省工业设备安装有限公司、中国化学工程第十六建设有限公司、湖南省工业设备安装有限公司

风动天下 能惠万家

大唐新能源右玉丁家窑一期风电场建设工程

大唐新能源右玉丁家窑一期49.5兆瓦风电场建设工程（以下简称项目），位于朔州市右玉县丁家窑乡境内。项目装机容量为49.5兆瓦，每年可为电网提供清洁电量10983.90万千瓦时。与燃煤电厂相比，以发电标煤煤耗350克/千瓦时计，每年可节约标煤38443.65吨。相应可减少多种有害气体和废气排放，其中减少二氧化碳排放约12.53万吨，二氧化硫约616.20吨，一氧化碳约9.01吨，氮氧化物约348.19吨，灰渣9231.97吨，减少粉尘排放约348.19吨。风电场建设还可为当地增加一个旅游景点，促进旅游业的发展。因此，项目不仅有较好的经济效益，而且具有明显的社会效益及环境效益。

一、项目概况

项目年理论发电量为 17148.8万千瓦时，综合考虑空气密度、尾流、风力发电机组利用率、风力发电机组功率曲线影响、叶片污染损耗、线损及自用电损耗、湍流影响损失、气候影响、偏航等各种修正后，综合折减系数36.0%。项目年上网发电量为10983.9万千瓦时，满发时间为2219.0小时，容量系数为 0.2533。

2010年6月10日，山西省发展和改革委员会以晋发改新能源函〔2010〕42号文批准项目正式开展前期工作。项目还先后取得了土地预审、环评、压矿等支持性文件。2012年8月28日，省发改委以晋发改能源函〔2012〕1687号文核准项目。

二、工程建设

1. 投资规模

项目总投资43456万元，其中公司自筹20%，银行贷款80%。

2. 建设规模

项目安装33台1500千瓦风力发电机组及其配套设备，新建一座220千伏升压站，涉及到的永久占地为28.28亩，临时占地为480亩。

3. 开工情况

2013年10月12日，项目取得集团公司的开工批复，于2014年5月14日正式开工，建设工期12个月。

4. 工程进度

2014年6月30日，项目完成风机基础开挖31台；7月4日，完成首台风机基础浇筑混凝土工作；9月16日，33台风机基础浇筑全部完成；11月19日，首台风机设备起吊，标志着项目风机吊装工作全面开展。

三、组织结构

1. 主管单位

大唐集团新能源股份有限公司

2. 管理单位

大唐新能源右玉风力发电有限公司

3. 设计单位

山西省电力勘测设计院

4. 监理单位

北京中唐电工程咨询有限公司

5. 承建单位

山西晋通送变电有限公司

促进环保能源的开发利用

大唐新能源平鲁白玉山一期风电场建设工程

大唐新能源平鲁白玉山一期49.5兆瓦风电场建设工程（以下简称项目），位于朔州市平鲁区双碾乡境内。项目装机容量 49.5 兆瓦，每年可为电网提供电量10010万千瓦时（综合折减41.74%后）。与燃煤电厂相比，每年可节约标煤3.86万吨。相应可减少多种大气污染物和大量灰渣的排放，改善大气环境质量；风电场建设还可为当地增加一个旅游景点，促进旅游业的发展,具有较好的经济效益、明显的社会效益及环境效益。

一、审批立项

2010年5月20日，山西省发展和改革委员会以晋发改新能源函[2010]32号文批准项目开展前期工作。项目先后取得了土地预审、环评、压矿等支持性文件。2011年5月5日，省发改委以晋发改能源发[2011]556号文核准项目。

二、工程建设

1. 投资规模

项目总投资：42639万元，资金来源为企业自筹20%，银行贷款80%。

2. 建设规模

该项目安装33台1500千瓦风力发电机组及其配套设备，新建一座220千伏升压站，涉及到的永久占地为26.738亩，临时占地为500亩。

单机上网电量为303万千瓦时，年可利用小时数为 2022 小时，平均容量系数为0.2302。项目投产后预计可以吸纳14人就业。

3. 开工时间

项目于2013年10月21日取得了大唐集团新能源公司的开工批复，于2014年5月14日正式开工，建设工期12个月。

4. 工程进度

2014年5月14日，项目升压站第一罐混凝土浇筑；6月30日，首台风机基础浇筑混凝土；9月15日，风机吊装工作全面铺开，第一台风机设备吊装完成。

三、组织结构

1. 主管单位

中国大唐集团新能源股份有限公司

2. 管理单位

大唐新能源朔州平鲁风力发电有限公司

3. 设计单位

山西省电力勘测设计院

4. 监理单位

山西建达电力工程建设监理有限公司

5. 承建单位

中国能源集团山西电力建设有限公司

助推国家生态文明先行示范区建设的大型农业工程

芮城温氏畜牧年出栏100万头生猪项目

芮城温氏畜牧有限公司年出栏100万头生猪项目（以下简称项目），是广东温氏食品集团股份有限公司在芮城投资建设的一个大型农业现代化项目。项目采用“公司+家庭农场”模式，于2013年8月签约。项目满负荷生产后，将实现年上市商品猪100万头规模，年销售收入18亿元，并实现经济效益、社会效益和生态效益并驾齐驱。

一、审批立项

2014年1月3日，山西省发展和改革委员会以晋发改备案[2014]1号文批准企业投资项目备案证。1月27日，以晋政办[2014]8号文将项目确定为2014年全省重点工程现代农业类项目。

二、工程建设

1. 投资规模

项目总投资12亿元，全部由企业自筹。

2. 建设规模

截至2014年底，项目已流转土地2500亩，其中，西陌奉公种猪场占地596.4亩，大王古仁种猪场占地1479.36亩，阳城新村种猪场占地364.26亩，县城工业产业聚集区总部及饲料厂占地60亩。

西陌奉公种猪场规划设计5条生产线，建设圈舍48栋，面积5.8万平方米，宿舍10栋，面积0.8万

芮城温氏西陌奉公种猪场平面效果图

平方米。小计6.6万平方米。

大王古仁种猪场规划设计10条生产线，建设圈舍96栋，面积11.6万平方米，宿舍20栋，面积1.6万平方米。小计13.2万平方米。

阳城新村种猪场规划设计4条生产线，建设圈舍38栋，面积4.4万平方米，宿舍10栋，面积0.8万平方米。小计5.2万平方米。

总部及饲料厂，建设面积1万平方米。

3. 建设效益

经济效益方面，该项目可带动1000个合作农户年收益1.7亿元；种猪场、饲料厂、服务部可新增就业岗位1200个，按该公司员工年收入5万元计，可增加农民工资性收入6000万元左右；两项共计2.3亿元。全县按29万农民计算，农民人均年增收入800元。同时，农民流转土地每亩年收入500元，每5年递增10%。

社会效益方面，该项目年加工饲料30万吨，需转化当地玉米19.5万吨、麸皮3.6万吨，可实现当地粮食的就地加工增值；需拉运饲料、猪苗、商品猪、有机肥等车辆（10吨位）7.5万辆次，日均200车次以上，每天资金流400万元以上，可带动运输及服务业快速发展。

同经济社会效益、生态效益方面，对粪污全部进行无害化处理，达到零排放，同时年可加工有机肥30万吨以上，可改良和涵养全县90万亩耕地土质，实现猪—沼—果（菜、粮）有机农业、循环农业发展，促进有机农作物优质优价，助推国家生态文明先行示范区建设。

4. 建设工期

项目于2014年5月开工建设，计划建设工期4年。

5. 工程进展

截至2014年底，项目已完成投资3000万元。三块种猪场占地均已流转到位，完成投资720万元；总部占地60亩，完成投资408万元；奉公围墙建设2500余米，完成投资100万元；水电、环评、土方等工程完成投资570余万元；奉公猪场两条生产线16幢圈舍及员工宿舍完成投资1200余万元。

三、组织机构

1. 主管单位

广东温氏食品集团股份有限公司福建分公司

2. 项目法人

芮城温氏畜牧有限公司

3. 设计单位

广东温氏食品集团股份有限公司福建分公司建设部

4. 管理单位

芮城温氏畜牧有限公司

5. 监理单位

芮城温氏畜牧有限公司

6. 承建单位

广东省云浮市岭南建筑工程有限公司、江苏普朝建筑安装工程有限公司

项目升压站奠基

煤电一体化 发展新能源

山阴织女泉风电场三期工程项目

核心提示 Core tip

随着经济新形势发展，同煤集团在做强煤炭主业的基础上，确立了电力作为第二主业的地位，并按照“煤电一体化”的战略思路，快速推进电力产业做强做大。同煤集团山阴织女泉风电项目是同煤集团“十二五”期间的重点项目，也是同煤集团调整产业结构、转型发展的标志性工程。该项目的成功并网发电，标志着同煤集团开创了发展清洁能源的新历史，在加快转型跨越发展上又迈出了重要的步伐。

山阴织女泉风电场三期（49.5兆瓦）工程项目（以下简称项目），位于山阴县西北方向下喇叭乡榆树洼。项目建成后，可上网电量约为3.3亿千瓦时，年销售收入约1.7亿元，实现利税6000万元，预计吸纳就业人数75人，并作为无污染的清洁能源项目，与火电相比不仅能减少污染气体和烟尘的排放，还能带动当地旅游业的发展，形成一道亮丽的风景。

一、审批立项

项目于2013年8月5日立项，2014年1月9日取得土地预审，2014年4月29日取得规划选址，2014年7月22日取得接入电网意见的函，2014年9月3日取得环评的批复。2014年9月30日，山西省发改委以晋发改新能源发〔2014〕1366号文批复项目。

二、工程建设

1. 投资规模

项目总投资预计39646万元，工程采用BT建设模式，资金来源为BT中标单位北车风机有限公司融资建设，项目安全稳定运行一年后回购。

2. 建设规模

项目一期风场南侧，二期风场

东侧，场区面积约为21平方公里，规模为49.5兆瓦。

项目共建设24台2000千瓦风力发电机组和一台1500千瓦风力发电机组，建设总长21.5公里的35千伏集电线路两回，建设22公里的风场检修道路一条，同期扩建SZ10-50000/110主变一台。预计年上网电量为112563千瓦时，年等效利用小时数为2274小时。

3. 工程设计理念

风电场规划容量150兆瓦，建设规模为49.5兆瓦，根据风电场装机规模以及当地电网情况，一期已建一座容量为1×100兆伏安、电压为110千伏的升压变电站， 本期扩建一台50兆伏安主变，风机机端电压由0.69千伏升压至35千伏后，以2组35千伏集电线路接入变电站的35千伏母线上，然后经升压变压器升压至110千伏后，以1回110千伏线路接入翠微220千伏变电站。工程采用机电一体化集中控制方式，在主控楼控制室实现对机电设备的遥测、遥控、遥信。

4. 建设周期

2014年5月31日，项目正式开工建设，计划2015年7月中旬并网发电。

5. 工程进展

项目于2014年10月31日检修道路施工完成，2014年8月15日第一台风机浇筑完成，2014年10月31日全部风机浇筑完成时间，2014年11月21日第一台风机开始吊装。

三、组织机构

1. 主管单位

大同煤矿集团电力能源有限公司

2. 设计单位

山西省电力勘测设计院

3. 监理单位

黑龙江润华监理公司

4. 承建单位

北车风机有限公司

注 签 Note Check

BT建设模式即建设—移交。指一个项目的运作通过项目公司总承包，融资、建设验收合格后移交给业主，业主向投资方支付项目总投资加上合理回报的过程。

从田间到餐桌的惠民工程

运城润恒现代农副产品冷链物流建设项目

运城润恒现代农副产品冷链物流项目建设工程（以下简称项目），是一个规模大、技术新、周期长、跨区域、战线长的惠民工程。该项目的建成，将使运城市水果产业的生产、加工、包装、保鲜、仓储、冷链运销、中转储藏、清洗分类、分级配送、连锁经营、检验检测、电子商务等环节，实施“从田间到餐桌”的系统工程，可提升农产品品质，减少营养流失，保证食品安全，满足消费者的需求。

项目建成运营后，每年交易量将达到376.56万吨、交易额251.2亿元。每年直接上缴税收1.3亿元，经营户营业税按1%优惠税率计算约2.5亿元，经营户所得税收6000万元，总税收4.5亿元。带动相关产业产生的税收将超过8亿元，预计吸纳就业人数5万人。

Back ground 背景资料

山西省运城市位于西北黄土高原苹果产业优势地带。2002年该市的平陆、万荣、临猗、芮城、盐湖五县（区）被农业部列为黄土高原苹果优势产业带重点县，闻喜、河津、永济被列为黄土高原苹果优势产业带基地县。随着全市大力发展果业战略的实施，果品以个大、色艳、汁多、味美、品质优而享誉国内外。全市现有苹果栽培面积220万亩，占全国苹果种植面积的20%左右，占世界苹果总种植面积的8.8%；苹果年产量250万吨，占全国苹果年总产量的12%，占世界苹果年总产量的8.3%，面积和产量相当于日本的3倍，已成为全国最大的优质红富士苹果生产基地之一。果业收入已占本市农民收入的40%左右，果园面积和产量位居全国地级市前列，果业生产前景看好。

2014年，运城市水果面积达380万亩，总产350万吨。其中苹果面积220万亩，总产250万吨，其他成规模的水果种植面积分别为桃11.5万亩、梨5.5万亩、葡萄4.3万亩。水果业初步形成了商品化处理、贮藏、运输、加工、销售为一体的产业化链条。

深度展现 Depth development

截至2014年，运城市共有各类批发市场93家，其中，年成交额达亿元的各类批发市场25家；粮食局粮丰物贸配送网点已发展到1135个。全市拥有各类商品配送中心120个，通过配送中心向连锁企业配送商品金额达110亿元。已建成豪德贸易广场、空港运汽、顺之达、金桥农机、金慧泉、新昌盛等6个重点物流园区。投资53亿元的名嘉广场正在加紧建设，投资30亿元的农副产品冷链物流产业项目和投资20亿元的运城建设黄河物联网产业示范园项目已签订投资意向。

运城润恒现代农副产品冷链物流项目平面图

The General Layout Of Yuncheng The Bgx Modern Agricultural And Sideline Products Cold Chain Logistics Project

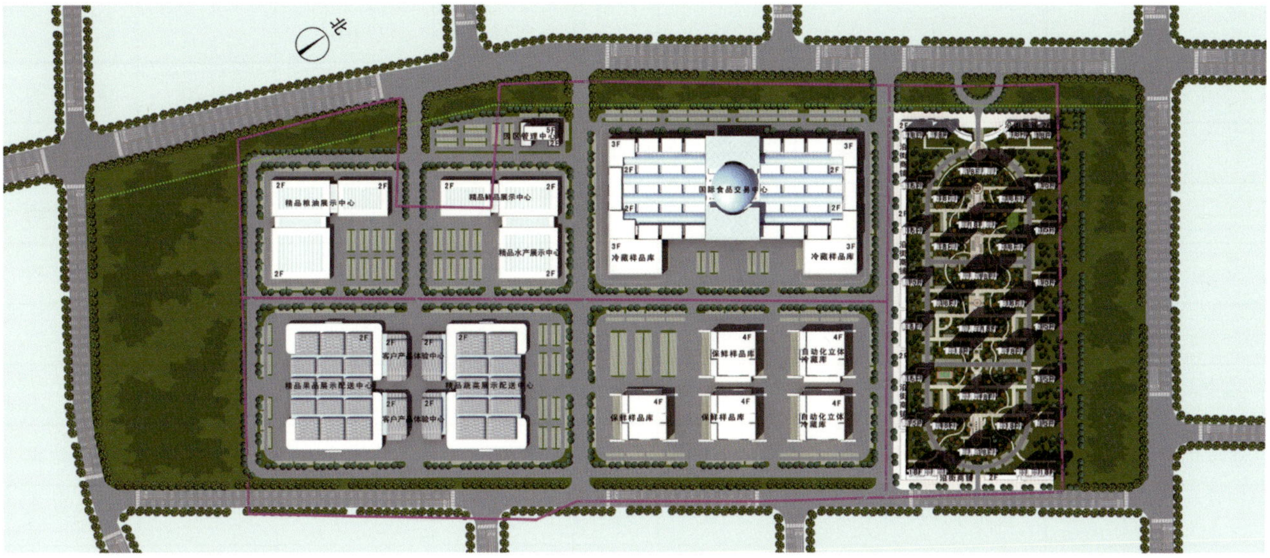

一、审批立项

2012年7月26日，山西省发展和改革委员会以晋发改备案〔2012〕365号文件备案该项目；2014年10月27日，以晋发改备案〔2014〕295号文件批准该项目延期。

二、工程进展

1．投资规模

项目总投资估算：366000万元，其中：工程费用308312.28万元，工程其他费用18833.27万元，预备费26171.15万元，铺底流动资金2783.3万元。其中企业自筹资金216000万元，约占59%。向银行申请长期贷款150000万元（年利率6.6%），占41%。

2．建设规模

项目占地面积约1300亩，物流园区规划为九个功能区：（1）果品交易区；（2）蔬菜交易区；（3）肉类交易区；（4）水产粮油南北货区；（5）物流配送区；（6）展示中央商务办公区；（7）配套生活区；（8）高低温智能冷库区；（9）农资交易区。其主体工程及辅助配套设施工程总建筑面积约738703平方米。辅助配套设施工程有：①辅助配套设施用房主要为冷冻机房、变电室、泵房、锅炉房、发电机房等；②多功能广场、室外停车场等室外工程；③给排水、强弱电、暖通、消防等配套公用工程；④物流配送中心、批发展示中心所需的物流设备、信息系统及办公用具等。

3. 主要工程

润恒现代农副产品冷链物流项目建筑物构成表

表 11

功能区	序号	单项名称	基底面积（平方米）	层数	建筑面积（平方米）	计算容积率面积（平方米）	建筑物高度（米）	结构形式
综合体区	1	国际食品交易中心1	27700	3	57408	71275	12.00	框架结构
	2	冷藏样品库1	6075	3	18225	18225	12.00	框架结构
	3	国际食品交易中心2	27700	3	57408	71275	12.00	框架结构
	4	冷藏样品库2	6075	3	18225	18225	12.00	框架结构
	5	连廊	0	1	864	864		框架结构
	6	小计	67550		152130	179864		
库区	1	自动化立体冷藏库1	5566	4	22264	22264	23.20	框架结构
	2	自动化立体冷藏库2	5566	4	22264	22264	23.20	框架结构
	3	保鲜样品库1	5566	4	22264	22264	23.20	框架结构
	4	保鲜样品库2	5566	4	22264	22264	23.20	框架结构
	5	保鲜样品库3	5566	4	22264	22264	23.20	框架结构
	6	小计	27830		111320	111320		
粮油交易区	1	精品粮油展示中心1	4860	2	7668	9720	9.00	框架结构
	2	精品粮油展示中心2	5760	2	8928	11520	9.00	框架结构
	3	精品粮油展示中心3	8064	2	11808	16128	9.00	框架结构
	4	通道	2088	1	2088	2088	9.00	框架结构
	5	小计	20772		30492	39456		
水产鲜活交易区	1	精品鲜活展示中心1	4860	2	7668	9720	9.00	框架结构
	2	精品鲜活展示中心2	5760	2	8928	11520	9.00	框架结构
	3	精品鲜活展示中心3	8064	2	11808	16128	9.00	框架结构
	4	通道	2088	1	2088	2088	9.00	框架结构
	5	小计	20772		30492	39456		
果蔬交易区	1	精品果品展示配送中心	29889	2	39771	59778	9.00	框架结构
	2	果品客户产品体验中心	7284.6	2	10913.40	14459.20	9.00	框架结构
	3	精品蔬菜展示配送中心	24300	2	33210	48600	9.00	框架结构

续表 11

	4	蔬菜客户产品体验中心	7284.6	2	10913.40	14569.20	9.00	框架结构
	5	小计	68758.20		94807.80	137406.40		
办公区	1	物流管理中心	2052	5	7776	7776	18.9	框架结构
	2	小计	2052		7776	7776		
住宅区	1	住宅	17142	18	289989	289989	54	框架结构
	2	沿街商铺	10848	2	21696	21696	8.10	剪力墙结构
	3	小计	27990		311685	311685		
		总计	235724		738703	826963		

4. 建设周期

项目建设工期要求36个月（2014年6月～2017年6月）。其中一期工程建设期12个月（2014年6月～2015年6月），计划于2015年10月份投入运营。

5. 工程设计

项目属高技术含量的农产品冷链物流工程。总体要求具有物流配送的社会化服务功能，成为黄河金三角地区有较大影响力的专业性物流配送基地之一。采用现代标准化的物流设施和先进的物流管理技术。建立完善的信息处理和交换系统可以扩展、升级。

（1）设计规模

按各建筑设施功能，该项目规模为两座冷藏样品库、两座自动化立体冷藏库和、三座恒温保鲜样品库和物流配送中心（16000平方米），日快速预冷能力达100000吨，商品经营品种包括肉制品、冷饮、调味品、干货、水果、蔬菜、水产品，海产品、农资等9大类约70000余种商品。配送能力：日订单发生量50000张，120000笔；日发生品种数120000种；进货提前期

3天、配送提前期18小时。

（2）各项目保鲜处理方案

产地：3个月以上采用气调贮藏，3个月以内采用普通冷藏

产地：采用冷藏。

物流配送中心：采用低温净化包装，并配备低温暂存库。

（3）各项目工艺流程

①产地果品收藏的工艺包括以下步骤：

无伤采收→剔除伤、病、烂果实→直接装入贮藏用包装箱→当日入库→预冷→码垛→气调冷藏

②产地果品贮藏的工艺包括以下步骤：

产地检查入库→贮藏→出库→批发销售→上市。

③物流配送工艺流程

采摘后或产地储存果品→分类→分级→清洗→包装→暂存→出库→冷藏运输→商家或中转预冷→出库→冷链配送→商家

不同品种、不同类型农产品的贮藏保鲜与配送时虽然有一定的差异，但这种差异主要是在贮藏保鲜时的温度、湿度及氧气和二氧化碳浓度等环境要素的控制以及生产处理工艺等方面，整个过程的差异不大。

6. 工程进度

截至2014年，项目已完成园区内道路铺设及管网建设、粮油交易市场、果品交易市场、蔬菜交易市场、鲜活水产交易市场、保鲜气调库、园区管理中心、食品检验检疫中心、信息结算中心等交易市场或功能区域的建设。

项目一期已完成投资额12亿元，其中企业自筹8.5亿元，银行长期贷款3.5亿元。

三、组织机构

1. 主管单位

运城市人民政府

2. 设计单位

中外建筑工程设计与顾问有限公司、山西柱石建筑设计有限公司、南京典筑建筑设计有限公司

3. 监理单位

运城市金苑工程监理有限公司

4. 承办单位

江苏润恒物流发展有限公司

5. 承建单位

南京永腾建设工程有限公司

润恒城鸟瞰图

2014年，国网山西省电力公司积极实施农网改造，服务“三农”

建设山西新型农村电网

国网山西电力农网改造升级工程

为加大统筹城乡发展力度，进一步夯实农业发展基础，推进社会主义新农村建设，国家于2010年启动了新一轮农村电网改造升级工程。旨在改善农村供电条件和农村投资环境，助推“家电下乡”和发展农业设施政策的落实，同时全面落实国家扩大内需、保持经济增长调控政策。

国网山西省电力公司作为实施新一轮农网改造升级工程的项目(以下简称项目)法人单位，按照国家发改委能源局《农网改造升级工程管理办法》和《农网改造升级技术原则》有关要求，坚持“统一管理、分级负责、强化监管、提高效益”的原则，严格执行基本建设“五制”管理。设计、监理、施工等单位均组织公开招投标产生，每年度投资计划项目实施中均有50余家单位参与工程建设。通过国网山西省电力公司严格规范的管理，有序有力地推进新一轮农网改造升级工程。

一、项目概况

山西省发展和改革委员会以晋发改投资发〔2014〕746号文转发《国家发展改革委关于下达农村电网改造升级工程2014年中央预算内投资计划的通知》，下达2014年农网改造升级工程投资计划22.5亿元，其中：中央预算内资金3.2亿元，自有资金1.3亿元，银行贷款18亿元。批复工程项目494项，其中：35千伏工程32项，投资29760万元；10千伏及以下工程462项，投资195240万元。工程于2014年6月份开工，截至2014年底，投资完成率达到96%，10千伏及以下工程项目全部完工，超过国家电网公司预定目标16个百分点。已完成新建及改造35千伏变电站12座、线路114公里，10千伏线路3671公里，配变8811台，低压线路4326公里。

二、工程进展

2013年农村电网改造升级工程全面展开。山西省发展和改革委员会以晋发改投资发〔2013〕574

号文转发《国家发展改革委关于下达农村电网改造升级工程2013年中央预算内投资计划的通知》，下达2013年农网改造升级工程投资计划17.5亿元，其中：中央预算内资金3.5亿元，银行贷款14亿元，包括农林场和机井通电项目23222万元。批复工程项目454项，其中：110千伏工程4项，投资15430万元；35千伏工程38项，投资41020万元；10千伏及以下工程412项，投资118550万元。到2014年6月底工程全部完工，2014年12月通过省发改委总体验收。新建和改造110千伏变电站4座，线路57.7公里；35千伏变电站30座，线路299.9公里；10千伏线路2820公里，配变3700台，低压线路3395公里。

三、建设成效

2010年～2014年农网改造升级工程建设实施以来，有效缓解了农网供电设施超载、老化、线路半径长、供电“卡脖子”“低电压”等供用电突出问题，农村电网结构趋于合理，设备运行指标得到提升，社会效益和经济效益明显。

一是农网供电能力得到加强。35千伏变电容量增长了30.7%；10千伏配变容量增长了44.9%；户均配变（配电变压器）容量由0.9千伏安提高到1.24千伏安，增长了33.3%。二是装备水平得到提升。35千伏有载调压变压器由765台增加到953台，增长了24.6%，S11及以上节能型配变由7802台增加到28163台，占比由13.7%提高到43.5%，占比增长了29.8%。三是供电质量得到提高。农网RS1供电可靠率提高了0.498%；农网综合电压合格率提高了1.199%；农网综合线损率降低了2.34%。四是运行水平得到改善。农村10千伏线路故障掉闸减少了7.12次/百公里•年；10千伏线路重载、过载比例由16.34%减少到4.94%；配变重载、过载比例由15.46%减少到2.11%。2015年春节、元宵节用电高峰期间实现农村配变“零烧毁”。五是网架结构得到优化。新建及改造110千伏、35千伏变电站231座，35千伏变电站双电源比例由72.38%增加到87.68%，提高了15.3%；县城10千伏主干线互联率由28.76%提高到38.83%，增长了10.07%；解决临汾市吉县、大宁县县域电网与主网联系薄弱的问题。六是农村社会效益突显。解决了现有无电户83户、无电人口248人的供电问题；接收夏县水电自供区，让3万余户群众用上平价电和放心电；累计解决农村低电压用户90余万户；改造机井10385眼，受益农田402万亩；改造308个农林场电网，农村用电环境进一步改善。

太阳能现代设施农业综合性开发工程

中节能潞安太阳能50兆瓦光伏发电项目

中节能潞安太阳能50兆瓦光伏发电项目（以下简称项目），是集现代农业大棚特色种植、太阳能发电为一体的综合性农业开发项目，是一种突破性的创新。太阳能大棚，在不改变原有土地性质的前提下，进行发电与农业生产，充分利用空间与太阳能。棚内采用绿色无公害种植方式，通过农业的标准化生产、返聘当地农民参与大棚种植，既解决中心城市居民菜篮子问题，保证食品安全，又能带动农民就业增收。项目全面投运后可解决当地农民就业约500余人。

一、审批立项

2013年，项目以晋发改新能源发〔2013〕1763号文取得山西省发改委关于项目核准的批复，以晋发改新能源函〔2013〕1545号文取得山西省发改委关于同意项目投资主体为中节能山西潞安光伏农业科技有限公司的函，以晋环函〔2013〕1134号文取得山西省环保厅关于项目环境影响报告的批复，以晋国土资函〔2013〕451号文取得山西省国土厅关于项目用地的意见。

2014年，项目以晋国资改革函〔2014〕40号文取得山西省国资委关于《设立中节能山西潞安光伏农业科技有限公司的意见》，以晋电发展〔2014〕811号文取得国网山西省电力公司关于项目接入电网意见的函，以晋经信电力函〔2014〕376号文取得山西省经信委关于项目并网的函，以晋安监〔2014〕

792号文取得山西省安全生产监督管理局关于项目安全预评价报告备案的函。

二、工程建设

1. 投资规模

项目总投资5亿元，其中1亿元为股东单位自筹，其中中节能太阳能科技股份有限公司出资6000万元，山西潞安太阳能科技有限责任公司出资4000万元，其余4亿元为银行贷款。

2. 建设规模

项目位于长治市郊区马厂镇张公庄村，总共占地面积2460亩（政府土地流转），其中办公升压站、综合楼占地4.8亩。

形成产能：建设太阳能电站50兆瓦，年发电量达到6000万千瓦时，项目建设780套标准农业大棚（每栋大棚550平方米）、智能育苗大棚2栋（每栋2400平方米）、加工厂房以及暂存仓库等其他农业配套设施。

项目建成投运后，每年可实现收入9000万元，其中高效农业种植收入32000万元，太阳能光伏发电收入6000万元。年均节约标煤2.1万吨、减少排放烟尘约770吨和二氧化碳排放5.6万多吨。

3. 建设周期

项目于2014年6月开工建设，太阳能光伏电站于2015年3月30日并网发电，预计项目于2015年8月竣工。

4. 项目进展

截至2014年12月，项目已取得中国工商银行融资批复；已建成780栋农业大棚、2栋智能温室、农业加工厂房、暂存仓库等现代农业设施。太阳能光伏电站将于2015年按计划全部建成并网发电。

三、组织机构

1. 主管单位

中节能太阳能科技股份有限公司、山西潞安太阳能科技有限责任公司

法人代表：卢喜庆

2. 设计单位

中国新时代国际工程公司

3. 管理单位

中节能山西潞安光伏农业科技有限公司

4. 监理单位

河北新隆基项目管理有限公司

5. 承建单位

山西潞安工程有限公司

传统产业新型化和新兴产业规模化建设典范

中化二建集团装备制造基地及所属专业公司搬迁项目

依据太原市“十二五”规划纲要，因太原市重点工程建设，将中化二建集团公司原制造厂等12个分（子）公司的办公楼和生产场所等五宗土地地上建筑物整体或部分拆除。经股份公司批准，公司在国家级太原经济技术开发区一次征得土地383.7810亩，净土地面积302.5470亩。拟将在太原市的大部分二级单位搬迁至国家级太原经济技术开发区，对搬迁项目进行升级改造，建设成国内一流的现代化科技园区（以下简称项目），形成集制造设计、研发、安装、服务、仓储、试验、检验、培训、科研为一体的综合性基地，提升中国化学品牌实力。项目包括新建办公生活区（综合办公楼、理化实验楼、报告厅、职工食堂、职工倒班宿舍及文体中心），生产区（化工设备生产车间、钢结构生产车间、机加工车间、预留合作区域、综合仓库），动力区（油料及化学品库、空压站、丙烷汇流排间、液氧、二氧化碳、氩气站）及门卫、工程车停车场、道路、围墙及室外管网等。项目建成后，可实现年营业收入为39.1亿元，预期年利润达到18256.3万元，年利税总额34958.2万元。预计吸纳就业人数500余人。

一、审批立项

2013年4月15日，项目以晋发改备案〔2013〕149号文获山西省发改委项目备案证。2014年2月11日，以1401052013B00331文获国有建设用地使用权出让合同；3月11日，获环境保护初步意见；4月15日，以地字第140100201427006号文获建设用地规划许可证；9月10日，以并规经济字〔2014〕22号文获建筑设计方案批复；10月27日，以太原市〔2014〕经让准字第19号文获建设用地批准书；10月29日，以并经环函〔2014〕44号文获环评报告初审意见。11月6日，以建字第140100201437059号文获建设工程规划许可证。

二、工程建设

1. 投资规模

项目总投资10.59亿元。投资资金全部自筹。

各车间及厂前区投资情况明细

表 12

序号	项目	金额（万元）	占比（%）
一	静态投资	98730.0	
1	建筑工程	48470.04	45.77
2	设备购置	19662.3	18.57
3	设备安装	581.2	0.55
4	工器具费	393.25	0.37
5	其他费用	20621.77	19.47
6	预备费	9001.44	8.50%
二	动态投资		
1	建设期利息	7170	6.77%
	合计	105900	100.0

2. 建设规模

项目地址位于国家级太原经济技术开发区。新建厂前区包括科研办公楼、理化实验楼、展厅、职工食堂、职工倒班宿舍、文体中心及其配套设施等，生产区包括化工设备生产车间、重型钢结构车间、轻型钢结构车间、机加工车间、综合仓库等配套设施。建筑面积17.72万平方米。

装备年产25000吨化工设备、5000吨不锈钢压力容器、30000吨轻型钢结构、30000吨重型钢结构、30000米管道预制的生产能力。形成设计、研发、制造、安装、服务一体化模块。

3. 建设周期

2014年8月至2017年6月。

4. 规划方案

（1）厂前区包括研发楼和理化实验楼、倒班宿舍、食堂和文体中心等

科研楼：总层数15层，总高60米，一层层高4.5米，二、三层高4.2米，以上标准层高3.8米，设置6部电梯。倒班宿舍楼：总层数18层，总高59米，单人间16间，双人间146间，四人间560间，满足1508人住宿。理化实验楼：总层数为5层，一层4.5米，二到五层层高3.8米，总高23米，一部电梯人货两用。文体中心：总层数3层，无电梯。主要布置公众浴池、超市、洗衣房、后勤中心办公、文娱健身、活动厅、医务室等整个厂区后勤服务中心。职工食堂：共3层，层高为5米、4.5米、4.5米，为员工就餐使用。

（2）厂区布置

化工设备生产厂房建筑：长240米，宽96米。共3跨，单机最大起重能力为150吨，厂房总起重能力为300吨。一层轨顶标高14米，二层轨顶标高21米。

重钢结构生产厂房建筑：长168米，宽90米，共3跨，单机起重能力50吨，厂房总起重能力为50吨，轨顶标高为12米。

轻钢结构生产厂房建筑：长240米，宽90米。北一跨（30米)为管道预制生产跨，布置2台10吨桥式起重机，轨高9米。北二跨布置高频H型钢生产线，布置1台32/5吨，1台20/3.2吨桥式起重机，1台10吨，轨高9米。北三跨为纵剪跨和重钢预留补充跨，布置1台50/10吨，1台32/5吨，1台20/3.2吨桥式起重机，吊车轨高为9米。

机加工车间厂房建筑：长168米，宽96米。北一跨为不锈钢容器及内构件生产车间，跨度为36米。布置1台50/10吨 、1台20/5吨吊车，1台20/5吨桥式起重机，轨顶高为12米。北二跨为机械加工车间，跨度30米，布置1台10/3.2吨、1台32/5吨、1台10/3.2吨吊车，吊车轨高为9米。北三跨为下料车间，跨度为30米，1台32/5吨、1台10/3.2吨、1台10/3.2吨桥式起重机，吊车轨高为9米，设3台半门吊，半门吊起重量5吨，轨高5~6米，轨距11.5米。

综合仓库厂房长度168米，宽度48米（24米+24米）；北一跨布置焊工培训车间、小型机具及焊剂焊材库。北二跨为各专业公司仓库，设1台10/3.2吨桥式起重机，轨高为6米。

5. 园区功能定位

中化二建的发展由一总部、一科技园区、多个外地分公司和多个项目部组成，建成后的科技园区作为中化二建各专业公司和装备制造研发基地所在地，12个二级专业公司改制后独立注册所在地，以及中化二建国家级技术中心所在地。

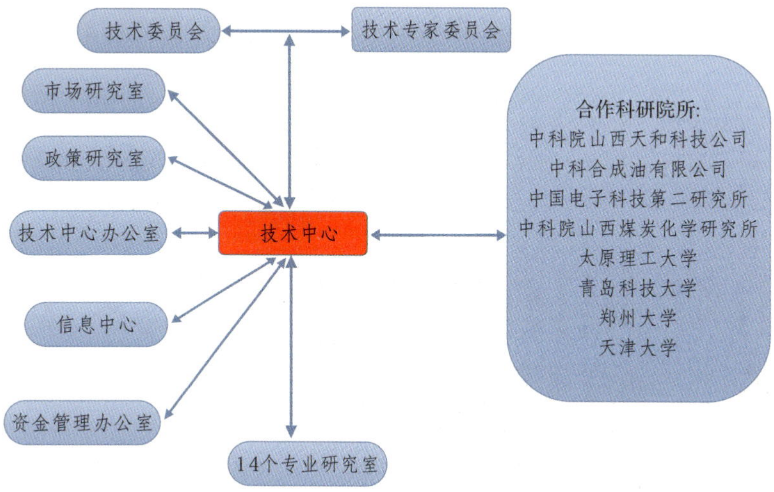

6. 项目进展

截至2014年底，园区全场围墙共计1788米，完成东、西、北三面合计996米建设，南围墙和围墙东、西两面少部分围墙未做。科技园区大门、展牌、围墙、指挥部企业视觉形象方面已完善。全场勘察、试桩已全部完成。科技园区全场临时施工道路近3000余米的已铺设打通，并硬化完成1000余米；临时施工用水已完成2200余米的敷设，施工临时用电变压器已安装完成2×250千伏安，具备现场施工、生活用水用电要求。

科技园区重钢车间主体部分已施工完毕，设备已全部采购完毕，厂房封闭，土建处于后期阶段，设备安装、电气安装正在进行，计划于2015年6月20日工程完工并具备投产条件。

三、组织机构

1. 主管单位

中化二建集团有限公司

项目法人代表：刘建亭

2. 设计单位

中国中元国际工程有限公司

3. 管理单位

中化二建科技园区建设指挥部

4. 监理单位

太原理工大成工程有限公司

5. 承建单位

中化二建集团有限公司

调整原料和产品结构的新型煤化工项目

阳煤集团平定化工2×20万吨/年乙二醇建设工程

核心提示 Core tip

阳煤集团平定化工有限责任公司2×20万吨/年乙二醇建设项目，是阳煤集团落实省委省政府转型跨越发展的重要举措，是阳煤集团实现强煤强化、多元发展“十二五”规划的重点项目，也是阳煤集团建设晋东百万吨级乙二醇基地的首开项目，被省政府列为重点工程。

阳煤集团作为国有大企业，确立了将精细化工、化工新材料和新型化工三大板块规模放到全国最大的战略方向，积极谋划化工新材料第二基地和煤制乙二醇新兴煤化工等一批大项目。平定化工有限责任公司2×20万吨/年乙二醇建设项目（以下简称项目）的实施，为阳煤集团构建化工新材料基地提供原料支撑，对发挥丰富的煤炭资源优势，补充国内油、气资源不足和满足对化工产品的需求，保障能源安全，促进经济的可持续发展，具有现实和长远的意义。对于缓解国内石油供求矛盾，促进钢铁、化工、轻工和农业的发展，将发挥重要作用。项目建成后，年产品销售收入为331363万元，年均为国家缴纳税金55855万元，为企业创造利润71659万元，可为800人提供劳动就业岗位。

Back ground 背景资料

乙二醇是一种重要的有机化工原料，主要用来生产聚酯纤维（PET）、塑料、橡胶、聚酯漆、胶粘剂、非离子表面活性剂、乙醇胺以及炸药等。传统的乙二醇生产方法是石油化工路线，即由石油经加工得到乙烯，乙烯氧化生成环氧乙烷，环氧乙烷进一步水合生产乙二醇。随着世界石油资源的日渐短缺，国际原油价格居高不下，石油法生产乙二醇的成本加剧，为此开辟新的工艺路线已成为当务之急。结合国内的能源结构“煤多油少”的特点，发展以煤（或合成气）为原料制取乙二醇的路线，对于国内能源的合理利用、减少对石油的依赖、缓解乙烯供应量的不足都具有极其深远的意义。

一、审批立项

2013年7月5日，山西省发展和改革委员会以晋发改工业函〔2013〕955号文回函同意项目开展前期工作，2014年12月19日，以晋发改备案〔2014〕323号文正式备案项目。

项目试生产前需办理的手续包括19大项，已完成的有14项，正在等待批复的有2项，正在办理的有3项，未开始办理的1项，具体情况如下：

已完成的手续（14项）分别是：企业名称预先核准通知书；编制项目可行性研究报告；编制初步设计和初步设计批复；工程场地地震安全性评价报告及批复；平定供水管理局供水承诺；供电批复；职业病危害预评价及批复；企业投资备案证；建设用地规划许可证、建设工程规划许可证；地质灾害危险性评估报告备案登记表；建设项目用地不压覆重要矿产资源证明；建设项目选址意见书；土地使用证。

已完成报告书和评审会，等待批复的2项分别是：节能评估报告已上会，等待批复；安全条件审查已上会，等待批复。

正在办理的3项手续分别是：环境影响评价及批复、水土保持方案及批复、项目施工许可证。

未办理的1项手续：安全、环保、职业卫生、消防专篇的批复。（待专篇完成后方可办理）

二、工程建设

1. 投资规模

项目审查概算36.24亿元，资金来源为阳煤集团投入资本金11亿元，其余为债务融资。

2. 建设规模

项目占地面积1183亩，建设内容为2×20万吨/年煤制乙二醇，一期先建设20万吨/年乙二醇。

3. 建设工期

项目于2014年9月正式开工，预计竣工时间为2016年2月，建设工期18个月。

4. 项目进展

（1）土建工程完成情况

2014年9月20日，项目装置区正式开工建设，截至年底，3个月共完成商砼浇筑19410立方米，钢筋制作绑扎2052吨。空风、气化、净化、乙二醇等装置区已完成基础浇筑，总图工程、污水处理工程水池基础开挖完成；全厂道路共13000米，道路开槽破碎完成4500

米，清槽4000米，地下管网18000米，管沟破碎开挖完成7000米。生活辅助区职工餐厅一层梁板柱混凝土浇筑完成。生产辅助区综合仓库、备品备件库、润滑油库、化学品库、综合维修框架的梁板柱浇筑完成；车间综合楼完成基础开挖和浇筑垫层。

（2）项目招标完成情况

截至2014年底，项目累计完成招投标212107.09万元。其中:建筑安装工程56518.55万元；设备136927.69万元，主要为长周期设备；其他18660.85万元，包括安评、环评、待摊费用等。

（3）基建投资完成情况

项目自开工累计形象进度完成181410.04万元，其中：土建工程完成31530.57万元，设备完成136927.69万元，其他费用完成12951.77万元。2013年形象进度完成100149万元，其中：土建工程完成26530万元；设备完成66570万元；其他费用完成7049万元。2014年形象进度完成81261.04万元，其中：土建工程完成5000.57万元，设备完成70357.69万元，其他费用完成5902.77万元。

三、组织机构

1. 主管单位

阳煤集团

2. 项目法人

阳泉煤业集团平定化工有限责任公司

3. 设计单位

西安华陆工程科技有限责任公司

4. 监理单位

山西诚正建设监理咨询公司、山西省化工设计院、太原理工大成工程有限公司

5. 承建单位

陕西化建工程有限责任公司、中国石化工程建设公司、广西建工集团、中油吉林化建工程有限公司、河北省安装工程公司、黑龙江省安装工程公司、山西宏厦建筑工程第一有限公司、中化二建集团有限公司、山西宏厦总公司、太行集团有限公司、山西宏厦建筑工程第三有限公司等

生活垃圾资源化

阳泉垃圾焚烧发电项目

阳泉垃圾焚烧发电项目（以下简称项目），位于阳泉市郊区东落茹堰村，距最近东落茹堰村1.5公里；距阳泉市区15公里，处于阳泉市东侧下风向；垃圾平均运距18公里。项目建成后，按年运行8000小时计算，预计年发电量9900万千瓦时，年处理垃圾40万吨，可节约7.4万吨标煤；使垃圾处理无害化、减量化、资源化，利用余热发电并达标排放，使资源综合利用，经济循环发展。

一、审批立项

2012年2月15日，省发改委以晋发改资环发〔2012〕131号文批复项目可研性报告。

二、工程建设

1. 投资规模

项目总投资4.8亿元，其中，省煤炭可持续发展基金直接投资950万元，其余资金由申请国债、商业银行贷款和企业自筹解决。

2. 建设规模

项目土地预审占地面积12.5169公顷。拟建3×550吨垃圾焚烧生产线（两运一备），配置3×75T/h（蒸吨）循环流化床锅炉、2×15兆瓦直接空冷汽轮发电机组、飞灰固化、垃圾分选、渗滤液回喷等设施，日可处理垃圾1100吨。

3. 建设周期

项目于2014年9月16日举行动工仪式。预计2016年7月建成，2016年8月正式投产。

4. 工料机累计投入情况

燃料：以垃圾为主要燃料。日处理垃圾1100吨，垃圾来源为阳泉平定县、城区、矿区、郊区、开发区、阳煤集团等。辅助燃料以阳煤集团老区各矿为主，运输距离35公里以内，日消耗原煤209吨，掺烧重量比为19%，年消耗原煤7.6万吨。

水源：生产用水为阳泉市污水处理厂三级处理的再生水。生活用水、生产应急用水为阳泉市自来水，年耗水量27.1万吨。

5. 环保措施及主要排放指标控制

（1）二恶英

采用低温（850℃～900℃）燃烧原理及活性炭喷射工艺。控制排放浓度＜0.1ngTEQ/m³（每立方米毒性当量），符合国家标准（1.0 ngTEQ/m³）。

（2）氮氧化物

采用循环流化床低氮燃烧技术。氮氧化物排放浓度低于200毫克/立方米，符合国家标准（400毫克/立方米），并预留脱硝空间。

（3）二氧化硫

采用炉内+半干法净化反应塔脱硫的综合工艺。二氧化硫排放浓度120.09毫克/立方米，符合国家标准（260毫克/立方米）。

（4）粉尘

采用布袋除尘器进行处理。处理后粉尘排放浓度为30毫克/立方米，符合国家标准（80毫克/立方米）。

飞灰全部固化后连同炉渣处置于阳泉旧街垃圾填埋场。渗滤液回喷炉膛内无害化、彻底化处理。

三、组织机构

1. 主管单位

阳泉市住房保障和城乡建设管理局

2. 建设单位

山西荣光能源有限公司

3. 设计单位

中国联合工程公司、中国电力工程顾问集团西北电力设计院

4. 监理单位

杭州信安建设监理有限公司

绿色能源 循环无限

大唐新能源朔州利民三期风电场建设工程

大唐新能源朔州利民三期199.5兆瓦风电场建设工程（以下简称项目），位于朔州市朔城区利民镇境内。项目装机容量199.5兆瓦，每年可为电网提供清洁电量 49072.13 万千瓦时（扣除折减系数后）。与燃煤电厂相比，以发电标煤煤耗 340克/千瓦时计，每年可为国家节省标煤 17.18 万吨，每年相应可减排二氧化碳约 60 万吨、二氧化硫约0.28万吨、氮氧化合物约1.6万吨、粉尘约1.6万吨，减少灰渣排放约4.1万吨，并减少相应的废水排放，环境效益十分显著。

一、项目概况

项目年理论发电量为 74365.07 万千瓦时，综合考虑空气密度修正、尾流修正、风力发电机组利用率、风力发电机组功率曲线影响、叶片污染损耗、线损及自用电损耗、湍流影响损失、气候影响、偏航、周围风电场影响等各种损失后，综合折减系数 34.01%，本风电场年上网发电量为 49072.13 万千瓦时，满发时间为 2459.76小时，容量系数0.2808。

2011年12月30日，国家能源局以国能新能[2011]426号文批准项目正式开展前期工作，后项目陆续取得了土地预审、环评、压矿等支持性文件。2013年5月14日，国家发展和改革委员会以发改能源〔2013〕966号文核准项目。

二、工程建设

1. 投资规模

项目总投资151057万元，资金来源为20%来源于公司自筹，80%来源于银行贷款。

2. 建设规模

项目安装133台1500千瓦风力

发电机组及其配套设备，涉及到的永久占地为40.52亩，临时占地为1022.915亩。

项目投产后预计可以吸纳20人就业。

3. 开工情况

项目于2014年4月11日取得集团公司的开工批复，2014年10月20日全面开工。

4. 工程进展

截至2014年底，项目升压站建筑工程完成98%，电气一次设备安装工程完成95%，电气二次工程完成80%。风机基础及检修道路正在进行征地。

三、组织结构

1. 主管单位

中国大唐集团新能源股份有限公司

2. 管理单位

大唐新能源朔州风力发电有限公司

3. 设计单位

山西省电力勘测设计院

4. 监理单位

吉林省吉能电力建设监理有限责任公司

5. 承建单位

北京唐浩电力工程技术研究有限公司 （升压站施工）

2014年9月4日，国网直流建设部、省公司负责人赴晋北—江苏±800千伏特高压晋北换流站站址调研

建设世界一流电网

山西特高压输变电建设工程

2014年，根据国家电网公司统一部署，特高压工程进入全面提速、规模化建设阶段，国网山西省电力公司负责建设管理的“两交三直”（蒙西—晋北—天津南、榆横—晋中—潍坊1000千伏特高压交流输变电工程，灵州—绍兴、山西—江苏、上海庙（内蒙古鄂尔多斯上海庙镇）—山东±800千伏特高压直流输电工程）5项特高压工程建设任务，包括新建晋北、晋中2座变电站，变电容量900万千伏安，晋北1座换流站，换流容量1134.56万千伏安，交流线路2条，长度2×582.7公里，直流线路3条，长度822.49公里，途经山西省8市40县，投资228.36亿元。

灵州—绍兴±800千伏特高压直流输电线路工程（山西段）

一、工程概况

工程于2014年8月5日核准，山西境内途径临汾市（吉县、乡宁，共57.79公里）、运城市（稷山县、闻喜县、夏县、平陆县，共115.9公里）2市6县，全长173.69公里，共计341基，分三个施工标段。

二、工程建设

1. 工程管理

国网山西省电力公司按照“早组织、早策划、早准备、早行动”的工作要求，做好开工各项工作：一是强化组织领导，提前成立灵绍特高压直流输电工程建设领导机构，从建管中心、属地公司和检修公司协商优选经验丰富的建设管理人员组建业主项目部，从组织上保障后续工作的顺利进行。二是主动对外协调，与有关部门和属地单位紧密协作配合，积极帮助设计单位完成工程终勘定位、路径协议、征地补偿等前期扫尾工作。三是选定现场办公场所，依托属地供电公司，在运城地区确定了具备网络、通讯、视频会议等条件的办公地点。四是实行标准化管理，根据国家电网公司特高压工程管理规定，组织相关人员着手编审工程建设策划文件。

2. 工程进度

灵绍线工程全面落实国家电网公司标准化开工建设管理要求，于2014年10月25日开工建设，截至2014年底，基础开挖219基，完成64.22%，浇筑167基，完成48.97%，按期完成国网直流部建设进度任务与投资目标。

三、组织机构

1. 主管单位

国家电网山西省电力公司

2. 承包单位

晋Ⅰ标段：国网山西承装公司

晋Ⅱ标段：内蒙古送变电公司

晋Ⅲ标段：国网山西送变电公司

“两交”工程（蒙西—天津南、榆横—潍坊1000千伏特高压交流输变电工程）

国网山西省电力公司组织“两交”工程业主项目部、国网朔州、忻州、晋中、吕梁供电公司及各参建设计、施工、监理单位按照国家电网公司核准的开工计划，扎实开展变电站先行用地手续办理工作；组织审查“四通一平”、林勘和站外电源方案，并完成招标及合同签订工作；协调解决初设路径问题；积极征询变电站布置和线路通道建设意见；编审各项专题研讨方案；落实机械化施工等新型工艺应用作业点，确保“两交”工程前期各项工作按照国家电网公司总体部署稳步推进。

“两直”工程（山西—江苏、上海庙—山东±800kV特高压直流输电工程）

国网山西省电力公司组织国网朔州、忻州、晋中、吕梁、阳泉、长治公司全力配合设计单位办理遗留路径协议，截至2014年底，完成变电站红线图审查，线路施工图终勘定位成果现场检查，“两直”工程前期工作按照国家电网公司总体计划有序推进。

着力打造中西部地区现代化物流业基地

太原枢纽（北六堡）物流中心建设工程

核心提示 Core tip

太原枢纽（北六堡）物流中心项目是2012年、2013年、2014年山西省重点工程，也是2014年山西省、中国铁路总公司对接确定的铁路8000亿重点建设项目之一。

太原枢纽（北六堡）物流中心（以下简称为项目），是山西中鼎铁路货运物流有限公司立足太榆都市圈，借助四通八达的全方位现代交通网络，面向中国中西部地区，着力打造的公路铁路联运、综合性、现代化物流中心。项目主要分为6大区域：中鼎铁路港、中鼎保税港（口岸）、中鼎零担快运港、中鼎仓储港、中鼎汽贸港和中鼎商务港。

全部项目建成后，将达到年总物流处理量3000万吨的能力，形成集商流、物流、信息流、资金流于一体的现代产业服务基地，最终建设成为中西部地区现代化示范物流服务基地。将有力促进山西中部经济转型发展，积极推动山西科技创新城建设升级，有效降低社会物流总成本，是造福三晋百姓的一项重要工程。

一、审批立项

2011年12月，原铁道部以铁计函〔2011〕930号文批复项目建议书；2013年8月，以铁总计统函〔2013〕628号文批复该项目可行性研究；2014年1月，以铁总办函〔2014〕60号文批复该项目初步设计。

二、工程建设

项目选址位于晋中市北六堡车站太中银车场北侧，距离太原市约15公里，距晋中市（榆次）约5公里。

项目的六大区域：

中鼎铁路港是依托山西中部铁路枢纽——榆次编组站，结合铁路港内货物线路、仓储、装卸、搬运设施，实现铁路、公路、航空运输的无缝对接。主要承担成件、集装箱、笨重、冷藏和商品车的发运与到达。

中鼎保税港是充分利用公路、铁路联运优势，在物流中心设立海关监管区域，从事仓储、配送、运输、流通加工、装卸搬运、物流信息、方案设计等相关业务，企业享受“境内关外”制度以及其他税收、外汇、通关等方面的特殊政策。

中鼎零担快运港是以物流信息为核心，以公路、铁路零担快运为依托的信息化、网络化、集约化的高效、多功能运营平台。未来重点围绕有公路铁路联运、快捷高效、集疏运、全天候需求的零担货物展开。

中鼎仓储港由标准仓库、定制仓库和露天堆场构成，与国际国内知名物流地产企业共同打造区域型仓储配送中心，主要为世界500强等大型制造、商贸、物流企业提供高品质、标准化仓储配送服务。

中鼎汽贸港是顺应商品车市场不断扩大、铁路货运改革持续深化、整车运输方式渐进调整和国家对汽车销售破除垄断的大趋势，借助太原榆次同城核心位置和公路、铁路枢纽运输优势，开发汽车大卖场、装饰保养、备件储配和存车提车的全链条服务，把销售、售后连接成一个满足客户需求的有机整体。

中鼎商务港是以中鼎大厦为载体，主要囊括物流信息、电子商务、贷款、质押、期货、金融、保险、咨询等商务支持功能，同时为园区内外相关企业提供现代化办公、会议、住宿、餐饮等办公、生活场所。

1. 投资规模

项目初步设计批复概算总额22.17亿元，其中静态投资2.147亿元，建设期贷款利息7000万元。

资金来源：根据公司章程，该项目资本金占总投资的50%，其余使用银行贷款。

2. 一期工程（铁路港）建设规模

项目包括物流场区、北六堡车站改扩建和联络线工程。物流场区划分为：成件包装、集装箱、长大笨重、零担快运和商品车作业区。

3. 一期工程（铁路港）主要工程

项目永久用地为2919.34亩，共计铺轨33.18公里，新建房屋50000平方米，全段共计2座特大桥计6304.4米。

4. 开工情况

2014年10月28日，项目开工动员会在晋中经济技术开发区迎宾西街综合通道（迎宾西街立交桥下）召开，项目建设期2年。

5. 工程进展

截至2014年底，项目筹集资金7亿元，全部为资本金。2014年完成投资6亿元。

三、组织机构

1. 主管单位

太原铁路局

2. 项目单位

山西中鼎铁路货运物流有限公司

项目法人代：表张伟

3. 设计单位

中铁第一勘察设计院

4. 监理单位

山西铁建工程监理咨询有限公司

5. 承建单位

中铁三局集团有限公司（ZDWLS-01标段）、中铁电气化局集团有限公司（ZDWLS-02标段）

“上大压小”关停小火电机组

阳煤远盛热电厂2×350兆瓦热电联产机组建设工程

为促进山西省小火电机组关停工作，适应阳泉市城市的快速发展和加快城市建设，改善大气环境，增加城市供热能力，山西阳煤远盛热电厂“上大压小”热电联产项目，建设规模为两台350兆瓦超临界燃煤供热机组，相应关停省内363.5兆瓦小火电机组，拆除取暖小锅炉26台。项目投产后每年可燃用当地原煤及洗中煤约209万吨，供热能力1300万平方米，预计吸纳就业人数200余人。

Back ground 背景资料

阳煤远盛热电有限公司于2013年5月23日成立，注册资本金一亿元。由山西新兴能源产业集团有限公司（现为晋能电力集团有限公司）、阳泉煤业（集团）有限责任公司、山西远盛电力有限公司分别按照75%、20%和5%比例合资组建。全面负责山西阳煤远盛热电厂“上大压小”新建工程核准、建设和运营工作。

一、项目概况

阳煤远盛热电厂2×350兆瓦热电联产机组建设工程（以下简称项目），位于阳泉市平定县冠山镇南坳村。锅炉采用超临界循环流化床锅炉和间接空冷塔，同步建设烟气脱硫、脱硝、袋式除尘器、煤场抑尘网等环保设施，可降低烟尘、二氧化硫等污染物排放量，工业废水经过处理后回收利用，实现“零排放”，有利于当地大气质量和环境的改善和提高。

2010年6月5日，国家能源局以国能电力〔2010〕167号文同意项目开展前期工作。

二、工程建设

1. 投资规模

项目厂区用地面积235.5亩，建设工期为18个月。可研概算投资29.38亿元。其中20%为自筹资金，80%为银行贷款。

2. 工程进展

2013—2014年投资计划1亿元，实际到位1亿元。资金主要用于开展项目前期工作，包括勘察、设计、项目所需支持性文件取得以及场地平整和边坡治理等。

截至2014年底，项目核准所需要的支持性文件除环评报告批文外全部取到，环评报告编制完成并上报省环保厅评审。项目开工准备方面完成了锅炉、汽轮机和发电机三大主机设备、勘察设计监理及场地平整、边坡治理工程的公开招标。

三、组织机构

1. 主管单位

晋能电力集团有限公司

2. 管理单位

山西阳煤远盛热电有限公司

3. 设计单位

山西省电力勘察设计院

4. 监理单位

山西和祥建通工程项目管理有限公司

环保新动力

大唐新能源平鲁白玉山二期风电场建设工程

大唐新能源朔州平鲁二期199.5兆瓦风电场建设工程（以下简称项目），位于朔州市平鲁区双碾乡境内。项目建成后，每年可为电网提供清洁电量 45210.91万千瓦时。与燃煤电厂相比，以发电标煤煤耗 330克/千瓦时计，每年可节省标煤 14.92万吨，相应可减排二氧化碳约55.29万吨、二氧化硫约2597吨、氮氧化合物约3896吨、粉尘约325吨，减少灰渣约5.4万吨，并减少相应的废水排放，环境效益十分显著。

一、项目概况

项目年理论发电量为67561.1万千瓦时，综合考虑空气密度修正、尾流修正、风力发电机组利用率、风力发电机组功率曲线影响、叶片污染损耗、线损及自用电损耗、湍流影响损失、气候影响、偏航、周围风电场影响等各种损失后，综合折减系数33.08%。项目年上网发电量为45210.91万千瓦时，满发时间为2266.19小时，容量系数0.2587。

2011年12月30日，国家能源局以国能新能〔2011〕426号文批准项目正式开展前期工作，后项目先后取得了土地预审、环评、压矿等支持性文件。2013年7月16日，山西省发展和改革委员会以晋发改新能源发〔2013〕1879号文核准项目。

二、工程建设

1. 投资规模

项目总投资15.98亿元。其中：20%来源于公司自筹，80%来源于银行贷款。

2. 建设规模

项目安装133台1500千瓦风力发电机组及其配套设备，涉及到的永久占地为40.52亩，临时占地为1038亩。投产后预计可以吸纳20人就业。

3. 开工时间

项目于2014年9月15日取得了集团公司的开工批复，建设工期24个月。

三、组织结构

1. 主管单位

大唐集团新能源股份有限公司

2. 管理单位

大唐新能源朔州平鲁风力发电有限公司

3. 设计单位

山西省电力勘测设计院

4. 监理单位

北京华联电力工程监理公司

节能降耗的超超临界火电机组项目

晋煤集团赵庄低热值煤电厂一期2×600兆瓦建设工程

核心提示 Core tip

晋煤集团长子县赵庄低热值煤电厂一期2×600兆瓦建设工程（以下简称项目），是依托晋煤赵庄煤矿建设的大型煤电一体化项目，充分利用了赵庄煤矿的低热值煤资源，对促进节能减排、改善生态环境、调整能源结构、提高能源利用率具有重要的意义，符合国家和山西省的产业政策。

项目位于长子县东南慈林镇境内，赵庄煤矿工业广场北侧，距长子县城约14公里。装机规模为2×600兆瓦超超临界机组，配2台2126吨/时锅炉，同时兼顾向长子县县城集中供热。厂区用地面积约416.85亩，灰场282亩。项目预计年发电量66亿千瓦时，年产值约20亿元，全厂定员247人。

Back ground 背景资料

根据山西省低热值煤发电“十二五”专项规划，综合低热值煤炭资源及电网、水资源、环境承载能力等条件，山西省“十二五”期间力争低热值煤电厂装机容量达到3000万千瓦以上，新增装机2000万千瓦以上。

一、审批立项

2014年4月，山西省发展和改革委员会以晋发改能源发〔2014〕539号文同意项目开展前期工作。

二、工程建设

1. 投资规模

项目估算总投资54.24亿元，资金来源为企业自筹20%，银行贷款80%。

2. 工程进度

截至2014年底，核准项目所需18个支持性文件，已办理完成13个，其他5个支持性文件正在办理。

三、组织机构

1. 主管单位

山西晋城无烟煤矿业集团有限责任公司、山西国际能源集团有限公司

2. 项目法人

山西赵庄金光发电有限公司

相关链接 >>> Related links

超临界机组是指主蒸汽压力大于水的临界压力22.12兆帕的机组。习惯上，又将超临界机组分为两个层次：一是常规超临界参数机组，其主蒸汽压力一般为24兆帕左右，主蒸汽和再热蒸汽温度为540℃～560℃；二是超超临界机组，其主蒸汽压力为25兆帕～35兆帕及以上，主蒸汽和再热蒸汽温度一般580℃以上。超超临界机组具有煤耗低、环保性能好、技术含量高的特点，机组热效率能够达到45%左右，节煤是超超临界技术的最大优势。

推进“气化山西”产业进程项目

阳煤40亿标方/年煤制天然气工程

Back ground 背景资料

2013年9月，国务院发布了“大气污染防治行动计划”（国发〔2013〕37号），为了改善京津冀及其周边地区的环境，国家又出台了京津冀及周边地区落实大气污染防治行动计划实施细则，一是实行煤炭消费总量控制，完成节能降耗目标。二是实施清洁能源替代。加大天然气、液化石油气、煤制天然气、太阳能等清洁能源的供应和推广力度，逐步提高城市清洁能源使用比重。2015年天然气产量将达到1850亿立方米，需求量达到2600亿立方米，缺口达到750亿立方米，到2020年，国内天然气缺口将达到1000亿立方米。

山西省“十二五”规划纲要提出将进一步加快“气化山西”步伐，大力推进城市供气市场化进程，鼓励专业化大型燃气企业参与城市供气建设和运营。按照规划，到2015年山西省将新建城市供气管网2000千米，届时，城市供气总量比2013年增加30亿立方米，实现全省县城管网燃气全覆盖。

晋北地区低阶煤储量丰富，万家寨引黄工程已经建成，在晋北地区的盐碱地上建设煤制天然气项目，不但可以确保京津冀鲁及山西对天然气的需求量，还可以解决晋北地区低阶煤的出路。

山西是距离京津冀能源市场最近的地区，多年来外送能源一直以“输煤、输电”为主，在大气污染日益严峻的形势下，通过现代煤化工基地的建设，将山西北部的“高硫、高灰分、高挥发分”煤炭就地转化为清洁的天然气输送到京津冀及山西全省地区。阳煤集团40亿标方/年煤制天然气项目（以下简称项目）的实施，不仅可以解决京津冀及山西全省清洁能源供应问题，也使得山西晋北地区的低阶煤找到了出路，变废为宝。项目投产后，将形成年产40亿立方米天然气、9.48万吨焦油等产品，年销售收入101.98亿元，年利润34.8亿元，年所得税8.7亿元。预计吸收2500人就业。

2009-2013近年国内天然气消费、进口量及省内消费量一览表

表 13

年份	国内				省内	
	消费量（亿立方米）	年增长率%	进口量（亿立方米）	年增长率%	消费量（亿立方米）	年增长率%
2009	896.5	11.01	77.4	54.80	10	94.90
2010	1071.2	19.48	167.3	116.15	13.2	32
2011	1307	22.01	310	85.29	16.37	24.01
2012	1471	12.55	425	37.09	22.66	38.42
2013	1676	13.94	530	24.71	28.6	26.5

一、审批立项

2014年5月4日，山西省发展和改革委员会以晋发改工业〔2014〕670号文同意阳泉煤业（集团）有限责任公司在晋北现代煤化工基地布局40亿立方米/年煤制天然气并开展前期工作。

二、工程建设

1. 投资规模

项目总投资291.5亿元，其中87.4亿元（30%比例）为企业自筹，204.1亿元（70%比例）为银行贷款。

2. 建设规模

项目拟选建设地为山西省朔州市山阴县北周庄。项目征地约1万亩，其中建设用地约6000亩。

3. 建设周期

项目拟2015年下半年开工，2018年底建成投产。建设周期为3年。

4. 项目进展

截至2014年底，项目处于前期手续办理阶段，尚未到筹资阶段。

（1）项目的可行性研究报告通过专家论证并上报山西省发改委；

（2）阳煤集团朔州能源有限责任公司已注册并办理了相关手续；

（3）与中煤集团山西华昱能源签订了《项目合作框架协议》；

（4）与万家寨引黄管理局签订了《项目用水协议》；

（5）与中石化天然气公司签订了《关于煤制天然气及管道项目战略合作框架协议》。

三、组织机构

1. 主管单位

阳煤集团朔州能源有限责任公司

2. 项目法人

阳煤集团朔州能源有限责任公司

自主化产业基地建设项目(三期)

长治液压有限公司高性能液压产品

Back ground 背景资料

长治液压有限公司是债转股整体改制企业，其前身是山西长治液压件厂。工厂始建于1958年，企业有员工1000余人，其中工程技术人员100余人；公司生产区占地面积约87287平方米，建筑面积57359平方米。拥有各类生产设备1000余台，企业总资产为2.4亿元，主要产品有汽车转向助力泵、中高压齿轮泵、液压锤、液压阀以及液压辅件等400余个品种。

根据长治液压有限公司的长远发展战略，结合企业的实际情况，高性能液压产品自主化产业基地建设项目(以下简称项目)，是公司整体搬迁（退城入园）建设项目之一，在距长治市中心10公里的屯留康庄工业园区新征土地300亩，通过产品结构的调整，以生产汽车、工程机械和农机用先进液压件为主，制造过程重点立足热处理、精密机械加工、装试等过程建设，粗加工全部外协，将建成一座现代化的液压件生产基地，预计五年（含建设期）达产150多万件液压件，达产年实现销售收入6亿元。

一、审批立项

2013年12月29日，长治市经济和信息化委员会以长经信投资〔2013〕447号文批准项目备案。

二、工程建设

1. 投资规模

项目总投资49990万元，其中：固定资产投资44990万元，铺底流动资金5000万元；资金来源由企业自筹（太重集团榆次液压工业有限公司投资和长治液压有限公司土地置换）和申请银行贷款解决。

2. 建设规模

项目占地300亩，新建联合厂房一(叶片泵总成)、联合厂房二（齿轮泵总成）、成品及材料库房、技术中心、办公楼及其附属设施，总建筑面积51000平方米。

3. 建设周期

项目预计2015年初开始动工，2016年底建成，建设周期2年。

4. 工程进展

截至2014年底，项目已完成液压地块规划，正进行建设项目用地预审阶段。

三、组织机构

1. 主管单位

太重集团榆次液压工业有限公司

法人代表：王春乐

2. 设计单位

中国重汽集团设计院有限公司

循环经济产业工程

晋能集团盂县鑫磊2×350兆瓦低热值煤发电项目

晋能集团盂县鑫磊2×350兆瓦低热值煤发电项目（以下简称项目），位于阳泉市盂县西烟镇，是省政府规划的“一市两园”阳泉转型园——山西鑫磊循环经济产业园的核心项目。为资源综合利用低热值煤电厂，符合城市规划及园区发展规划。项目年发电量38.5亿千瓦时，年纳税1.2亿元，发电煤耗305克/千瓦时,供电煤耗325克/千瓦时,满足国家《煤电节能减排升级与改造行动计划(2014—2020年)》要求。

深度展现 Depth development

项目所在园区规划“煤—电—建材”和“石灰石—电石—PVC”两条产业链，电厂项目建成后向园区企业就近提供工业用汽和采暖热源；粉煤灰渣将全部通过园区规划水泥厂、建材厂消纳，实现低热值煤就近高效循环利用；严格执行山西省燃煤电厂超低排放标准，提升区域环境质量；项目拟通过国际能源盂县电厂—河北南网500千伏输电通道外送河北南网，缓解省内电网负荷的消纳压力。

一、审批立项

2012年12月16日，山西省发展改革委员会以晋发改能源发〔2013〕2329号文批复项目开展前期工作。

二、工程建设

项目建设2台350兆瓦国产超临界燃煤发电直接空冷燃煤发电机组配套循环流化床锅炉，同步安装烟气脱硫、脱硝装置，兼顾供热。

1. 投资规模

项目概算总投资约32亿元。由晋能电力集团与山西鑫磊能源集团以51∶49股比共同出资建设。

2. 工程建设

截至2014年底，项目的初勘和试桩工作已经完成，初设导则编制完成；园区具备施工用电、用水条件，目前已完成厂区场地平整。

特高压配套百万机组

同煤集团漳泽发电厂
2×100万千瓦机组改扩建工程

Back ground 背景资料

根据国家加快建设晋东煤电基地和山西省加快资源型经济转型综合配套改革试验区建设战略部署，同煤集团山西漳泽电力股份有限公司依托晋东南—荆门1000千伏特高压输电工程，规划分两期建设长治煤电基地。

漳泽发电厂2×100万千瓦“上大压小”改扩建工程（以下简称项目），是同煤集团长治煤电基地一期配套电源项目，为山西省首个经国家电网公司认可接入晋东南——荆门1000千伏特高压电网的电源项目，是山西省“十二五”电力发展规划和晋东煤电基地外送电规划重点项目。利用漳泽发电厂拟关停的四台215兆瓦机组节省出的环境容量、煤、水等资源条件，并通过收购省内部分小机组的容量，以“上大压小”方式建设高参数、大容量、高效率、节能环保的特高压配套百万机组。

项目在原长治发电厂旧址上建设，同步安装烟气脱硫、脱硝装置，主要污染物排放指标达到燃气机组排放标准、国家大气污染防治和山西省燃煤发电机组超低排放要求，符合山西省政府制定的“实施赶超战略，跨越式发展”“以煤为基，多元发展”的经济发展思路及“输煤与输电并举”“整合能源供应系统、实现废弃物循环利用、推动生态型工业体系”的产业政策。项目建成后年发电量可达120亿千瓦时，年创产值约50亿元，实现利税约5亿元，预计吸纳就业人数约为3000人。

一、审批立项

2008年8月，山西省发展和改革委员会以晋发改能源字〔2008〕265号文件《关于晋东南—荆门100万伏特高压输电工程配套电源项目开展前期工作的请示》，将本项目第一次上报至国家发展和改革委员会。

2009 年4月，项目可研报告通过国家电规总院组织的审查（电规发电〔2009〕138号）。2010年～2014年，省发改委多次向国家能源局上报项目开展前期工作的请示。

2014年，根据国家火电项目核准要求，重点开展环评、电网、土地等报告的编报工作，主要包括：1月13日取得电规总院关于接入系统（二次部分）设计报告的评审意见（电规规划〔2014〕43号）；3月21日取得规划选址意见书延期批复；5月16日取得使用林地的批复意见（晋林资函〔2014〕67号）；6月16日取得项目污染物排放总量的批复文件（晋环函〔2014〕666号）；7月17日取得铁路专用线与国铁接轨的意见（郑铁总函〔2014〕501号）；9月26日取得安全预评价报告备案文件（管二函〔2014〕209号）；9月21日组织对项目地下水专题报告进行论证；环评报告根据山西省超低排放新标准进行修订。

二、工程建设

1. 投资规模

项目由同煤集团山西漳泽电力股份有限公司控股建设，总投资约82亿元，注册资本金为总投资的20%，其余80%向银行贷款解决。

2. 建设概况

项目位于山西省长治市郊区马厂工业区内，西距漳泽发电厂约3公里，西南距漳泽水库约4公里，南距晋东南特高压变电站约40公里。项目采用国际先进的超超临界、直接空冷燃煤发电技术，建设两台环保型发电机组。项目总占地约1200亩（厂区用地646亩；贮灰场用地450亩；厂外公路用地104亩）。

3. 建设工期

项目计划建设工期为26个月。

三、组织机构

1. 主管单位

同煤集团山西漳泽电力股份有限公司

2. 设计单位

中国电力工程顾问集团西北电力设计院有限公司、中国能源建设集团山西省电力勘测设计院有限公司

3. 监理单位

设计监理：中国电力建设工程咨询有限公司

工程监理：广东天安工程监理有限公司

深度展现 Depth development

项目工程整体设计水平处于百万机组领先水平。其中：（1）锅炉为超超临界参数变压运行直流塔式炉、单炉膛、一次再热、平衡通风、固态排渣、全钢构架、全悬吊结构、半露天布置；（2）锅炉参数为29.30兆帕（表压）/605℃/622℃，锅炉保证效率为93.80%；（3）汽轮机为高效超超临界、单轴、一次中间再热、四缸四排汽、九级回热抽汽、直接空冷凝汽式汽轮机；（4）汽轮机参数为28兆帕（表压）/600℃/620℃，设计背压为11千帕（绝对压力），夏季背压为25千帕（绝对压力）；（5）烟风系统设计遵循超净排放、协同治理的设计理念，通过烟风系统整体协同治理措施来实现超净排放的目标；（6）主要环保目标值为：烟尘≤5毫克/标准立方米、二氧化硫≤20毫克/标准立方米、氮氧化合物≤30毫克/标准立方米，并实现废水零排放；（7）发电标煤耗为276.6克/千瓦时，厂用电率为3.72%，机组水耗为0.056立方米/吉瓦·秒；（8）项目采用1000千伏特高压线路直接送出。

开发利用风能 低碳绿色发展

华能五台黄花梁风电场建设工程

华能五台黄花梁62兆瓦风电场建设工程（以下简称项目），位于山西省忻州市五台县东北约23公里处。该地区属于温带大陆季风气候，主导风向明显，风能资源比较丰富。风电场场址区域 80米高度年平均风速在 6.4米/秒左右，风功率密度为235.0瓦/平方米，85米高度年平均风速为6.45米/秒，年平均风功率密度为241瓦/平方米，风电场的风功率密度等级为2 级。场区主风向比较稳定，风能分布较为集中，对风机的布置较为有利。

一、审批立项

项目于2010年8月签署开发协议；2012年12月完成风资源评估工作；2013年6月21日，山西省发展和改革委员会以晋发改新能源函〔2013〕924号文同意项目开展前期工作。截至2014年底，项目已取得用地预审、水土保持方案、抗震批复、选址意见、地质灾害危险性评估、接入系统评审、压覆矿产资源评估、安全预评价、节能及环境影响报告书等支持性文件。

二、工程建设

1. 投资规模

项目总投资91558.33万元，固定资产投资为91258.33万元，其中建设投资88886.13万元、建设期利息2372.2万元，建设期年名义利息率（按季计息）为6.55%。

2. 建设规模

风电场的管理范围为110千伏变电站与风力发电机组场区两个区域，安装单机容量2000千瓦风电机组31台，风电机组轮毂高度暂定为85米。风电场年上网发电量为13819.8×104千瓦时，满发时间为2229小时。

风电场位于五台县境内，西起回龙梁、天堂村及灵境乡一线，东至六月村、牛代山一线，南近化塔寺、智家域一线，北到灵境乡水沟掌一线。

表 14　风电场范围主要拐点坐标表

拐点	纬度	经度
1	38° 52′ 28.57″	113° 29′ 33.67″
2	38° 52′ 12.96″	113° 35′ 33.94″
3	38° 47′ 49.96″	113° 37′ 51.63″
4	38° 44′ 6.61″	113° 34′ 49.47″
5	38° 44′ 8.99″	113° 30′ 41.95″
6	38° 48′ 57.22″	113° 27′ 8.227″

三、组织机构

1. 主管单位

华能新能源股份有限公司

2. 管理单位

华能五台风力发电有限公司管理

3. 设计单位

吉林省电力勘测设计院设计

为培养更多高层次医学人才

山西医科大学汾阳学院改扩建二期建设工程

Back ground 背景资料

近年来，国家教育部、卫生部《关于加强医学教育工作提高医学教育质量的若干意见》、国家发改委等6部委《以全科医生为重点的基层医疗卫生队伍建设规划的通知》都明确提出要加强医疗卫生队伍建设，提高医学教育质量的要求，缓解当前医疗卫生服务与满足人民群众日益增长的健康需求之间的矛盾。比照同类院校，山西医科大学汾阳学院在专业设置、人才培养和发展潜力等方面具有一定特色优势，但随着高等教育的扩招和国家推进高等教育大众化的进程加快，也呈现出办学条件日趋紧张，高等教育规模的进一步扩大受到限制的情况，难以为学生提供良好的教育环境。由此，项目应运而生。

依照“科教兴晋”和中部崛起的战略部署，山西省拟订了到2015年基本实现卫生技术人员乡村医生中专化，县级医院医生本科化，省级医院科主任研究生化的奋斗目标。山西医科大学汾阳学院改扩建二期工程(以下简称为项目)的实施，将对顺利完成这一目标起到积极作用。项目建成后，可满足山西医科大学汾阳学院的发展要求，提升人才培养质量提高与核心竞争力，加快学校在建设特色大学的进程，对促进学校以至区域经济文化的发展具有重要意义。

一、审批立项

立项方面：2014年，山西省发展和改革委员会分别以晋发改科教发〔2014〕255号、397号文件批复项目图书馆建设、标准化体育场建设项目可行性研究报告，以晋发改科教发〔2014〕1209号文核准项目申请报告。

规划审批方面：2013年3月27日，汾阳市规划局以选字〔2013〕024号选址意见书对项目进行规划审批；2014年3月，汾阳市城市规划委员会审批通过项目总体规划。

环评方面：2013年11月20日，山西省环境保护厅以晋环函〔2013〕1545号文批复项目环评报告。

土地手续方面：2013年7月3日，吕梁市国土资源局以吕国土资函〔2013〕171号文批复项目用地预审。

二、工程建设

1. 投资规模

项目总投资3.5亿元，通过争取上级支持、学校自筹、银行贷款、社会融资等多渠道筹措解决。

2. 建设规模

项目位于汾阳市区以北，307国道以东，学校现址以北，征地183.56亩，规划建设面积10万平方米，建设周期计划为5年。

3. 主要工程

图书馆、标准田径运动场、教学楼、护理大楼、阶梯教室、综合服务大楼和体育馆等教学配套工程。

4. 设计理念

本次规划设计以“融合、交流、发展”为理念，按照“统一规划、分期实施”的原则，从环境、建筑、交通等多方面考虑与现状校区的衔接，重点是通过环境融合现状与二期校区，建立东西、南、北十字轴线，作为连接两校区的中心景观轴线，通过轴线将现状校区的传统校园氛围引入二期工程，将二期工程的开放空间渗入现状校区，实现共生共融。规划设计不仅考虑校园发展的可持续性，还考虑建筑的有机生长，采用组团式的布局结构，使各功能建筑分区更为科学合理。

5. 工程进展

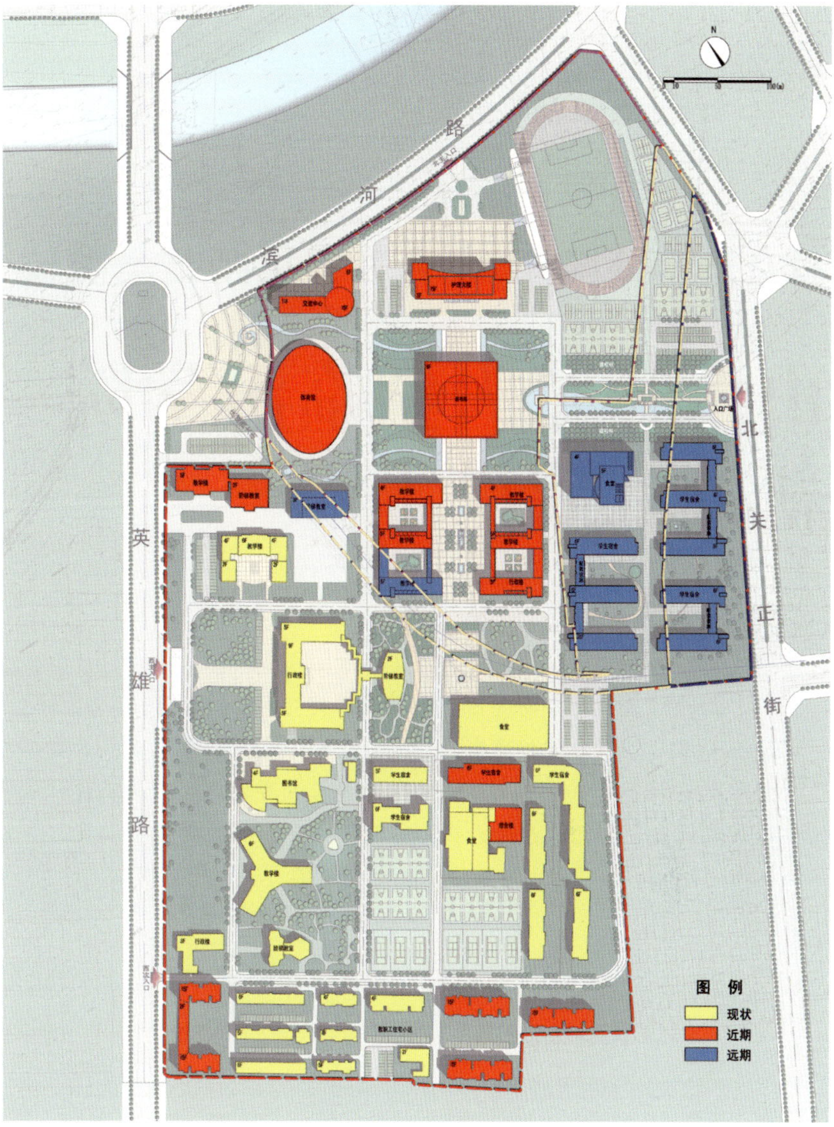

项目前期各项立项、规划、环评、土地预审、绿化审批、建设用地规划许可证、文物勘探与发掘保护、图书馆项目的设计、勘察等手续已经办理完成。

三、组织机构

1. 主管单位

山西省教育厅

2. 项目单位

山西省医科大学汾阳学院

法人代表：王军

3. 设计单位

山西省城乡规划设计研究院、山西亚达建筑设计研究院（有限公司）

4. 勘察单位

中核新能核工业工程有限责任公司

教育资源战略重组 合并升格师范类院校

山西师范大学临汾学院新校区建设工程

Back ground 背景资料

山西师范大学临汾学院虽然是新组建学院，但学院生均占地面积仅6.3平方米，生均建筑面积仅1.28平方米，离办学标准生均占地面积54平方米、生均建筑面积30平方米，相差甚远。山西省教育厅曾两次黄牌警告，并限定时间整改，如果再不达标，将面临关停划转。在这种情况下，临汾市委、市政府多次开会讨论，反复论证，于2009年做出整体搬迁的决定。并由临汾市政府牵头，临汾学院具体运作，启动山西师范大学临汾学院新校区建设项目。

山西师范大学临汾学院是原临汾地区教育学院、原临汾师范学校和原隰县师范学校于2001年整合组建的大专类师范院校，挂靠山西师范大学。山西师范大学临汾学院新校区(以下简称为项目)的建设,既可解决该校生存和发展问题，又能提高临汾市基础教育质量，促进临汾经济的发展，优化全省高等教育结构，并有效带动周边劳动就业、房地产等相关产业的快速发展。

一、审批立项

2014年6月3日，临汾市规划局以选字第201400009号文批复《建设项目选址意见书》。

二、工程建设

1. 投资规模

项目投资金额为8.5亿元。资金来源：融资。

2. 建设规模

项目位于临汾市尧都区尧庙镇神刘村，具体位置为：北至规划一街，南至学府中路，东至华门南街，西至定法大街。拟用地723738.87平方米，总建筑面积约30万平方米，规划容纳总学生数9000人。建设工期为18个月。

3. 项目设计理念

（1）遵循“实用、大气、生态、节约、协调”十字方针。

①实用：充分利用自然环境的绿化、空间的使用功能，应用材料的经济性和功能性，使整体规划和单体建筑造型都体现出既实用又美观。

②大气：校园建筑应体现现代、典雅、简洁的风格，视觉开阔、主次分明、交通组织清晰、突出个性，创造出学院独具特色的外在形象，体现学院的高等师范教育特色，与周围环境相协调。

③生态：强调环境与建筑、单体与群体、空间与实体的整合性。利用并强化校址的自然生态特色，寻求与周围环境协调发展的途径。

④节约：节地、节水、节材、节能。

节地：通过现代化的设计理念、先进科学的功能配置，充分利用土地空间，为远期发展预留余地，使用前可做休闲、绿化用地；

节水：充分利用自然环境的生态优势，即地势、自然绿化、鱼池、水资源等，做到校区内的所有土方就地消化。

节材：所有的建筑、装修用材要考虑材料的环保性、功能性、经济性、美观性；

节能：充分利用自然光线和自然风向来达到节约用电的目的，公共照明采用太阳能灯，利用传感技术和网络通信控制技术，根据自然光亮度和使用要求，采用智能开关方式和定时自动控制方式实现公共照明和环境灯光的自动控制。从而达到优化公共环境灯光照明，延长灯具寿命和节约能源的目的；所有房屋窗户用中空玻璃代替普通玻璃使其保温性能提高。

⑤协调：规划设计应按不同功能分区，各功能区之间既要相互独立，以避免交叉干扰，又要便利联系，以利于实施各项教育教学活动。

（2）要符合动态发展原则，利于发展，具有弹性，便于分期实施。

4. 工程进展

截至2014年底，中国机械工业建设集团有限公司保证金和项目前期费用总共4000万元已经到位。可行性研究报告、环境保护评价、节能评价正抓紧进行。

三、组织机构

1. 主管单位

临汾市政府

2. 项目单位

山西师范大学临汾学院

项目法人代表：梁崇太（学院党委书记）

3. 设计单位

上海华东发展城建设计（集团）有限公司

4. 融资单位

中国机械工业建设集团有限公司

忻州市实现《五年教育改革和发展规划》重要举措

忻州师范学院新校区建设工程

Back ground 背景资料

2000年3月，教育部批准忻州师范高等专科学校与忻州师范学校合并成立忻州师范学院，为本科层次的省属普通高等学校。经过10多年的建设与发展，学院办学质量和办学水平显著提高。随着办学规模的不断扩大，校园占地面积严重不足，发展空间狭小成为制约学院发展的最大瓶颈。为根本上解决以上突出问题，进一步提高办学质量和办学水平，学院决定启动新校区建设项目，选择新址整体规划，集中建设，实现单一校区办学。现有四个校区除附中校区保留外，其余三个校区通过置换方式予以处置。

忻州师范学院新校区建设工程(以下简称为项目),是促进忻州市《五年教育改革和发展规划》实现的重要举措，是切实解决忻州师院用地紧张和教学规模不足的迫切需要，是高等教育规模迅速扩大和城市经济快速发展的内在需求。项目建成后,将为促进社会发展提供有力的人才、智力、资源的辅助支撑，间接带动忻州市乃至山西省高等教育事业的发展，促进社会经济全面进步。

一、审批立项

2013年11月27日，山西省发展和改革委员会以晋发改科教发〔2013〕2247号文批复《项目建议书》。

二、工程建设

1. 投资规模

项目总投资19亿元（不含与土地相关费用），资金来源由银行贷款、学校自筹、老校区土地置换和省、市政府投入等多种方式解决。

2. 建设规模

项目位于山西省忻州市云中新区东侧，七一路以东，旭来街以南，云中路以西，顿奇街以北。项目占地面积约1631亩，总建筑面积46.18万平方米。项目总建设周期60个月，施工周期41个月。

3. 工程进展

2014年，项目开始总体规划设计及修建性详细规划设计方案的编制工作，并启动环境影响评价报告、地质灾害危险性评估报告和压覆重要矿产资源报告的编制工作。

三、组织机构

1. 主管单位

山西省教育厅

2. 项目法人

忻州师范学院

3. 设计单位

哈尔滨工业大学建筑设计研究院

民营资金注入建设的独立学院

山西师范大学现代文理学院新校区建设工程

为全面贯彻落实教育部关于《独立学院设置与管理办法》（教育部26号令）的有关规定，山西师范大学现代文理学院立足现有条件，利用民营资金，提出新校区建设项目(以下简称为项目)。项目建成后,对满足普通高等学校基本办学条件指标要求，通过国家教育行政部门对独立学院“五年过渡期”办学达标情况的考察验收，并确保学院今后的持续健康发展具有现实意义。

一、审批立项

2014年3月24日，山西省环境保护厅以晋环函〔2014〕324号文批复项目《环境影响报告书》。5月7日，山西省发展和改革委员会以晋发改能审〔2014〕255、256、257号文批复项目一期建设项目——实训区、教学区、生活文体区《节能评估报告书》。

2014年5月9日，山西省发展和改革委员会以晋发改科教发〔2014〕691、692、693号文件项目一期工程《申请报告》，对其建设地址、建设内容及规模、总投资及资金来源、招标方案做出要求。随后临汾市尧都区国土资源局分配给项目80亩新增土地用地指标；尧都区住房保障和城乡建设管理局对项目一期工程提出初审意见。6月19日，山西省国土资源厅以晋国土资环（灾）备〔2014〕090号备案项目一期建设项目地质灾害危险性评估报告。

二、工程建设

项目选址位于临汾市尧都区新东城东部，地处县底镇埝下村和上官村“教育建设园区”。

项目按照16000人的在校生规模，建设计划总用地1634.51亩（生均占地面积54平方米），总建筑面积约42万平方米。项目总体规划分两期建设，一期工程占地500亩，建筑面积为19.96万平方米，主要建设内容：综合教学楼、图书馆、学生宿舍、文体活动用房等。

三、组织机构

1. 主管单位

山西师范大学

2. 项目单位

山西师范大学现代文理学院

3. 设计单位

山西省建筑设计研究院与同济大学建筑设计研究院（集团）有限公司联合体

中储负责人考察项目

山西中西部城市群经济核心圈物流网

中储山西综合物流园建设工程

核心提示 Core tip

中国物资储运总公司(以下简称中储总公司)依据中储物流自身优势，在晋中市建立标准化配套服务综合物流产业园区，重点服务于山西中部城市群，对促进地方经济社会发展具有积极意义。

中储总公司充分发挥中国物流旗舰作用，在山西省晋中市建设综合物流产业园，旨在建设集公路、铁路、航空物流为一体的，具有商品分拨、国际货代、运输配送、现货交易、动产监管融资、金融结算、物流加工、办公商贸、电子商务、期货交割、保税监管等现代服务业功能聚集区。以降低社会物流成本，解决中小企业融资需求，提升当地乃至山西省的物流产业水平，促进生产资料和生活资料的价值升级，为社会创造新的就业岗位。项目建成后，预计年物资吞吐量500万吨，年营业收入（含入园厂商经销／贸易收入）45亿元以上，年综合上缴税费3亿元以上。既可服务于山西中部，又可辐射于全省，进而辐射华北、中原及西北地区，成为拉动区域经济增长的引擎和实现经济转型的有力支撑。

一、审批立项

2013年11月1日，晋中市政府由常务副市长主持召开专题会议，专门研究中储山西综合物流园项目建设事宜，积极推进项目进展，并向省政府行文，申请解决项目一期用地。

项目第一期262.55亩建设用地图已出，其中的20.72亩土地于2014年3月已组卷上报。2014年9月，中储发展股份有限公司与榆次区政府签订正式《投资协议》。中储同时支付政府2970万元土地预付款用于农民补偿等事项。

二、工程建设

项目位于山西省晋中市榆次区“山西榆次工业园区”，108国道与省道316交叉处西北角。功能规划主要包括货运中心区、仓储保管区及流通加工中心、国际物流区、综合社区、现货市场区、商贸展示区等功能区域。

1. 投资规模

投资规模约为20亿～25亿元人民币，由中储股份自筹解决。2014年完成投资3000万元（全部自筹）。

2. 建设规模

项目规划占地1500亩，建筑面积为60万平方米。

3. 项目分期

项目拟分三期建设：第一期规划占地约300亩，总投资约10亿元，建筑面积20万平方米，建设周期2年。第二、三期规划占地1200亩，投资总额约10亿～15亿元。

三、组织机构

1. 主管单位

中储发展股份有限公司

2. 项目法人

山西中储物流有限公司

相关链接 >>> Related links

中国物资储运总公司(以下简称中储总公司)，是国务院国资委管理的大型流通企业集团——中国诚通控股集团有限公司（央企）的核心成员企业，总部设在北京。

中储总公司各子公司由其上市公司——中储发展股份有限公司管理，实行统一管理制度。

山西中储物流有限公司，2014年底注册成立，是中储发展股份有限公司的全资子公司。由该公司具体负责“中储山西综合物流园”项目的建设和运营。

培养中高级技能人才的摇篮

晋城市高级技工学校实训基地建设工程

晋城市高级技工学校是晋城市政府主办、市劳动和社会保障局主管的唯一一所国家重点技工学校，是培养中高级技能人才的摇篮。晋城市高级技工学校实训基地项目（以下简称为项目）的建设，能有效解决学校现有实训场地与实训需求不匹配的矛盾，大幅度提升受训人员技能水平，缩短企业用人的适应周期。

一、审批立项

2013年2月19日，晋城市发展和改革委员会以晋市发改投社发〔2013〕59号文对项目建议书进行批复；7月25日，晋城市发展和改革委员会以晋市发改社会便字〔2013〕05号文将建设地址进行变更为晋城市泽州县高都镇泊南村。2014年01月27日，省重点工程办公室以晋政办发〔2014〕8号文将该项目列为2014年省重点工程。

二、工程建设

1. 投资规模

项目总投资25513万元，其中一期工程投资12531万元（建筑安装工程费8250万元，设备购置费100万元，土地及其他费用3253万元，基本预备费928万元），二期工程投资12982万元（建筑安装工程费10450万元，其他费用1568万元，基本预备费964万元）。资金来源：市政府统筹。

2. 建设规模

项目选址位于晋城市泽州县高都镇泊南村、南街村。占地面积200亩，分两期进行建设，一期占地75.9亩，二期占地124.1亩。

3. 主要工程

项目建筑面积为8.8万平方米，主要建设内容包括实训车间、学生宿舍楼、餐厅、操场及辅助用房等。建设工期为2年。

4. 设计理念

项目主要以学生实习实训为主，设置实训车间为主，同时配套学生食堂、公寓用房、体能训练场及附属用房等，以满足学生实习实训为主线，服务学生实训。

5. 工程进展

截至2014年底，项目已立项，并完成选址，正在进行项目一期用地预审及环评的审批；建设资金未到位，尚未开工，设计、监理、承建单位还未确定。

三、组织机构

1. 主管单位

晋城市人力资源和社会保障局

2. 项目单位

晋城市高级技工学校

项目法人代表：姚允刚

续建项目

“十二五”规划的重点项目

潞安矿业李村煤矿建设工程

山西潞安矿业集团慈林山煤业有限公司李村矿井项目（以下简称项目），地处太行山脉中段西侧、山西省上党盆地西部，行政区划隶属于山西省长治市长子县的南陈镇、大堡头镇和常张镇，矿井工业场地位于长子县南李村村东100米处。该项目是山西省重点工程建设项目，属潞安集团新建的现代化矿井之一。项目包括设计规模（一期）为300万吨/年的矿井及其配套的选煤厂、铁路专用线工程。该项目也是慈林山矿井的接替矿井。李村矿井建成后可以解决慈林山停产后职工的就业问题，投产吸纳就业人数3000余人。

一、审批立项

2012年7月，国家发改委以发改能源〔2012〕2225号文件，对李村矿井及选煤厂一期工程项目进行了核准，批复矿井一期建设规模为300万吨/年，配套建设选煤厂及铁路专用线。

二、工程建设

1. 投资规模

项目概算63.42亿元。李村矿井及选煤厂项目初步设计2013年8月批复概算投资为37.88亿元，其中矿井30.62亿元，选煤厂7.26亿元。选煤厂初步设计及概算与批复文件基本吻合；由于地质条件变化较大、建设工期延长，矿井部分概算与批复文件差异较大，预计矿井部分实际需要53.99亿元。

资金来源有两种形式：一是潞安集团公司提供自有资金作为项目资本金方式投入，占比30%；二是其余资金全部采用银行贷款。

2. 建设规模

井田东西长8.0公里，南北宽4.15公里，面积33.2平方公里。全井田3号煤地质资源量2.191亿吨，设计可采储量为1.2552亿吨。矿井一次设计、分期建设，其中一期设计生产能力为300万吨/年，二期达到500万吨/年。2006年12月21

日举行了矿井开工奠基仪式。2007年3月开始工程施工准备，2008年1月，主、副、风井井筒开工建设。

3. 工程进度

截至2014年底，矿、土、安各类工程项目按照批准的规模、标准、投资和内容基本完成，矿井主要生产系统已经按照初步设计建成。

（1）投资完成情况：2014年计划投资11.47亿元，实际完成投资13.57亿元(含利息2.18亿元)。其中矿井部分116267万元，选煤厂部分11056万元；铁路线部分8337万元。截至2014年底，项目累计完成投资517289万元，其中矿井部分454681万元，选煤厂项目54261万元，铁路线完成8347万元。

（2）系统建设情况：矿井提升系统、排水系统、通风系统、压风系统、瓦斯抽采系统、监测监控系统、主运输系统及给排水系统和污水处理系统（除铁路站场及铁路装车系统）已全部完工，储装运系统以及选煤厂洗选系统安装完成具备投运条件。

（3）井巷工程施工情况：2014年计划进尺15000米，截至12月底已完成15100米；完成工程煤工程煤45万吨。初设内矿建工程共批复42000米，截至12月底累计完成38000米，完成率90.5%，其中1302备用面完成90%。1301首采面安装完毕，具备回采条件。

（4）接续工程情况：一采区下山、西翼开拓大巷、二采区准备等接续工程已启动，南部风井施工设计、进场道路、供电线路已完成，目前正在进行进风井冻结孔的施工。

（5）铁路建设情况：铁路专用线长子南站接轨工程基本完工。

三、组织机构

1. 主管单位

山西潞安矿业(集团)有限责任公司

2. 项目法人

山西潞安矿业集团李村煤矿建设管理处

法人代表：赵洪亮

3. 设计单位

中煤邯郸设计工程有限责任公司（矿井、洗煤厂与矿井相连部分）、北京圆之翰煤炭工程设计有限公司（洗煤厂）、煤炭科学研究总院重庆研究院（抽采设计）、煤炭科学研究总院沈阳研究院（防突设计）、中铁工程设计咨询集团有限公司（铁路建设工程）

4. 监理单位

山西煤炭咨询监理有限公司、山西省煤炭建设监理有限公司、山西诚正监理咨询有限公司

5. 管理单位

山西潞安矿业(集团)有限责任公司基建管理中心

6. 承建单位

中煤第五建设有限公司、中煤第三建设（集团）有限责任公司、山西潞安工程有限公司、中煤建筑安装工程集团有限公司

国家“十一五”重点规划项目

太原煤气化龙泉矿井建设工程

太原煤炭气化（集团）有限责任公司龙泉矿井建设工程（以下简称项目），是国家“十一五”规划项目和山西省“十二五”重点工程项目。规划井田面积为19.18平方公里，储量5.01亿吨；由一座年产500万吨原煤的现代化矿井及配套的选煤厂和5.5公里铁路专用线组成。

项目位于山西省中部娄烦县境内，占地面积816.1亩，选煤厂占地247.2亩。

一、项目概况

2008年7月4日，国家发展和改革委员会以发改能源〔2008〕1725号文核准项目；2009年6月，山西省煤炭工业厅以晋煤办基字〔2009〕506号文批准项目开工建设；2013年12月，山西省煤炭工业厅以晋煤办基发〔2013〕1883号文批复项目进入联合试运转。

二、工程建设

1. 投资规模

项目总投资35.26亿元，资

金来源为企业自筹30%，银行贷款70%。

2. 开工日期

2009年7月1日，项目正式开工建设，预计2015年1月工程全部完工。

3. 工程进度

项目2014年完成投资8.3亿元。

截至2014年底，项目已具备联合试运转条件；除环保、水保专篇外，其余前置验收、专篇验收均已完成。

三、组织机构

1. 主管单位

太原煤炭气化（集团）有限责任公司

2. 项目法人

太原煤气化龙泉能源发展有限公司

3. 设计单位

煤炭工业太原设计研究院

4. 监理单位

山西省煤炭建设监理有限公司、山西诚正建设监理咨询有限公司、中煤国际工程集团北京华宇工程有限公司监理分公司

5. 承建单位

中煤一建第四工程处龙泉项目部、中煤五建第三十一工程处龙泉项目部、山西省宏图建设工程有限公司、中煤建设集团工程有限公司、山西省第三建设工程公司、大地工程开发（集团）有限公司、国度建设（集团）有限公司、山西陆通建筑有限公司、山西约翰芬雷华能设计工程有限公司

实现煤炭生产规模化、现代化

阳煤集团七元煤矿建设工程

七元矿井建设项目是列入国家煤炭工业发展"十一五""十二五"规划的建设项目，是山西省政府确定的阳煤三矿接替矿井，也是2012年以来山西省政府确定的重点建设工程。项目建成达产后，煤炭主副产品年收入近40亿元，年实现利润10亿元，上缴地方各项税费近10亿元，吸收就业人数3000余人。

一、项目概况

2009年11月26日，国家能源局以国能煤炭〔2009〕322号文同意项目开展前期工作。矿井项目总投资约38亿元，井田面积为194.36平方公里。

二、工程建设

1．投资完成情况

截至2014年底，累计完成投资106309.38万元。

2．工程进度

截至2014年底，四个立井均已施工到底，四个井筒除主井与排矸井尚有87米联络巷未贯通外，其他已实现贯通；回风立井的改装已经完成，临时主扇已投入使用，矿井的通风条件得到保障，可满足矿井建设期间的通风需求；排矸立井永

久罐道的安装已经完成，且具备使用条件。

地面工程自开工以来，已完工的主要有场面土方工程、进场道路工程、平交道路工程、压风机房及10千伏配电室工程、1号宿舍楼工程、2号宿舍楼工程、回风井防爆门基础及安全出口工程、回风井风道工程；两幢单宿舍楼已完成并投用；食堂、任务交待楼已基本完工。

三、组织机构

1. 主管单位

阳煤集团

2. 项目法人代表

阳煤集团七元公司刘兴和

3. 设计单位

北京圆之瀚设计公司

4. 监理单位

山西诚正监理

5. 承建单位

阳煤集团宏厦一建（矿井）、阳煤集团宏厦三建、阳煤集团宏厦总公司（地面）

提升煤炭产业集中度

晋煤集团晋圣公司整合矿井项目

为从根本上改变山西省煤矿“多、小、散、乱”的产业格局及安全基础薄弱的现状，山西省作为国家资源型经济转型综合配套改革试验区，对小型地方、私人煤矿进行了重组整合。晋煤集团晋圣公司整合矿井项目（以下简称项目）将原有的38个矿井整合成为13个矿井，其中4座位于晋城城区、4座位于晋城市阳城县、4座位于晋城市沁水县、1座位于临汾市洪洞县。产能由641万吨/年提升到930万吨/年，不仅淘汰了落后产能，提高了安全保障能力，也能保障国家对煤炭资源的有效控制。项目建成投产后，新增就业岗位8200多个。

一、审批立项

2009年，山西省煤矿企业兼并重组整合工作领导组办公室以晋煤重组办发〔2009〕20、38、42、54号文批复项目。

二、工程建设

1. 投资规模

项目总投资55亿元，资金来源为企业自筹30%，银行贷款70%。

2. 建设概况

项目中的13个资源整合矿井，按矿井情况不同，建井工期11个月至41个月不等，自2010年6月7日鸿升煤业批准开工至2012年9月26日荣康煤业批准开工，项目所属13个资源整合矿井全部取得了开工批复并开工建设。

3. 工程进展

2014年，鸿升煤业转为生产矿井，七岭煤业停建，永安宏泰煤业缓建。10个矿井目前正在建设，凤红煤业、松峪煤业、三沟鑫都煤业、亿欣煤业4座矿井进入联合试运转；荣康煤业正在进行一期工程建设，上孔煤业、坡底煤业、润东煤业、诚南煤业4座矿井正在进行二期工程建设，固隆煤业正在进行三期工程建设。

三、组织机构

1. 主管单位

山西晋城无烟煤矿业集团有限责任公司

2. 项目法人

晋煤集团晋圣矿业投资有限公司

推动晋南城镇化建设的重大举措

运城市城区东郊村庄城镇化建设工程

Back ground 背景资料

改革开放以来，中国城镇化建设已成为各地经济社会发展的强大动力和重要抓手。党的十七大和十七届三中全会明确强调指出："走中国特色城镇化道路，按照统筹城乡、布局合理、节约土地、功能完善、以大带小的原则，促进大中小城市和小城镇协调发展。"因此，必须大力提高城镇化水平，培育区域经济新的增长点，并以此来辐射和带动区域经济社会的快速发展。

运城市城区东郊东承空港新区，西延老城区，南枕中国死海"盐湖"及中条山，北接运城经济技术开发区，周边有盐湖大道、河东西街、禹都大道、机场大道、运三高速公路等综合交通优势，业已具备了良好的发展空间和条件。对区域内安邑、张家坡、尉村、芦子沟村等村庄实施城镇化建设项目，正是顺应国家加快推进特色城镇化的历史潮流，抓住当前以工促农，以城带乡的重要发展机遇，是运城市统筹城乡和区域发展、破解"三农"难题和城乡二元结构、古今城乡经济社会一体化发展的一个重要举措。

运城市城区东郊安邑、张家坡、尉村、芦子沟村等村庄城镇化建设项目（以下简称为项目），是山西省城镇化建设重点项目。项目位于运城市城区东郊的城乡结合部，是运城市中心城区向东拓展的重要区域。项目把城镇化建设与新农村建设紧密结合起来，用新农村建设来助推城镇化建设的进程最终实现城乡一体化建设。项目的实施，将有利于加快农村富余劳动力转移，增加农民收入，缩小城乡差距；有利于拓展第三产业发展空间，缓解就业压力；有利于扩大内需，为经济发展开拓广阔的市场和保持持久的动力；有利于优化资源配置，增强区域整体竞争力；有利于促进区域经济的可持续发展。

项目建成投产后，投资回收期含建设期为6年，在经营期内除获10%的收益，还将得到13.57亿元的财务净现值，按全部投资计算所得税后内部收益率达17.96%，高于行业基准收益率，具有较强的获利能力。

一、审批立项

2010年11月17日，山西省发展和改革委员会以晋发改投资发〔2010〕1791号文对项目可行性研究报告予以批复。

二、工程建设

1. 投资规模

项目总投资49.85亿元，其中村庄搬迁改造与农民集中住房建设8.56亿元；公共基础设施及配套工程11.01亿元；土地收储整理19.96亿元；其他费用10.32亿元。

资金来源：银行贷款35亿元，运城市自筹14.85亿元。

2. 建设规模

项目位于运城市城区东郊的城乡结合部，东以运三（运城至三门峡）高速公路为界，西至禹西路、铺安街、韩信路拐弯段，南至盐湖大道，北至禹都大道。项目规划用地总面积为12.9平方公里，规划人口15万人。

3. 主要工程

项目实施包括村庄搬迁改造与农民集中居住房建设、公共基础设施建设、土地储备与一级开发、湖泊湿地整治改造等内容。项目包含子项目有安邑一八一水库湖泊湿地治理与保护项目、邑东路、河东东街延长线、安中路、铺安街、安东路等项目。

4. 设计理念

项目着力建设一座功能体系完善、组团结构合理、湖泊湿地环拥、绿色空间相隔、道路南北贯通、文化特色鲜明，集商务办公、商贸物流、教育科研、会议会展、休闲娱乐、生态居住为一体的综合性城市新区。在公园辐射，双核驱动，水系贯穿，三轴并进，板块融合的主导思路下，将东部新区规划为一带、双核、三轴、六大功能片区。其中，一带为中央休闲娱乐带；双核为中央商务中心、文化商贸中心；三轴为河东东街延长线东西功能主轴、中央商务中心区南北功能次轴和文化广场南北功能次轴；六大功能片区，包括中央商务区、文化商贸区、中央休闲区、生态居住区、低碳新兴产业区、安邑古镇区。

5. 开工情况

项目于2011年12月开工，预计到2018年竣工。

6. 工程进展

截至2014年底，项目：

（1）河东东街延长线、安中路、铺安街、安东路已完工。

（2）邑东路实现主路贯通，完成道路工程的95%，绿化工程的70%。

（3）安邑一八一水库湖泊湿地治理与保护项目八一水库园区道路铺设、驳岸景石、雨水、污水、中水管线等工程已完成，完成土建工程的60%，绿化工程的85%。芦沟湿地片区施工准备工作已完成；安邑水库片区围挡施工已结束，开始测量原地貌，部分区域正在开挖土方。

（4）安中路东延道路工程完成征地任务的50%，完基本完成地基处理，完成韩信沟围堰施。

三、组织机构

1. 主管单位

运城市人民政府

2. 建设单位

运城市城市建设投资开发有限公司

3. 设计、监理、承建单位

表15

东郊村庄城镇化工程建设单位一览表

<table>
<tr><th colspan="2">项目名称</th><th>设计单位</th><th>监理单位</th><th>承建单位</th></tr>
<tr><td rowspan="3">禹都公园</td><td>八一水库区域</td><td>中国建筑西北设计研究院有限公司</td><td>太原理工大成工程有限公司</td><td>上海生态园林工程有限公司、陕西三木园林建设有限公司、山西诚信市政建设有限公司、晋中市宏艺宏艺园林工程有限公司、河南天域园林工程有限公司、山西蓝天园林工程有限公司、绿美艺环境工程有限公司、广东中绿园林绿化公司、江苏绿景园林公司、运城市电力开发公司</td></tr>
<tr><td>芦沟湿地区域</td><td>陕西三木生态园林有限公司</td><td></td><td>陕西三秦园林建设有限公司、常州市华辰园林绿化工程有限公司、广东中绿园林集团有限公司、淮安市绿艺园林工程有限公司、山西第五建筑工程公司、运城市电力开发公司</td></tr>
<tr><td>安邑水库区域</td><td>陕西唐荣风景园林设计有限公司</td><td></td><td>亿利首建生态科技有限公司</td></tr>
<tr><td colspan="2">安中路道路工程</td><td>运城市规划设计院</td><td>运城博星工程建设监理有限公司</td><td>海铁路桥工程有限公司</td></tr>
<tr><td colspan="2">铺安街道路工程</td><td>运城市规划设计院</td><td>运城博星工程建设监理有限公司</td><td>太原市政工程总公司</td></tr>
<tr><td colspan="2">河东东街道路</td><td>西安市政设计研究院有限公司</td><td>山西德圣工程咨询有限公司</td><td>中铁十局集团有限公司、太原市市政工程总公司</td></tr>
<tr><td colspan="2">邑东路道路工程</td><td>西安市政设计研究院有限公司</td><td>山西恒泰建设项目管理有限公司</td><td>大同市政建设集团有限公司、山西省第三建筑工程公司、国基建设集团有限公司</td></tr>
</table>

实现煤炭安全、集约、高效开发

平定古州煤业矿井提升改造项目

山西平定古州煤业有限公司是经过省煤矿企业兼并整合领导组批准确定的煤炭主体企业。公司矿井提升改造项目是阳泉市重点工程之一，项目总概算213235.17万元，设计能力为480万吨/年，分别为古州同意煤业60万吨/年，古州冠裕煤业60万吨/年，古州富鑫煤业60万吨/年，古州卫东煤业90万吨/年，古州中盛煤业60万吨/年，古州丰泰煤业90万吨/年，古州伟峰煤业60万吨/年。

一、平定古州同意煤业有限公司矿井提升改造（以下简称项目）

1. 项目概况

项目位于平定县城南5公里的沁水煤田阳泉矿区平定勘探区同意井田。井田面积7.51平方公里，保有储量3276万吨，可采储量1502.24万吨。矿井设计能力60万吨/年，项目概算总投资28483.93万元。

2. 工程建设

项目于2010年12月30日正式开工建设，建设工期22个月。2011年6月，阳泉市煤炭工业局以阳煤政发〔2011〕80号文批准开工时间调整为2011年9月18日。阳泉市煤炭工业局以阳煤政发〔2013〕71号文件批复，建设工期延期至2014年7月底。项目井下工程主斜井、副斜井、回风斜井已完成，地面调度楼、办公楼、职工公寓、灯房浴室主体工程已完成。

3. 组织机构

（1）主管单位

山西平定古州煤业有限公司

（2）建设单位

山西平定古州同意煤业有限公司

（3）设计单位

太原市明仕达煤炭设计有限公司

（4）施工单位

中国有色金属工业第十四冶金建设公司、浙江中宇实业发展有限公司

二、平定古州冠裕煤业有限公司矿井提升改造（以下简称项目）

1. 项目概况

项目位于平定县冠山镇，井田面积4.28平方公里，保有储量3276万吨，设计生产能力60万吨/年，项目概算总投资28008.02万元。

2. 工程建设

项目于2010年7月18日正式开工建设，建设工期12个月。建设期

间，阳泉市煤炭工业局以阳煤政发〔2012〕220号文件批复建设工期延期至2013年6月底；项目于2013年7月份进入联合试运转；阳泉市煤炭工业局以阳煤政发〔2013〕286号文件批复项目联合试运转延期至2014年6月底。截至2014年底，项目已完成竣工验收工作，并办理安全生产许可证和煤炭生产许可证，成为生产矿井。

3. 组织机构

（1）主管单位

山西平定古州煤业有限公司

（2）建设单位

山西平定古州冠裕煤业有限公司

（3）设计单位

山西春成煤矿勘察设计有限公司

（4）施工单位

浙江中宇实业发展有限公司

三、平定古州富鑫煤业有限公司矿井提升改造（以下简称项目）

1. 项目概况

项目位于平定县冠山镇南关村，距县城1.5公里，井田面积4.85平方公里，保有储量3142万吨，可采储量1150万吨，设计生产能力60万吨/年，项目概算总投资23644万元。

2. 工程建设

项目于2010年8月18日正式开工建设，建设工期18个月。建设期间，阳泉市煤炭工业局以阳煤政发〔2012〕248号文批复建设工期延期至2013年8月底；项目于2013年8月15日进入联合试运转；阳泉市煤炭工业局以阳煤政发〔2014〕19号批复联合试运转延期至2014年5月14日，现项目已通过竣工验收并办理安全生产许可证和煤炭生产许可证，成为生产矿井。

3. 组织机构

（1）主管单位

山西平定古州煤业有限公司

（2）建设单位

山西平定古州富鑫煤业有限公司

（3）设计单位

山西春成煤矿勘察设计有限公司

（4）施工单位

浙江中宇实业发展有限公司

四、平定古州卫东煤业有限公司矿井提升改造（以下简称项目）

1. 项目概况

项目位于平定县张庄镇宁艾村，井田面积7.28平方公里。保有储量6705万吨，可采储量2440.1万吨，设计产能90万吨/年，项目概算总投资33569.32万元。

2. 工程建设

项目于2011年5月16日正式开工建设，建设工期17个月。山西省煤炭工业厅基本建设局以晋煤基局发〔2013〕279号文批复建设工期延期至2014年11月底，因双回路供电系统建设滞后及政策性停工等因素的影响，导致该项目建设迟缓，目前仍处于停工阶段。

3. 组织机构

（1）主管单位

山西平定古州煤业有限公司

（2）建设单位

山西平定古州卫东煤业有限公司

（3）设计单位

山西安煤矿业设计工程有限公司

（4）施工单位

河南富昌建设工程有限公司

焦作市宏程工程建设有限公司

五、平定古州中盛煤业有限公司矿井提升改造（以下简称项目）

1. 项目概况

项目位于平定县张庄镇西城村，井田属沁水煤田平昔矿区平定阳胜勘探区，井田面积7.12平方公里，保有储量325万吨，可采储量453万吨，设计生产能力60万吨/年，项目概算总投资14296.48万元。

2. 工程建设

项目于2010年12月30日开工建设，建设工期30个月。阳泉市煤炭工业局以阳煤政发〔2014〕25号文批复建设工期延期至2014年10月底，项目二期工程已完成中央水泵房、配电室、等候室、消防材料库。胶带大巷、轨道大巷、回风大巷，紧急避难硐室以及15101工作面巷道尚未完工。由于资金融资困难，目前处于停工状态。

3．组织机构

（1）主管单位

山西平定古州煤业有限公司

（2）建设单位

山西平定古州中盛煤业有限公司

（3）设计单位

山西春成煤矿勘察设计有限公司

（4）施工单位

西山煤电建筑工程集团有限公司

六、平定古州丰泰煤业有限公司矿井提升改造（以下简称项目）

1．项目概况

项目位于平定县冠山镇胡家庄村东，井田面积9平方公里，保有储量9023万吨，可采储量2189.6万吨，设计产能90万吨/年，项目概算总投资53283.14万元。

2．工程建设

项目于2011年1月7日正式开工建设，建设工期23个月；山西省煤炭工业厅基本建设局以晋煤基局发〔2012〕182号文件批复建设工期延期至2013年12月底，目前该项目工程已到期，由于初步设计变更迟缓，项目处于停工状态。完工程为主斜井主体工程、回风斜井、井下主变电所、主排水泵房、候车室医疗室、井底车场、煤仓绕道、主副水仓职工食堂、联合建筑、单身宿舍楼、综采库机修间、主井绞车房、副井绞车房、主扇风机房、抽放泵站、高压配电、办公大楼、皮带栈桥、筛分间室等。

3．组织机构

（1）主管单位

山西平定古州煤业有限公司

（2）建设单位

山西平定古州丰泰煤业有限公司

（3）设计单位

山西中远设计工程有限公司

（4）施工单位

西山煤电建筑工程集团有限公司

七、平定古州伟峰煤业有限公司矿井提升改造（以下简称项目）

1．项目概况

项目位于平定县锁簧镇东锁簧村，井田面积4.68平方公里，保有储量1885万吨，生产规模60万吨/年，项目概算总投资28456.09万元。

2．工程建设

项目于2010年12月16日正式开工建设，建设工期为15个月，阳泉市煤炭工业局以阳煤政发〔2014〕294号文件批复建设工期延期至2015年6月底。

3．组织机构

（1）主管单位

山西平定古州煤业有限公司

（2）建设单位

山西平定古州伟峰煤业有限公司

（3）设计单位

山西春成煤矿勘察设计有限公司

（4）施工单位

温州第二井巷工程公司

集煤炭开采与深加工为一体的现代化矿井

潞安煤业潞宁孟家窑矿井技改项目

一、项目概况

潞安煤业潞宁孟家窑矿井技改项目（以下简称项目）位于宁武县凤凰镇境内，井田面积17.13平方公里，主采煤层为2号、5号煤层，地质储量3.65亿吨，设计可采储量1.69亿吨，为低瓦斯矿井，煤种为气煤，矿井批复生产能力为240万吨/年。项目投资约为25亿元。

2010年8月18日，山西省煤炭厅以晋煤办基发〔2010〕847号文批准了该项目的初步设计；2010年9月15日，山西煤矿安全监察局以晋煤监安一字〔2010〕461号文批准项目的安全专篇；2010年10月14日，山西省环保厅以晋环函〔2010〕1107号文批准该项目的环境影响报告书；2010年9月21日，山西省煤炭工业厅以晋煤办基发〔2010〕1082号文批准项目开工建设。

矿井坚持集约高效、长效安全、绿色环保的建设理念，开拓方式为斜井开拓，主、副斜井集中布置于矿井工业场地，分采区布置风井，主运输采用胶带运输机运输，辅助运输采用卡轨车、蓄电池电机车和大功率绞车等联合运输方式，装备架空人车系统担负全矿下井人员的运送，采煤方法采用综合机械化一次采全高采煤工艺和综采放顶

煤工艺。

二、组织机构

1. 项目法人代表

李潞斌

2. 设计单位

北京圆之翰煤炭工程设计有限公司

3. 监理单位

山西煤炭监理咨询公司、山西中太工程建设监理公司

4. 承建单位

煤矿建集团第29工程处、浙江中宇实业发展有限公司、山西八建建设有限公司、山西六建建设有限公司

煤炭企业兼并整合的重点项目

晋煤集团胡底矿井建设工程

山西省作为国家资源型经济转型综合配套改革试验区，从2010年开始对小型地方、私人煤矿进行重组整合。晋煤集团沁水胡底矿井建设工程（以下简称项目）是对原沁水县胡底煤业投资有限公司胡底煤矿及部分空白资源进行兼并重组整合，重组后矿井能力为60万吨/年。

一、审批立项

2009年，山西省煤矿企业兼并重组整合工作领导组办公室以晋煤重组办发〔2009〕38号文批复项目。

二、工程建设

1. 投资规模

项目总投资18.18亿元，资金来源为企业自筹30%，银行贷款70%。截至2013年12月31日，共征地155亩。

2. 工程情况

项目于2010年10月27日开工建设，计划2016年6月投产。

3. 工程进展

（1）程序性工作：

截至2014年底，已完成职业卫生预评价报告；节能专编、安全专篇、环境影响评价报告和水土保持方案已完成报审工作；环境应急预案已取得了批复。

（2）实体性工程：

截至2014年底，矿井实体工程建设完成约80%。

其中：矿建工程主要工程已施工完毕，各大系统已形成，首采工作面正在施工，累计完成进尺14000米。

土建工程完成瓦斯抽放泵站、变电站、主扇机房、压风机房、办公楼、联建楼、安全生产和办公生活设施。

安装工程主要完成瓦斯泵站、主扇机房、压风机房、主斜井绞车、污水处理站、中央水仓、变电站等设备工程；正在进行筒仓、皮带走廊、主运胶带机安装。

三、组织机构

1. 主管单位

山西晋城无烟煤矿业集团有限责任公司

2. 公司法人

晋煤集团沁水胡底煤业有限公司

3. 设计单位

晋城煤业集团勘察设计院有限公司

4. 监理单位

山西煤炭建设监理咨询公司

5. 施工单位

重庆川九公司、四川煤矿基本建设有限公司、中煤七十一处

全面提升资源综合利用与清洁生产水平的产业工程

阳煤吉天利铅酸蓄电池清洁生产闭合循环产业链建设项目

铅酸蓄电池清洁生产闭合循环产业链建设项目(以下简称项目)，位于阳泉市盂县苌池镇。吉天利公司创建了“废铅蓄电池回收—无害化处理—材料资源化利用—铅蓄电池生产—销售—废铅蓄电池回收”的闭合循环产业链，致力于废铅蓄电池的无害化处理与资源化利用，同时，利用再生材料生产制造出新的铅蓄电池产品，主要应用于通信、金融、电力、铁路等行业领域。资源的综合利用率达99%以上，力争实现污染物零排放。项目的建设，加快了再生资源回收利用产业发展，是全面落实科学发展观的重要举措，也是建设资源节约型、环境友好型社会的重要内容，对于经济和社会的可持续发展有着重要意义。项目达产后，年实现销售收入17.19亿元，年税后利润1.46亿元。

Back ground 背景资料

山西吉天利科技有限公司成立于1996年，是一家拥有17年铅蓄电池制造历史和9年废旧铅蓄电池资源化利用技术探究背景的高新技术企业。2012年10月，与阳泉煤业（集团）有限公司重组。公司是国内铅蓄电池骨干企业，先后通过了ISO 9001:2008质量管理体系认证、ISO 14001:2004环境管理体系认证以及OHSAS 18001:2011职业健康安全管理体系认证。公司先后获得20多项专利，并于2010年获得中国资源综合利用（吉天利）示范园区，并成为山西省首家循环经济示范园区，2012年10月，吉天利园区被国家发改委、国家财政部联合命名为第三批国家“城市矿产”示范基地。

公司以循环经济为理念，开展以废旧铅酸蓄电池无害化处理与综合利用为先导，包括废钢铁、废旧有色金属、废塑料等再生资源的综合利用与产业链延伸，规划并建设系列示范工程，完成循环经济产业从起步、原始积累到规模化经营的过程，稳步发展为山西并扩大到华北、西北地区工业化生产和再生资源综合利用的重要基地。

一、审批立项

160万千伏安小时/年环保型铅酸蓄电池项目备案证，于2008年8月27日，由山西省发展和改革委员会以晋发改备案〔2008〕272号文下发，后期生产规模及单位名称变更，备案号变更为晋发改备案〔2011〕24号。

10万吨/年废旧铅酸蓄电池无害化处理综合利用项目备案证，由山西省发展和改革委员会以晋发改备案〔2006〕188号文下发。

二、工程建设

1. 投资规模

项目总投资10亿元。

2. 建设规模

项目总用地面积520亩，建筑面积101638.2平方米。建设废铅酸蓄电池无害化处理区、新品电池清洁生产区、科研试验区、管理服务区以及生活区等几个功能区。

项目以省循环经济试点10万吨/年废旧铅酸蓄电池无害化处理综合利用项目为龙头，与160万千伏安小时/年环保型铅酸蓄电池项目形成回收处理再生制造销售回收的闭合循环产业链。

3. 开工时间

160万千伏安小时/年环保型铅酸蓄电池项目2009年9月1日开工建设，10万吨/年废旧铅酸蓄电池无害化处理综合利用项目2010年10月1日开工建设。

4. 设计理念

项目选址于盂县城区北10千米，与阳石公路(S214省道)紧邻，阳石公路是盂县过境二级交通干道，交通运输条件较好；厂区水、电等设施条件较好。厂区周围无水源保护区、风景名胜区等环境敏感点。不存在园址所在地居民和企业的拆迁和移民安置问题。厂区地处盂县苌池循环经济产业集聚区，为盂县为当地循环经济建设设置的规划用地，符合当地发展规划的要求。

项目以科学发展观为指导，以循环经济为理念，引进国外先进的理念，采用国内外适用先进技术和设备，以提高资源利用效率，保护和改善环境，实现可持续发展为目标，开展阳煤集团山西吉天利科技有限公司铅酸蓄电池清洁生产闭合循环产业链建设项目。发挥吉天利资源--产品--再资源--再产品的全循环产业链优势，突出全封闭、无害化、资源化的高效利用水平。

5. 工程进展

160万千伏安小时/年环保型铅酸蓄电池项目于2011年7月28日竣工并已正常生产。截至2014年底，10万吨/年废旧铅酸蓄电池无害化处理综合利用项目正进行进口设备调试，为满足环保要求，对该项目环保设备进行升级改造。

三、组织机构

1. 主管单位

阳泉煤业（集团）有限公司

2. 项目法人

山西吉天利科技有限公司

3. 设计单位

中国新时代国际工程工程

4. 监理单位

陕西诚信建设监理有限责任公司

5. 承建单位

九冶建设有限公司

实现土地资源和基础设施集约使用

平定晋东商贸物流园区建设项目

核心提示 Core tip

平定晋东商贸物流园区作为阳泉市重点开发建设的物流园区，实施仓储物流配送的服务功能，建立与园区相配套的系统、集约及现代化的物流仓储配送服务体系，为入住园区企业提供高效的物流仓储配送服务，吸引更多的企业入住园区，形成集约效应，有力支撑"平定晋东商贸物流园区"建成为阳泉市境内完备的大型商贸物流服务园区，为阳泉市流通业健康可持续发展做贡献，顺应了现代物流园区发展的需求。

一、审批立项

2008年5月8日，山西省发展改革委员会以晋发改备案〔2008〕152号文备案项目。2010年平定环保局，平环函〔2010〕2号环评项目建设批复。2014年平定环保局平环函〔2014〕27号、32号《关于平定晋东置业投资有限公司新建晋东商贸物流园（一期、二期）建设项目环评》文件批复项目。2014年平定县发展和改革局以平发改备案〔2014〕13号文报备项目，平定县发展和改革局以平发改能审〔2014〕4号文批复项目二期节能评估报告书。

二、工程建设

1．投资规模

项目总投资8.5亿元，资金来源均为企业自筹。项目二期工程计划投资2.6亿元，截至2014年底完成投资1亿多元。三期工程计划投资额2亿多元。

2．建设规模

项目二期工程建筑面积81950平方米，并配套办公信息化、监控系统以及叉车、提升机等服务性设施。三期建筑面积40000多平方米，再征地100亩，完善配套的各种设备，形成货运、货代、仓储、批发、加工、配送、信息处理等服务模式，多层次的物流企业群体。

3．工程进展

项目二期商业正在建设中，其中6号楼为冷库，地上五层钢筋砼框架结构，地下一层，建筑面积1.8万平方米；7号楼为地上五层钢筋砼框架结构，建筑面积1.7万平方米，其余8号、9号、12号、13号为一二层钢结构物流仓储配送中心。工程计划于2015年10月投入使用。

三、组织机构

1．项目单位

阳泉市新晋商房地产开发有限公司

2．设计单位

太原理工大学建筑设计研究院

3．监理单位

阳泉市兴业建筑工程监理有限公司

4．承建单位

阳泉市建筑工程集团总公司

保护和集约开发煤炭资源

左云长春兴煤业重组整合项目

山西煤炭进出口集团左云长春兴煤业重组整合项目（以下简称项目）是以山西煤炭进出口集团为主体，由原左云长春兴煤矿、左云周大庄煤业有限公司和左云永新煤矿有限责任公司三矿兼并重组整合而成。项目位于山西省大同市左云县小京庄乡周大庄村、英格寨村一带，行政隶属左云县小京庄乡管辖。井田南北最宽3.61公里，东西最长7.55公里，面积19.86平方公里，矿井设计生产能力240万吨/年，服务年限67年,现有职工501人。

一、审批立项

山西省煤矿企业兼并重组整合工作领导组办公室以晋煤重组办发〔2009〕9号文批复项目方案。2010年12月28日，山西省煤炭工业厅基本建设局批准项目开工。

二、工程建设

1. 投资规模

项目设计总概算为144125.14万元。其中：井巷工程27733.2万元；土建工程24112.43万元；设备及工器具购置28607.2万元；安装工程8844.09万元；其他费用22272.61万元；基本预备费10748.74万元；110千伏供电工程、矿井水处理系统及副井场地污水处理系统等工程9530万元；建设期间贷款利息12276.87万元，资金来源为企业自筹。

2. 开工时间

项目于2011年1月18日开工建设。

3. 工程进展

项目井田东邻李家窑煤矿和芍药沟煤矿，南邻山阴县南阳坡煤矿，西邻山西左云高家窑煤业有限责任公司煤矿和山西煤炭进出口集团左云韩家洼煤业有限公司，北邻同煤集团马道头井田（规划区）。开采煤层16号～25号，各煤层均具有爆炸性，煤层属容易自燃。矿井采用斜立混合开拓方式，主工业场地位于原山西左云周大庄煤业有限公司工业场地内，利用该矿的回风斜井刷大断面后作为主斜井，担负全矿井的煤炭提升任务，利用该矿的原主立井刷大断面后作为北部回风立井，担负矿井西一上(下)、西二上(下)、西三上(下)盘区的回风任务；副井工业场地位于原山西左云永新煤矿有限责任公司工业场地内，在该工业场地内新掘一条小角度斜井，担负矿井的辅助运输任务。

项目矿井建设三类单位工程共91项，其中：矿建单位工程21项，现已全部完成。包括：（1）回风立井；（2）主斜井；（3）副斜井；（4）西二下盘区辅助运输大巷；（5）1、2号回风石门；（6）井底清理撒煤巷；（7）爆炸材料发放硐室；（8）西二下盘区101工作面运输顺槽；（9）西二下盘区101工作面回风顺槽；（10）西二下盘区101工作面切眼；（11）中央主副水仓；（12）变电所及通路；（13）水泵房及通路；（14）管子道；（15）西二下盘区带式输送机大巷；（16）消防材料库；（17）西二下盘区带式输送机机头检修道及配电硐室；（18）永久避难硐室；（19）井底煤仓；（20）主斜井带式输送机装载硐室；（21）西二下盘区回风大巷。

土建工程项目共38项，现已全部完成。包括：（1）主井井口房及空气加热室；（2）变电站；（3）主井工业厂区低压配电室；（4）主井井下消防洒水池；（5）

主井绞车房；（6）通风机基础及风道、通风机高低压配电室、风井安全出口；（7）空气压缩机站；（8）副井井口房及空气加热室；（9）副井工厂区高低压配电室；（10）油脂库；（11）木材加工房；（12）岩粉库及消防材料库联合建筑；（13）副井日用消防水泵房、日用消防水池；（14）主井锅炉房；（15）综采设备库；（16）办公楼；（17）注浆注砂车间及水池；（18）注氮车间；（19）副井锅炉房；（20）排矸路；（21）生活污水处理间；（22）矿井水处理间；（23）材料库；（24）材料棚；（25）无轨胶轮车库；（26）主副井工业场地综合管网（供热、给排水）；（27）主副井工业场地电缆沟；（28）灯房浴室及任务交代室联合建筑；（29）副井工业场地挡土墙、挡水坝、护坡及人行天桥；（30）矿井修理车间；（31）生产调度楼；（32）1号单身宿舍；（33）2号单身宿舍；（34）工人食堂；（35）主、副井工业场地竖向道路、排水沟及硬化；（36）场外道路（主副井联络路、桥梁）；（37）主井日用消防水池及泵房；（38）大门围墙及附属工程；

机电安装单位工程共计32项，现已全部完成。包括：（1）主斜井带式输送机及电控设备；（2）主斜井检修设备；（3）梯子间装备；（4）主排水设备；（5）主斜井排水管路；（6）主通风机；（7）空压机站设备；（8）主井压缩空气管路；（9）主井消防洒水系统；（10）架空线路（小长线）；（11）架空线路（京长线）；（12）地面110千伏变电站；（13）井下中央变电所电气设备；（14）主井空气加热设备；（15）副井空气加热设备；（16）大巷带式输送机及电控设备；（17）主井锅炉房设备；（18）副井锅炉房设备；（19）主井场地配电室设备；（20）副井场地配电室设备；（21）副井场地日用消防设备安装；（22）井下动力照明线网；（23）地面动力照明线网；（24）注浆设备系统安装；（25）注氮设备系统安装；（26）矿井水处理设备；（27）生活污水处理设备；（28）矿井安全监测监控系统；（29）矿井通讯和计算中心；（30）工业电视大屏幕；（31）永久避难硐室设备；（32）主井场地日用消防系统。

深度展现 Depth development

矿井采用单水平开拓，水平高程1190米，井底车场及硐室全部布置在主斜井井底22号煤层内；全井主要沿井田南北的中央布置两组大巷，一组布置在22号煤层内，另一组布置在16号煤层(带式输送机、辅助运输大巷)及16-2煤层(回风大巷)内，形成南北翼工作面自南（北）向北(南)推进。井下辅助运输设无轨和有轨两套系统，为方便主采22号煤层生产，自地面开掘小角度副斜井进入22号煤辅助运输大巷，实现辅助运输连续不间断运行，在副斜井揭露16号煤层后设换装硐室，与16号煤轨道系统相接。初期选择西二下盘区作为移交投产盘区，在西二下盘区22号煤层装备一个综采放顶煤工作面，达到240万吨/年设计生产能力。根据井田内煤层的赋存特征及对井田煤层开采技术条件和矿井规模综合分析，井田内所有可采煤层均适合采用长壁垮落采煤法。采煤工艺为综采放顶煤。

2014年9月10日，山西省煤炭工业厅基本建设局以晋煤办基发〔2014〕1094号，批准项目正式进入联合试运转。

三、组织机构

1. 主管单位

山西煤炭进出口集团

2. 设计单位

中煤国际工程沈阳设计研究院

3. 监理单位

山西省煤炭建设监理有限公司

4. 施工单位

华煤集团有限公司、四川煤矿基本建设工程公司、山西六建集团、太原建工集团、林州八建

调整优化山西产业结构

左权鑫顺煤业矿井升级改造工程

Back ground 背景资料

山西煤炭进出口集团左权鑫顺煤业有限公司前身是山西左权鑫顺煤业有限公司，始建于1982年。1984年建成投产，原生产能力为6万吨/年，2004年核定生产能力为15万吨/年。按左权县“十一五”煤炭发展战略规划，该矿周边开采上组煤的矿井将相继关闭，优越的地理资源环境，为鑫顺煤业有限公司改扩建创造了良好的发展条件。

2007年1月28日，山西省煤炭工业局以晋煤行发〔2007〕114号文批复矿井升级改造工程（以下简称项目）。改造后生产能力提升为45万吨/年。

山西煤炭进出口集团左权鑫顺煤业有限公司位于左权县城东北6公里处的辽阳镇殷家庄村旁，共占用土地302亩，行政区划属辽阳镇管辖。东距207国道约2公里，有简易公路与之相连；北距阳泉140公里，西距榆社45公里，西南距阳(泉)—涉(县)铁路左权站约7公里，交通较为便利。

一、项目概况

2009年，随着山西省煤矿企业兼并重组工作的推进，根据山西省煤矿企业兼并重组整合工作领导组办公室晋煤重组办发〔2009〕74号文件，由原山西左权鑫顺煤业有限公司和山西左权突堤煤业有限公司以及部分新增资源整合成立山西煤炭进出口集团左权鑫顺煤业有限公司，属省属国有控股企业。其中，山西煤炭进出口集团有限公司控股65%，地方股东控股35%。重组后井田面积5.3563平方公里，批准开采4号、15号煤层，设计能力180万吨/年，服务年限为10.25年，井田保有资源量3669万吨，可采储量2583.66万吨。预计吸纳就业人数500人左右。

二、工程建设

1. 投资规模

项目总概算投资111970.87万元。资金来源为自筹。

2. 开工时间

项目于2011年5月16日正式开工建设，先后办理二次延期，计划于2016年6月份实现联合试生产。

3. 工程进展

井下15号煤供电、供水、通风、瓦斯抽采、监测监控、主副运输等系统已形成，15号煤永久避难硐室已经形成，15101首采工作面已掘进完成，等待设备安装。4号煤胶带大巷和轨道大巷已完成掘进，通风系统与总回风贯通，形成4号煤独立的通风系统。

地面瓦斯泵站、主通风机房、35千伏变电站、主绞车房均已投入使用，地面筒仓、联合建筑、职工单身楼、培训中心已完成主体建设，正在进一步完善施工，矿区运煤公路已经完成基础建设。

4. 瓦斯治理

2014年3月份引进澳大利亚千米钻机，以长钻孔区域瓦斯治理为主，短钻孔局部瓦斯抽采补充，实现掘进巷道长距离预抽、工作面集中预抽。2014年在15101胶带顺槽施工10个钻孔，最长孔深621米，累计完成进尺8757米，累计抽放瓦斯量58.73万立方米。长钻孔单孔抽采纯量较短钻孔提高37倍，提高了矿井瓦斯抽放率和瓦斯采系统的安全性。长钻孔的施工为矿井消除了煤层瓦斯突出危险，探明了试验区域的地质情况，给瓦斯区域治理找到了有效的解决办法，为下一步工作面采掘提供了依据。

三、组织机构

1. 主管单位

山西煤炭进出口集团

2. 设计单位

煤炭工业太原设计研究院

3. 监理单位

山西省煤炭建设监理有限公司

4. 承建单位

浙江华冶矿建集团有限公司、中十冶集团有限公司左权鑫顺煤业矿建工程项目经理部、中太建设集团股份有限公司、中煤建设集团工程有限公司、林州市二建集团建设有限公司、河南红旗渠建设集团有限公司

打造城市商业综合体

太原茂业天地建设工程

Back ground 背景资料

茂业国际控股有限公司是中国百货龙头企业和商业地产的开创者，拥有“茂业百货”与“人民商场”两大品牌，旗下33家门店，覆盖华南、华东、华北、东北、西南五大区数十座中心城市。该公司于2008年以4.7亿元收购联洋百货拉开进军山西的前奏，2008年10月21日，以7.8亿元成功竞拍到位于山西省太原市小店区亲贤街9.5万平方米的地块，旨在以15年商业地产运营经验打造全国示范项目——茂业天地城市综合体。

太原茂业天地建设工程（以下简称为项目），由香港上市公司茂业国际控股有限公司投资开发，是太原市规划在建的一座功能齐全的城市商业综合体。项目建成后将成为山西省会的一座现代化地标建筑，提升城市形象，为政府年上缴税收数亿元，为社会提供就业岗位上万个。项目适应城市时尚文化市场体制改革，在发展太原时尚文化事业、丰富高端生活方面将发挥积极影响。

一、项目概况

项目位于太原市亲贤街体育路交口商业核心区。2009年7月17日，山西省发展和改革委员会以晋发改投资发〔2009〕1057号文核准项目申请报告。投资金额50亿元，资金来源为企业自筹。规划建设规模65万平方米，包括大型百货、购物中心、五星级酒店、甲级写字楼、高级公寓和空中别墅，建筑高度高达225米。

项目于2011年6月1日开工建设，预计2016年7月29日竣工。建设工期为5年。

二、工程建设

1. 筹资进度

2014年，公司固定资产总投资达22亿元，上交营业税及其他税额5800万元、所得税2200万元。

2. 施工进展（截至2014年底）

（1）百货规划建筑面积104705.6平方米，规划楼层/高度6F/37.5米，已投入使用。

（2）住宅：规划建筑面积172710.41平方米，规划楼层/高度36～52F/130～167.2米。2013年底已封顶。

（3）酒店：规划建筑面积33143.3平方米，规划楼层/高度20F/88.6米。2014年3月份已封顶。

（4）写字楼：规划建筑面积96742.94平方米，规划楼层/高度52F/225米。预计2017年7月份可封顶。

三、组织机构

1. 主管单位

茂业国际控股有限公司

2. 项目单位

山西茂业置地房地产开发有限公司

3. 勘察单位

山西省地质工程勘察院

4. 设计单位

太原市建筑设计勘察院

5. 监理单位

深圳市众望工程管理有限公司

6. 施工单位

江苏南通二建集团有限公司、中建三局集团有限公司

7. 图审中心

太原通建设计审查咨询有限公司

2014年6月12日，山西省常务副省长高建民(中)视察调研

加快山西经济发展方式转变的标杆项目

阳煤太原化工新材料园区建设工程

核心提示 Core tip

阳煤集团太化（搬迁）清徐化工新材料园区（以下简称项目）的建设，是落实省委省政府产业结构调整、加快经济发展方式转变的重要工程，为山西省重点工程、省属企业转型综改标杆项目。

2010年11月，山西省委、省政府决定阳煤集团托管太化集团。在此基础上，阳煤集团举全公司之力，在做好太化企业平稳关停的同时，实施强煤强化战略，启动太化搬迁改造，建设新材料园区。项目选址于山西清徐经济开发区，2011年6月，注册成立阳煤集团太原化工新材料有限公司，作为项目建设的法人主体，全面负责项目建设、生产准备及建成后的生产运营。项目建成后按2014年平均原材料及市场价格测算，营业收入72.15亿元，总成本费用及税金67.81亿元，利润4.34亿元，预计吸纳就业人数2800余人。

一、审批立项

截至2014年底，园区产业规划、项目备案、环评、能评、安评、水资源评价、职业病危害评价、地质灾害危险性评估、地震危险性评价、水环境影响评价、选址意见书、规划许可证和施工许可证手续完成，消防设计通过初步审查，新增年产12万吨环己烷制己内酰胺已备案。

二、工程建设

1. 投资规模

项目计划投资143亿元。股权结构为阳泉煤业（集团）有限责任公司出资额159023.15万元，出资比例39.04%；太原化学工业集团有限公司出资额5亿元，出资比例12.28%；昆山中盛煤化投资中心（有限合伙）出资额148667.94万元，出资比例36.51%；山西福益德投资有限公司出资额49,555.98万元，出资比例12.17%。

2. 建设规模

项目规划占地3000亩。

园区秉承资源综合利用、循环节能环保的宗旨，建设年产20万吨己内酰胺（其中10万吨己内酰胺生产10万吨尼龙）、14万吨己二酸、40万吨硝铵、32万吨硫胺、4亿块高标准粉煤灰保温砖（折标），配套年产45万吨合成氨、45万吨硝酸、24万吨双氧水，24万吨硫酸等产品，搬迁太化现有20万吨粗苯加氢精制生产装置。大宗外售产品6项、重点产品和副产品15项，形成以苯和硫黄为原料生产己二酸、己内酰胺、聚酰胺等化工新材料产业链，以煤为原料生产氢气、氨、双氧水、硝酸、硝铵和硫酸等配套煤化工产业链，技术先进、配套合理、品质优良、效益显著，是一个循环完全、无残留的现代煤化工园区。

3. 开工时间

2011年8月组织开工奠基；2013年3月正式进场开始施工。

4. 生产工艺

项目产品主要分两条产品线：无机产品线和有机产品线。

（1）无机产品线：以煤为原料制合成氨、制氢气、硝酸及硝铵的无机生产线。

原料煤经过粉煤气化制取粗合成气，经等温变换（宽温耐硫催化剂）和低温甲醇洗脱硫脱碳后，气体分两部分，一部分经低温液氮洗精制，卡萨利氨合成制取合成氨；另一部分经PSA制氢装置制取氢气，氢气用于粗苯加氢、环己醇酮及双氧水的生产；产品氨部分用于制备稀硝酸，稀硝酸进一步与氨反应生产硝酸铵，其余63.5%的稀硝酸用于生产己二酸；其余氨用于生产己内酰胺与锅炉烟气脱硫脱硝。

粉煤气化装置所需氧气来自空分，所需水蒸气来自锅炉房；低温甲醇洗工段回收CO_2送至粉煤气化装置用于粉煤输送；洗涤出的含硫酸性气经硫回收装置，采用SOP湿法制酸工艺，制备98%浓硫酸，与外购硫黄一起生产发烟硫酸，用于生产己内酰胺。

（2）有机产品线：以焦化苯为原料制取己二酸、己内酰胺的有机生产线。

原料焦化苯经加氢精制得到纯苯，与外购纯苯一起进入30万吨环己醇/酮装置，纯苯加氢后生产环己烯与环己烷，环己烯经水合制备环己醇。部分环己醇用于脱氢制备环己酮，环己酮反应制的环己酮肟，在硫酸作用下经贝克曼重排制的己内酰胺，剩余环己醇一部分经硝酸氧化制的己二酸，另一部分作为产品直接外卖；环己醇/酮装置副产氢气去双氧水装置，副产品为环己烷、重质油、轻质油与废油。己内酰胺装置副产硫酸铵32万吨，另有可燃气为燃料气管网供热。

5. 项目进展

（1）投资完成情况及筹资进度

投资完成：2014年完成投资40.67亿元，完成全年计划的101.67%。其中：建筑投资完成7.96亿元；安装工程完成15.75亿元，设备购置完成13.29亿元，其他费用完成3.67亿元。

截至2014年底，项目共完成投资103.76亿元。其中：建筑投资23.48亿元，设备投资46.53亿元，安装投资19.89亿元，其他费用投资13.86亿元。

资金到位情况：项目资金来源为资本金及外部借款，截至2014年底实际到位资金64.21亿元。其中资本金41.00亿元，剩余23.21亿元以融资为主、内部企业拆借为辅的方式解决，具体融资情况如下：

一是在集团公司财务部贷款2.5亿元；二是在光大银行贷款5亿元；三是在兴业银行办理内保外贷融资租赁业务，融资金额12.71亿元；四是在集团公司财务部贷款3.00亿元（点贷）用于偿还集团内部单位欠款。

（2）施工进展及阶段性成果

项目设计基本完成，共提交施工图纸200余万张。

设备采购全部结束，除聚合装置、湿法酸装置及发生变更、补

充的设备外，其余设备全部制作完成。

土建工程完成90%，除己内酰胺3200C、锅炉装置区引风机房及部分设备基础（因安装影响）、污水处理、备煤卸煤槽、倒班宿舍、氨库、火炬、酰胺外，其余土建工程基本完工；厂前区、主办公楼具备使用条件；南区污水处理装置开始桩基处理。

北区主要装置全部进入安装阶段，设备到位75%，安装就位率100%。苯加氢装置安装完成；部分装置配管已开始。园区管架基本完成；己二酸、氨合成等装置区开始防腐和地下管施工； 4台锅炉安装完成，进行烘炉。

（3）配套工程进展情况

供水：与省引黄工程总公司签订了《供用水框架协议》，对方负责外管网铺设施工，由于受太原市政府总体规划和施工区域内土地的原因，外线施工进行比较缓慢。

供电：确定晋中500千伏、吕梁夏家营220千伏两条外线双电源供电，两条外线施工已完成80%。

三、组织机构

1. 主管单位

阳煤集团

2. 项目法人

太原化工新材料有限公司

3. 设计单位

赛鼎工程有限公司、航天长征化学工程股份有限公司、北京华福工程有限公司、中海油山东化学工程有限责任公司、洛阳黎明化工开发设计所、中蓝连海设计研究院、浙江美阳国际工程设计有限公司、北京通宸建筑设计有限责任公司、太原供电设计研究院

4. 承建单位

山西省工业设备安装有限公司、中化二建集团有限公司、中石化工建设有限公司太行建设开发有限公司、中化二建集团有限公司中国化学工程第九建设公司、中化十三建、陕西化学工程建设有限责任公司、太化建设公司、宏厦三建十六项目部、山西晋通送变电有限公司

5. 监理单位

赛鼎工程监理公司、天津辰达工程监理有限公司、辰达监理公司、山西诚正监理咨询公司监理、吕梁电通监理公司

淘汰落后产能 提高安全保障能力

晋煤集团泽州天安公司矿井整合项目

晋煤集团泽州天安煤业有限公司矿井整合项目（以下简称项目）位于晋城市泽州县，对17座基建矿井进行重组整合、技术改造，设计产能合计1125万吨/年，全部建成后新增就业岗位6930人。

一、审批立项

2009年9月11日，山西省煤矿企业兼并重组整合工作领导组办公室以晋煤重组办发〔2009〕39号文批复项目。

二、工程建设

1. 投资规模

项目总投资61.85亿元，资金来源为企业自筹30%，银行贷款70%。

2. 开工情况

自2011年11月10日瑞旺煤业批准开工至2013年1月6日晋瑞煤业批准开工，项目所属17个资源整合矿井除峪口煤业，剩余16座矿井全部取得了开工批复并开工建设。

3. 工程进度

2014年17座基建矿井中，峪口煤业缓建；广利煤业停建；晋瑞煤业暂停建设。14座在建矿井中，隆东、恒源、盈盛、壁盈4矿进入联合试运转；苇町煤业完成了矿建工程施工，已向省煤炭工业厅申请联合试运转；其他矿井均进入了二期工程施工。

2014年累计完成投资15.76亿元。

三、组织机构

1. 主管单位

山西晋城无烟煤矿业集团有限责任公司

2. 项目法人

晋煤集团泽州天安煤业有限公司

山西转型综改试验旅游领域重大标杆项目

五台山风景名胜区改造提升项目

2011年9月，山西省委、省政府将五台山确定为全省转型综改试验旅游领域重大标杆项目。按照《山西省转型综改2014年行动计划》，五台山改造提升工程2014年实施五台山清水河流域环境治理与生态建设和“印象五台山”大型情境体验剧两大项目。

一、清水河流域环境治理与生态建设项目

清水河发源于五台山南麓紫霞谷和东台沟，贯穿五台县全境，并入滹沱河后，汇入子牙河进入渤海，是五台山佛教圣地一道靓丽的风景。随着五台山旅游业的迅猛发展，清水河沿岸垃圾堆放，河道乱挖、私采现象严重。鉴于此，山西省政府投资5亿元，对五台山河道进行全面治理。该项目的实施，可有效保护沿河两岸寺庙、镇村、人口及耕地的防洪安全，改善景区生态环境，提高景区品味，促进当地文化旅游业的发展，具有良好的生态效益和社会效益。

该项目主要实施忻阜高速公路通道绿化提升、五台山景区生态修复和清水河流域河道治理三大工程。

（一）忻阜高速公路通道绿化提升工程

投资6140万元，实施忻阜高速通道绿化，其中主干线绿化里程83.5公里，7个重要出口连接线绿化里程90公里，总绿化面积8100亩，栽植各类树木46.6万株。该项

目由忻州市林业局组织实施，已于2012年全部完工。

（二）五台山景区生态修复工程

投资5570万元，绿化带全长26.3公里。建设内容包括：碧山寺至中心区污水处理厂6.3公里的路段，种植8米高云杉1806株、草坪33382平方米；旅游服务基地游客中心绿化和中心区至石咀乡20公里的道路两旁补植大树和种植草坪、灌木。该项目已于2013年底全部完工。

（三）清水河流域河道治理工程

1. 水利工程部分

(1)审批立项

2012年6月5日，山西省发展和改革委员会以晋发改农经发〔2012〕812号文对项目可行性研究报告进行批复立项。2014年1月18日，山西省发展和改革委员会以晋发改设计发〔2014〕66号文批复项目初步设计报告。

(2)工程建设

①投资规模、资金来源

项目（水利工程部分）批复总投资为3.829亿元，其中河道治理工程批复投资为8570.62万元、水面工程批复投资为15225.81万元、景观工程10500万元、桥梁工程826万元，征地、水保、环境治理部分批复投资为2765万元。资金来源全

部由省政府投资。

②项目概况

该项目起始于清水河碧山寺，终止于石咀乡段，总长度28公里。

建设规模：a.沿河寺庙和村庄、台怀镇及游客服务中心等河段防洪；b.为河道两岸生态景观建设创造基础条件；c.局部河段少量蓄水和两侧景观美化。

批复主要建设内容：防洪工程，大堤建设17.97公里；河道清障疏浚26.6公里；主槽岸墙修建10.51公里；水面景观工程，设置挡水低坝、形成小水面；明月蓄水景观工程。

征地面积约150亩，其中景观87亩，河道、水面63亩。

建设工期预计3年。

③施工进展

该项目于2012年8月开始一期工程建设。2014年12月，进行了一期工程完工验收。二期工程于2014年8月开建，截至年底仍在续建中。

一期工程共完成：完成投资5519.24万元，其中合同单价项3549.55万元，合同合价投资425.75万元，合同外新增投资886.97万元，待摊投资539.17万元，其他投资17.8万元。完成基础清理33997.38立方米，卵石混合土开挖540755.02立方米，淤泥清理25197.97立方米，浆砌石10657.28立方米，土方回填140697.57立方米，生态石笼82636.39立方米，基础碾压136452.15平方米，景观叠石15834吨，种植土43861.97立方米，草皮铺设132299.38平方米。完成投资4861.97万元，占合同总价的88.33%。二期工程完成投资约

1300万元。

（3）组织机构

清水河流域河道治理工程组织机构一览表

表16

项目机构	单位名称
主管部门	五台县清水河流域生态综合治理指挥部
项目法人	五台县清水河综治河道工程项目办
设计单位	山西省水利水电勘测设计研究院、忻州市水利勘测设计院
监理单位	山西省水利水电工程建设监理有限公司、陕西灏宇监理有限公司
承建单位 外供电工程	一期工程承建单位：山西省水利建筑工程局（01标）、华北水利水电工程集团有限公司（02标）、山西六建集团有限公司（03标）、忻州市水利工程建筑公司（04标）、河北省水利工程局（05标） 二期工程承建单位：忻州市水利工程建筑公司（01标）、河南省地矿建设工程（集团）有限公司（02标）、山西省水利建筑工程局（03标）、朔州市鑫元水利建筑有限公司（04标）、临汾市水利机械工程局（05标）、河南林九建设工程有限公司（06标）、宁夏回族自治区水利水电工程局（07标）、中国葛洲坝集团机械船舶有限公司（08标）、江苏扬州富达液压机械集团有限公司（09标）

2．景观工程部分

（1）审批立项

2012年，山西省发展和改革委员会以晋发改农经发〔2012〕812号文件批复项目可研报告。项目立项。2014年，山西省发展和改革委员会以晋发改设计发〔2014〕66号文批复项目初步设计。

（2）工程建设

①投资规模、资金来源

该项目总投资（景观工程）1.05亿元，全部由省政府投资。

②项目概况

该项目主要对清水河黛螺顶至游客中心28公里路段河岸两侧进行景观建设，占地面积645亩，包括游览步道、园路、木栈道、休闲广场、停车场、绿化、亮化等景观设施。

③施工进展

该工程招标共计3749万元。于2014年6月正式开工，目前已完成马圈沟景观建设工程和照明设备安装，计2100万元。

（3）组织机构

景观工程组织机构一览表

表17

项目机构	单位名称
主管部门	忻州市水利局
项目法人代表	周云康
建设管理单位	五台县清水河综治水景工程项目办
设计单位	北京建筑设计研究院、北京中外建筑设计研究院
监理单位	山西北龙工程监理有限公司
承建单位	河南林九建设工程有限公司、河南省中原水利水电工程集团有限公司

二、“又见五台山”大型情境体验剧项目

“又见五台山”大型情境体验剧项目是五台山风景区和观印象艺术发展有限公司合作实施的文化产业项目。演出节目由王潮歌导演领衔的创作团队负责编排，以五台山佛教典故、仪轨为主题，融合特效音乐和互动体验，运用现代高科技手段营造如梦似幻的情境，打造中国第一个室内360度全景旋转舞台，通过剧情演出和情景展示，以全新的艺术表现形式展现五台山博大精深的佛教文化。项目建成后，必将为推介五台山、推介忻州、推介山西，将五台山打造成国际著名

的旅游目的地发挥更大的作用。

（一）审批立项

2013年，山西省发展和改革委员会以晋发改社会发〔2013〕738号文批复印象五台山演艺中心建设项目的可行性研究报告；山西省国土资源厅晋国土资函〔2013〕67号文件函复五台山管理局《关于五台山风景名胜区“印象五台山”大型情境体验剧项目用地预审的请示》，原则同意通过用地预审；2014年7月9日，省住房建设厅以晋建城函〔2014〕558号文批复演艺中心项目规划建筑方案的审查意见；2014年8月27日，省发改委以晋发改设计发〔2014〕1244号文批复演艺中心建设项目初步设计；2015年5月29日，省环保厅以晋环函〔2015〕534号文批复演艺中心建设项目环境影响报告。

（二）工程建设

1. 投资规模、资金来源

该项目位于五台山风景区金岗库旅游服务基地，由山西五台山投资有限公司投资建设，总投资约6.3亿元（其中工程建设5.3亿元，知识产权部分1亿元）。资金来源由五台山管理局自筹为主，省煤炭可持续发展基金以直接投资方式投资950万元。

2. 项目概况

主要建设内容包括演艺中心工程建设、艺术团组建和运营演

出。演艺中心设计总用地面积152909平方米（229.36亩），总建筑面积40.18亩，建设1720座剧场20.92亩（包括土建、安装、内外装饰、旋转观众席、空间舞美、舞台灯光音响、多媒体视频等），室外景观墙4515平方米，票务中心3107平方米，动力机房1071平方米，以及园区道路工程（3.2公里）、室外停车场工程（大车位25个，小车位300个）、室外设备管线工程（给排水、消防、供热、燃气、强弱电线路等）、150平方米/天区外供水工程以及2500千伏安区外配电工程等。建设工期2年。

3. 施工进展

该项目已完工，正在组织整改验收。

（三）组织机构

“又见五台山”情景体验剧项目组织机构一览表

表18

项目机构	单位名称
主管部门	忻州市“又见五台山”工程建设领导组
项目法人代表	闫振新
设计单位	北京建院约翰马丁国际建筑设计有限公司、北京市建筑设计研究院有限公司
管理单位	又见五台山旅游文化有限公司
监理单位	山西安宇建设监理有限公司
承建单位	中冶天工集团有限公司

瓦斯治理新模式

潞安煤矿瓦斯综合利用项目

随着煤炭开采深度和开采水平的延伸，潞安矿区瓦斯突出与瓦斯爆炸的威胁日趋严重。为消除日益严峻的瓦斯灾害，保障煤炭安全、高效生产，潞安集团提出“井上井下立体抽采，采掘抽采平衡发展”的瓦斯治理理念。煤矿瓦斯综合利用项目可提升煤层气开采利用的科技水平，从根本上解决瓦斯对煤矿安全生产的威胁与制约，开发利用清洁、高效、绿色新能源，取得巨大的社会、经济效益。

一、项目概况

1. 投资规模

项目总投资50.23亿元，资金由企业自筹解决。

2. 项目地点

山西省长治市襄垣县、长子县、长治县、屯留县；晋中市左权县、和顺县、寿阳县。

3. 建设工期

2012年2月至2014年12月。

4. 建设内容

新征土地。在矿区部署开发1495口垂直瓦斯抽采井，采气管线177.95千米，地面集气站2座及配套设施，总建筑面积2400平方米。

二、工程进度

截至2014年底，集团公司累计完成钻井795口，压裂343口，排采319口。共涉及10个矿井，包括常村煤矿、漳村煤矿、五阳煤矿、高河能源公司、余吾煤业、李阳煤矿、佳瑞煤矿、阜生煤矿、五里堠煤矿、李村煤矿。累计日产气81605立方米，累计产气总量3963万立方米。

2014年各矿井产气量汇总表

表19

矿井	日产气量（立方米）	累计产气量（万立方米）	排采井井数
高河	7206	168	36
李阳	16065	619	73
五里堠	2795	49	4
常村	3614	134	25
漳村	1808		15
五阳	30562	1186	98
李村	5878	318	21
余吾	11777	1317	37
佳瑞、阜生	1900	75	10
总计	81605	3866	319

三、主管单位

山西潞安矿业（集团）有限责任公司

解晋中五县水荒

东山供水工程

Back ground 背景资料

晋中东山供水工程是山西大水网重要骨干工程之一，是“两纵十横”的第五横，是山西省“十二五”期间为提高全省水资源配置能力而重点建设的互联互通工程。

晋中东山供水建设项目（以下简称项目），拟选址于晋中市的左权县、榆社县、祁县、太谷县、平遥县、灵石县、介休市、长治市的武乡县。项目从漳河的石匣水库、云竹水库、关河水库及二期水源工程取水向晋中南部的太谷县、祁县、平遥县、介休市、灵石县五县市供水，取水水源水库总库容3.5亿立方米，设计年供水量11219万立方米。项目建成后，可新增工业供水6360万立方米、农业供水4859万立方米、灌溉面积6.32万亩，实现工业供水年效益28620万元、农业灌溉效益10112万元，将有效缓解晋中市平川地区用水困难，为当地转型跨越发展提供强有力的水支撑与水保障。

一、项目审批

2010年1月23日，项目用地预审经山西省国土资源厅以晋国土资函〔2010〕675号批复；2010年1月27日，项目选址意见书经山西省住房和城乡建设厅以选字2010-090号颁发；2010年9月20日，东山供水工程水资源论证报告经山西省水利厅以晋水资源函〔2010〕378号批复；2010年10月21日，东山供水工程水土保持方案经山西省水利厅以晋水保函〔2010〕446号批复；2010年11月4日，东山供水工程穿越山西四县垴省级自然保护区实验区经山西省林业厅以晋林护〔2010〕269号批复；2010年12月17日，东山供水工程环境影响报告书经山西省环境保护厅以晋环函〔2010〕1580号批复；2010年12月27日，东山供水工程节能评估报告书经山西省发展和改革委员会以晋发改能审〔2010〕5号批复。2011年1月14日，东山供水工程可行性研究报告经省发改委以晋发改农经发〔2011〕40号批复；2011年6月29日，东山供水工程初步设计经省发改委以晋发改设计发〔2011〕887号批复。

二、工程建设

1. 投资规模

项目总投资约27.97亿元，其中包括省级投资127263.5万元，占总投资的45.5%；市县自筹54541.5万元，占总投资的19.5%；银行贷款97895万元，占总投资的35%。

2. 建设规模

东山供水工程输水管（洞）线总长259公里，其中隧洞长77.3公里，压力管线长182公里，沿线设岩南沟、小寨及关河三座泵站，最大设计扬程为279米，总装机容量18150千瓦，设计流量2.0～6.0立方米/秒，设计总工期四年。

3. 开工情况

项目主体工程于2012年4月正式开工建设。

4. 工程进度

截至2014年底，完成隧洞开挖26公里，全面完成年度建设任务，实现了1～7号支洞下游与1号隧洞出口段、2号、3号、4号、5号、6号、7号隧洞、8号隧洞进口与8-1号支洞控制主洞上游段、8-1号支洞控制主洞下游段与8-2号支洞控制主洞上游段、8-3号支洞控制主洞下游段、10-3号支洞控制主洞下游段与10号隧洞出口段的贯通；完成隧洞衬砌3.2公里，连接箱涵浇筑0.7公里；云竹流量调节阀室土建工程全部完成；TBM（隧道掘进机）正常掘进，生产TBM钢筋混凝土管片16500片。完成投资7.5亿元，占年度投资计划的100%。

三、组织机构

1. 主管单位

山西省水利厅

2. 项目法人

山西省东山供水工程建设管理局

3. 设计单位

山西省水利水电勘测研究院

4. 管理单位

山西省东山供水工程建设管理局（山西东山供水工程有限公司）

5. 监理单位

山西省水利水电工程建设监理公司、山西北龙工程监理有限公司

6. 承建单位

中国水利水电第五工程局有限公司、中铁十一局集团有限公司、中铁十六局集团有限公司、中铁十七局集团有限公司、中铁二十局集团有限公司、中铁二十二局集团有限公司、中铁二十二局集团第四工程有限公司、山西省水利建筑工程局

培养煤炭行业专业人才的高校

山西煤炭职业技术学院新校区建设工程

Back ground 背景资料

山西煤炭职业技术学院（原太原采矿学校）始建于1952年，位于太原市许坦东街38号。现有在校生6300余人，在编教职工350人，专任教师230余名。开设有煤矿开采技术、矿井通风与安全、矿山机电、矿山测量、煤炭深加工与利用等25个专业，是全国煤炭类专业最全、在校生规模最大的煤炭类高职院校。2005年经教育部、财政部批准，在学院建设总投资6000万元的全国唯一煤矿安全大型实训基地。在太原市教育园区拟建设在校生规模为1万人的新校区。2010年，该校被教育部、财政部确定为全国百所国家示范性骨干高职院校建设单位。

山西煤炭职业技术学院作为全国煤炭类专业最全、在校生规模最大的高职院校，多年来一直承担着为山西省乃至全国煤炭行业培养专业技术人才的重任。但学院现有办学设施条件和招生计划已远远不能满足煤炭行业专业人才的需求。为落实国家有关政策，提升学院办学水平，2007年初，山西省人民政府专题会议对山西煤炭职业技术学院新校区建设（以下简称为项目）提出明确要求。项目建成后，将继续坚持为煤炭工业服务的办学方向，为全省煤炭工业输送更多专业技术人才，可有力促进煤炭行业的可持续健康发展。

一、审批立项

2005年10月28日，山西省发展和改革委员会以晋发改投资发〔2005〕961号文件批准项目立项。2007年初，山西省人民政府专题会议纪要（〔2007〕13次）对项目建设明确指出，该项目概算6亿元，已列入省“十一五”规划。

截至2014年底，项目一期工程室外管网及道路工程、4号学生公寓及体育看台工程的初步设计，教学楼A区、B区的变更初设计评审通过；一期工程变配电工程、智能化系统建设项目、景观绿化工程、市政配套工程、教辅设施及标准化操场建设项目的申请报告完成并已上报。项目已办理看台工程的建筑工程规划许可证，施工许可证、消防报审正在办理中；已办理领取新校区规划面积573.4亩的建设项目选址意见书；已办理领取新校区规划

面积295.5亩、32.3亩的建设用地规划许可证。

新校区建设用地规划许可证、修建性详细规划、第一批次460亩的土地证（和相关企业分割的手续正在办理中）、12个单体的建设工程规划许可证、4个单体建筑的施工许可证及环评、图审、消防报审、地震设防、人防报建等相关手续已办理完毕。

二、工程建设

1. 投资规模

项目选址位于太原汾东教育城（太原市农牧场），在校生规模为1万人，规划用地面积为800亩，建筑面积27.3万平方米，总投资约6亿元。项目分两期建设，一期建设面积14万平方米，计划投资3.54亿元 ；二期建设面积13.3万平方米，计划投资2.46亿元。资金来源由政府拨款、学校自筹及银行贷款解决（现规划用地面积为573.4亩，总建筑面积26.3万平方米）。

截至2014年底，项目建设完成投资37600万元（其中：土建、安装26980万元，设备26万元，待摊费用10594万元）。

2. 主要工程

教学楼群、图书信息楼、工程实训中心（实验实训楼、科技文化楼、实训厂房等）、会堂（学生活动中心）、风雨操场、学院行政用房、各系部行政用房、学生宿舍、

学生食堂、生活福利及附属用房、其他用房等。

3. 开工情况

新校区一期工程2012年4月正式开工建设，首批开工项目11万平方米（包括：A、B区教学楼、学生餐厅、1至6号学生公寓楼、体育场看台、锅炉房、开水房及外网工程、道路工程等）。截至2014年底，已封顶7.4万平方米（包括：A区教学楼、学生餐厅、1至4号学生公寓楼、体育场看台、锅炉房、开水房及外网工程、道路工程等）。

4. 工程进展

截至2014年底，一期开工建设的新校区各个单体建筑进展如下：

（1）A区教学楼、1号、3号学生公寓、学生餐厅、体育场看台，合计5.7 万平方米主体结构、二次结构与外墙保温及内部装修和安装工程施工已全部完成。1号、3号学生公寓、学生餐厅已通过完工验收，A区教学楼验收准备工作已就绪，体育看台（含开闭所、公共澡

深度展现 Depth development

2005年底，山西煤炭行业从业人员总数为104.2万人，全省煤炭行业共有各类专业技术人员11.95万人，其中学习采矿、安全、机电、地质、测量等煤矿主体专业的仅为28943人。从2006年到2014年，山西省需要煤炭专业的本科及以上毕业生2万名，高职专科毕业生8万名，中专、技校毕业生15万名。而当期山西省内煤炭类院校每年只有4000名本、专科招生计划，从业人员的学历、职称和年龄梯队结构失衡，远不能满足省内预期专业人才的需求。

堂、公共厕所、消防泵房等）顶部膜结构施工准备工作已完成。

（2）室外管网工程（雨水、污水、给水、消防、天然气）已基本完成；一期道路工程：除看台东侧道路、学生餐厅南侧道路外其余道路全部完工；一期变配电工程完成，正式通过验收；一期弱电工程：首批入驻项目（A区教学楼、1号和3号学生公寓楼、学生餐厅）室内外穿线已全部完成，终端设备、机房设备基本完成。

（3）景观工程（北大门、西、北围墙、铺装工程、路灯安装、校园绿化等）已基本完成。

（4）锅炉房、开水房等附属用房目前正在建设中，已完成工程90%，2台锅炉、2台茶炉已进场安装。

（5）市政配套的供水、供电、供暖、天然气、道路等工程基本落实。

三、组织机构

1. 主管单位

山西省煤炭工业厅

2. 项目单位

山西煤炭职业技术学院

法人代表：丁钟晓

3. 管理单位

山西重力建设工程项目管理有限公司（一期工程）

4. 设计单位

新校区设计单位一览表

表20

合 同 段	设 计 单 位 名 称
A、B区教学楼、体育看台及一期弱电工程	中煤第三建设集团有限责任公司
1号-8号学生公寓、学生餐厅	中煤第一建设有限责任公司
一期工程室外管网及道路工程	太原市政工程勘测设计院
一期工程景观绿化	信息产业电子第十一设计研究院科技工程股份有限公司

5. 监理单位

山西省煤炭建设监理有限公司、山西天地衡建设工程项目管理有限公司、山西华太建设监理有限公司

6. 承建单位

新校区承建单位一览表

表21

合 同 段	施 工 单 位 名 称
A、B区教学楼	山西省第一建筑工程公司
1#-6#学生公寓	山西四建集团有限公司
学生餐厅、体育看台及7、8#学生公寓	山西八建集团有限公司
一期工程室外管网	山西三建集团有限公司
一期工程室外道路工程	山西诚信市政建设有限公司
锅炉房、开水房等附属用房	山西二建集团有限公司
一期工程景观绿化	山西鼎隆园林绿化工程有限公司与山西大新华建筑工程有限公司联合体
一期工程变配电工程	山西上科电力发展有限公司
一期工程弱电工程	山西省工业设备安装有限公司

三晋古城展新颜

黎侯文化旅游综合开发建设工程

Back ground 背景资料

长治市黎城县是中国千年古县、中国民间文化艺术之乡，是山西省文化旅游重点县。境内旅游资源丰富，文化底蕴厚重，绿色生态游、山水风光游、红色精品游、古城文化游、民族风情游各具特色。2011年后，黎城县委、县政府确立了打造“中国硅都、世界红山、宜居古城”的发展定位，将文化旅游产业置于更加突出的地位。在这一背景下，黎侯文化旅游综合开发项目在2011年第六届中博会上正式签约。同年11月，同元集团成立山西同元文化古镇旅游开发有限公司，正式落地开发建设。

黎侯文化旅游综合开发项目（以下简称为项目），主要依托黎城历史文化资源，吸纳全国各地优秀古建筑元素，打造以三晋古民居建筑风格为主，展示山西几千年的历史文化、建筑文化、人文文化，同时又适合当代人居住、工作、经商和旅游，具有山西传统建筑风格(以明清建筑风格为主)的国家AAAA级文化旅游景区。项目整体建成后，可以为黎城提供8000人以上的就业岗位，带动城镇人口增加2万人以上，年接待游客200万以上人次，项目总收入可达24.33亿元，可为当地创造利税3.65亿元，项目运营后年旅游综合收入在4亿元以上，利税6000万元。

一、项目概况

项目位于黎城县靳家街古黎国遗址（即黎城新区核心），总占地面积1500亩，建筑面积近150万平方米。

2012年3月23日，长治市发展与改革委员会以长发改投发〔2012〕103号文对项目一期进行立项；5月6日，山西省发展与改革委员会以晋发改备案〔2013〕203号文整体备案项目。

项目总投资35亿元，资金全部自筹。核心区总占地约761.2亩，总建筑面积约32万平方米，项目分五期工程建设，建设黎氏祠堂、城隍庙、民间综艺馆、民俗博物馆、黎民公园、特色小吃街、庙会街、市井文化展示区、历史文化展示区、游客服务中心及其他附属配套设施。其中：一期工程占地面积113761平方米，二期工程占地面积125089.42平方米，三期工程占地面积105954.69平方米，四期工程占地面积111257平方米，五期工程占地面积为50265.26平方米。

项目一期于2012年5月开工建设。2012年6月18日，黎城县组织全县20个重点项目在项目工程现场举行集体奠基仪式。预计2017年12月竣工。

二、工程建设

1. 投资完成情况

截至2014年底，项目完成投资10.23亿元。

2. 工程进展

截至2014年底，黎侯古城项目一期已全部完工，正在开展旅游小品及其他配套设施安装，销售及招商工作也正有序开展，主大街和临街商业正在逐步完善，整个黎侯古城商业业态布局合理，预计2015年9月底正式对外开放并接待游客。

黎侯古城二期工程于2014年7月正式奠基并开工建设，以“尧帝广场”作为起幕之作，建成之后将贯通760米人文主轴线“黎侯大道”。沿“黎侯大道”两侧将建成“奎聚双塔、过街楼、古戏台、黎侯王宫、文庙、黎氏宗祠、黎阳广场”等一系列具有古黎文化印记和地方民俗风情的仿古建筑。截至2014年底，二期工程主体封顶完成85%以上，外墙砌砖完成70%以上。

三、组织机构

1. 主管单位

山西同元文化古镇旅游开发有限公司

2. 设计单位

山西才智建筑设计研究院

3. 监理单位

长治市华宇项目监理有限公司、长治市信誉民工程监理有限公司

4. 施工单位

山西省第三建筑有限公司、邯郸锦都建筑安装有限公司、山西宏图建设有限公司、邯郸市昌宏建筑工程安装有限公司

打造生态与文化旅游度假基地

梁家寨温泉国际旅游景区建设项目

一、项目概况

山西梁家寨温泉国际旅游景区建设项目（以下简称项目）位于阳泉盂县北部，区域面积100公顷，开发区域内现有3个行政村，北以豹川村为界，南以寺平安村为界，东以省道345为界，西以王只村靠山山脊线为界。整个工程项目历时三年(2012—2014年)。整个旅游景区规划设计分为三大板块：包括历史景区（历史文化街和明清历史街）、现代景区（温泉酒店、室外温浴设施、国防文化体验设施、户外运动公园）和未来景区（疗养设施、健康环境研究设施、室内植物园）三大时区。三大板块规划总建筑面积为137000平方米，总投资166244万元。

1．历史景区：在沿河道一带，修建一座5000平方米的山西文化民族博物馆。明清历史街面积10000平方米，以明清两代代表建筑为中心构成的历史街区，其主要功能是经营山西地方特产和特色民族餐饮，同时可以作为拍摄历史剧的拍摄基地，总投资3000万元。

2．温泉酒店：目前在建的4万平方米酒店已列入总体规划范围内，设计标准为“五星级酒店”，项目预算总造价为2亿元，该项目规划设计有贵宾楼，温泉洗浴健身中心，主客房楼，多功能会议娱乐餐饮楼，综合服务楼以及配套的员工住宅楼共5个楼群组成。同时该项目还增加配套了电影厅，庭院水系户外温泉洗浴，儿童水上乐园等项目。

3．户内外温浴设施：总建筑面积30000平方米，建成具有阴阳五行温泉文化和世界温浴文化为特色的大型室内外温浴场所，总投资6000万元。

4. 国防文化体验设施：总建筑面积5000平方米，规划在梁家寨乡豹川村一带，前期征求了国防大学军事专家，军事题材影视拍摄地点，拟与八一制片厂和军队合作。主要为晋京冀军政高层、在校大中专生和中小学生、企事业单位成员、退伍军人和军事爱好者提供高质量的国防电视节目、军事竞技游戏、野战训练、餐饮休闲和军训服务。建成后的国防文化体验基地，将成为整个区域特色，带动爱国主义教育、影视、会议、酒店、娱乐等一系列产业，形成温泉独特的文化区域，总投资1500万元。

5. 户外运动公园：总面积461500 平方米，建成集公园管理中心、中央广场和大型室外剧场、集会广场、及运动广场为一体的现代化运动广场，总投资23075万元。

6. 别墅区：总建筑面积30000平方米，其中个人会所别墅15000平方米，企业会所15000平方米，总投资6000万元。

7. 疗养设施：总面积35000平方米，分短期治疗设施和长期治疗设施。借助梁家寨温泉优越的适疗性能，为游客提供特殊的温泉疗养服务，总投资31800万元。

8. 健康环境研究设施：总建筑面积5000平方米，总投资1500万元。

9. 室内植物园：总建筑面积5000平方米，总投资7500万元。

10. 管理设施：总建筑面积10000平方米，总投资2000万元。

11. 绿地道路等基础设施：总投资44942万元。

二、项目的优势

1. 行业优势

世界旅游组织预测21世纪旅游业将成为世界第一大产业，目前在我国以温泉旅游为主的休闲旅游发展势头迅猛。本项目以温泉为载体，建设集游览参观、餐饮、住宿以及娱乐功能为一体的综合性温泉国际旅游景区，符合国家有关产业政策要求，顺应现代经济发展需求。

2. 资源优势

梁家寨滹沱河具有丰富的山水景观资源和大量的农田、农舍、果园等农业景观资源，尤其是梁家寨寺平安地区温泉是山西省已发现的五大温泉之一，其水质独特、资源丰富、适应症广、疗效显著，是一个闻名海内外的医疗矿泉，具备旅游资源深度开发的天然优势。

3. 交通优势

山西梁家寨温泉国际旅游景区所属地盂县，境内京昆高速横贯东西，阳五高速纵横南北，石太高速铁路阳泉北站坐落盂县成中心。尤其是阳五高速公路途经梁家寨温泉景区并设高速出口。从河北省会石家庄和山西省会太原驱车到达景区时间均为1小时，从阳泉北站驱车到达景区半小时，具有快捷的交通优势。

4. 区位优势

山西梁家寨温泉国际旅游景区北靠佛教旅游胜地五台山，东临红色文化旅游地西柏坡，西有以平遥古城为中心的晋商旅游地。山西梁家寨温泉国际旅游景区正好地处在三角区域的中心位置，距五台山80公里，距西柏坡80公里，距平遥古城160公里，具有得天独厚的区位优势。

三、组织机构

1. 主管单位

阳泉市梁家寨温泉旅游度假区管理委员会

2. 设计单位

北京圣帝国际建筑工程有限公司

3. 承建单位

山西梁家寨温泉国际旅游景区开发有限公司

灌溉发电惠万家

沁源永和水电站建设工程

沁源永和水电站建设项目（以下简称项目），为山西省重点新水源工程，是一座集防洪、工业用水、农业灌溉、发电养殖、旅游等综合效益于一体的水利水电工程。项目建成后可实现年供水量1150万立方米，其中工业供水1060万立方米，农业供水90万立方米，年发电量84万千瓦时。

一、项目概况

2007年6月14日，山西省发展和改革委员会以晋发改能源发〔2007〕611号文批准项目立项。项目总投资为36431万元。

沁源永和水电站工程位于沁源县郭道镇永和村东沁河一级支流紫红河上。以供水、发电为主，兼顾灌溉、防洪等综合利用的小型水利水电工程。拦河枢纽总库容为968.4万立方米，水电站总装机容量325千瓦，工程等别为4等，主要建筑物为4级。

二、工程建设

1．投资完成情况

工程投资累计完成29948.24万元。2014年累计完成11220.53万元。

2．建设周期

工程于2012年6月16日开工，预计2016年底竣工。

3．工程进度

截至2014年底：

（1）枢纽工程：大坝左岸岸坡土方及混合土块石开挖280842立方米，剩余20000立方米；左岸溢流坝段石方开挖4209.41立方米；砂卵

石开挖18263.21立方米；右岸石方开挖54941.56立方米;砂卵石开挖26055.26立方米。

（2）C2820坝体基础混凝土浇筑（六区），累计完成41428.57立方米，占合同总量的124%；C9015(五区)坝体埋石混凝土累计浇筑128516.14立方米，占合同总量的66%；C9025W6坝面混凝土(三区)浇筑12812.30立方米，占合同总量的102%；C9020坝面混凝土（一区）4334.63立方米，占合同总量的33%；固结灌浆完成7500立方米，占合同总量的33.2%；C9030F150W4（二区）坝面混凝土累计浇筑2615.34立方米，占合同总量的33%；C20坝体廊道混凝土累计浇筑11560.70，占合同总量的329%；C30F150溢流面混凝土浇筑完成6983.96立方米，占合同总量的75%；C20消力池（排沙洞）混凝土浇筑完成2930.81立方米，占合同总量的51%；C10回填混凝土浇筑完成1258.60立方米，占合同总量的89%；放空排砂洞浇筑混凝土1010.14立方米；引水发电洞浇筑混凝土200.71立方米；廊道新增5969.65立方米；钢筋制安累计完成517.92吨，占合同总量的18.77%；

（3）淹没交通设施复建工程已全部完工，并已通车。

（4）移民工程：移民搬迁协议签订工作已全部完成，移民拆迁户达119户，占全部拆迁户的76%；移民新村主体工程全部完工。

（5）10千伏线路工程：电杆埋设已全部完成。

（6）放空排沙洞及发电洞启闭设备已通过出厂验收并运达施工现场。

三、组织机构

1. 主管单位

长治市水利局

2. 项目法人代表

张文俊

3. 设计单位

长治市水利勘测设计研究院

4. 监理单位

山西省水利水电工程建设监理公司

5. 承建单位

山西省水利建设工程局

科学发展变废为宝

山西鼎正环保建材年产20万立方加气混凝土砌块及100万平方米板材项目

山西鼎正环保建材有限公司年产20万立方加气混凝土砌块及100万平方米板材项目（以下简称项目）位于山西省阳泉市平定县冠山镇西锁簧村。该项目是节能减排、资源综合利用项目。是以山西阳光发电有限责任公司工业固体废弃物粉煤灰、脱硫石膏为主要原材料，利用阳光电厂已做过功的过热蒸汽，通过减温减压后作为养护介质，采用国产地翻式切割机及配套设备9条养护用高温高压蒸压釜，生产粉煤灰加气混凝砌块/板材，这在国内属首创。项目建成投产后，可实现销售收入14011万元，新增利润3662万元，新增税金565万元。年综合利用粉煤灰16万吨、脱硫石膏2万吨。可安排就业96人。

一、审批立项

1．委托武汉建筑材料工业设计研究院编制可行性研究报告，于2012年7月20日在太原对可行性研究报告进行了审查，根据专家意见对可行性研究报告进行了修订。

2．立项：2012年6月5日，平发改备案〔2012〕35号文《关于山西鼎正环保建材有限公司年产20万立方加气混凝土砌块及100万平方米板材项目的备案》

3．环评：2012年7月27日，平环函〔2012〕108号文《关于山西鼎正环保建材有限公司年产20万立方加气混凝土砌块及100万平方米板材项目环境影响报告表的批复》。

4．能评：2012年6月5日，平

发改能审〔2012〕6号文《关于山西鼎正环保建材有限公司年产20万立方加气混凝土砌块及100万平方米板材项目节能评估报告书的批复》

5. 土地：2012年7月13日，平规函字〔2012〕8号《关于年产20万立方加气混凝土砌块及100万平方米板材生产线选址意见的函》，本项目为扩建项目，在原规划场地建设，无需新征土地。

二、工程建设

1. 投资规模

项目总投资10500万元。其中：银行贷款4000万元，企业自筹5250万元，国家2013年资源节约和环境保护项目资金1000万元（实际到位950万元），省煤炭基金300万元。

截至2014年9月30日，共完成投资9227万元，其中：银行贷款4000万元，企业自筹3976万元，国家2013年资源节约和环境保护项目资金950万元，省煤炭基金300万元。

用于设备投资3328.73万元；工程投资5898.27万元。

2. 建设规模

项目占地1890平方米，建有配料楼、浇注车间、静停室、切割车间、编组车间、养护车间、钢筋网片编网车间等。

3. 建设周期

项目于2012年6月开工建设，于2014年9月30日竣工，建设工期为2年。

4. 工程进展

截至2014年9月30日，项目主要工程已全部完成，并已投入生产，生产出各类规格的板材产品，送国家建筑材料质量监督检验测试中心检测，产品质量完全符合GB15762-2008《蒸压加气混凝土板》标准规定的各项指标。

三、组织机构

1. 主管单位

平定县发展改革局

2. 项目法人代表

王殿勋

3. 设计单位

武汉建筑材料工业设计研究院

4. 监理单位

山西和祥建通工程项目管理有限公司

5. 管理单位

山西鼎正环保建材有限公司

6. 承建单位

华通路桥集团有限公司

服务山西的高科技产业工程

山西春明激光科技 年产10000台全固态高功率 激光器生产项目

山西春明激光科技有限公司年产10000台全固态高功率激光器生产项目（以下简称项目）位于平定县张庄煤化工园区下马郡头地段，距市中心12公里，占地2000亩，总投资105亿元。项目建成后，预计年实现产值达250亿元以上，年利税达20亿元。将建成以“光学基地技术开发”和“动力锂电池及锂电池组开发”为主的两大高新技术产业基地，成为集产、学、研、用于一体的可持续发展的生态化高科技园区。项目建成投产后，将推动区域经济发展的集聚效应，进一步拉动生产要素在区域间自由流动和优化配置，形成全省分工合理、主业突出、比较优势得以发挥的区域产业结构，促进区域经济协调发展，为山西省工业在发展中提高，在提高中发展作出表率。

一、审批立项

表22

立项手续	晋发改备案〔2012〕107号
土地手续	平国用〔2013〕第041号
规划手续	地字第140321201400015
环评手续	晋环函〔2013〕645号
能评手续	晋发改能审〔2012〕343号

二、工程建设

1. 投资规模

项目总投资15亿元，自筹10亿元，贷款5亿元。

2. 建设周期

2012年7月开工建设，预计竣工时间为2017年12月，工期5年。

3. 工程进展

截至2014年底，项目已建成30000平方米生产厂房和办公设施，超净光学研发和组装车间1200平方米，以及2000平方米的锅炉房配电室。一号车间正在试生产，外协加工产品。小功率激光器完成10台样机生产，供货20多套，并有多套订单合同。激光熔覆机、切割机生产车间已完成吊装供气设备安装。

三、组织机构

1. 主管单位

山西春明激光科技有限公司

2. 项目法人

谷玉娟

3. 设计单位

山西国建工程设计有限公司

4. 监理单位

山西维东建设项目管理有限公司

5. 承建单位

中博建设集团有限公司阳泉分公司

2014年11月15日，省长李小鹏赴小浪底引黄工程进行调研

保障水资源可持续开发利用

山西小浪底引黄建设工程

山西小浪底引黄建设项目（以下简称项目）位于运城市境内。项目自黄河干流上的小浪底水库向涑水河流域调水，是山西大水网“两纵十横”中第九横。建设的任务是为运城市的垣曲、闻喜、绛县、夏县、盐湖等五县（区）提供农业灌溉、城镇生活和工业用水及生态用水，解决涑水河长达20年之久的断流问题，恢复和改善60多万亩灌溉面积，缓解供水区地下水超采现状，扭转流域地下水位持续下降，改善流域生态环境。对促进运城市的经济社会和生态建设起着举足轻重的作用，而且对保障全省粮食安全和特大干旱年人民生活用水具有重要的战略意义。

一、审批立项

2011年12月30日，山西省发展和改革委员会以晋发改农经发〔2011〕2678号文件批复了《山西省小浪底引黄工程可行性研究报告》，项目正式立项并进入初步设计和开工准备阶段；2012年4月6日，省发改委以晋发改设计发〔2012〕386号文对初步设计进行了批复。其中引水干线部分工程批复总投资25.5亿元，总工期4年。

2014年7月15日，省发展和改革委员会以晋发改设计发〔2014〕1100号文批复项目引水干线征地补偿及移民安置初步设计；10月10日，发展和改革委员会以晋发改设计发〔2014〕1372号文批复项目取水及地下泵站工程设计变更。

二、工程建设

小浪底引黄工程由引水干线、灌区工程、城镇和工业供水工程三部分组成。工程设计引水流量20立方米/秒，设计年总供水量2.47亿立方米，其中：农业灌溉供水量1.16亿立方米（垣曲2140万立方米、闻喜3870万立方米、绛县3550万立方米、夏县2040万立方米），城镇生活和工业供水量1.16亿立方米（垣曲1800万立方米、闻喜1600万立方米、绛县2930万立方米、夏

县830万立方米、盐湖4420万立方米），涑水河河道生态供水量0.15亿立方米。

引水干线取水口位于垣曲县境内小浪底水库库区内板涧河入黄口上游600米的黄河左岸处，末端位于闻喜县境内的吕庄水库，线路总长59.6公里。引水干线主要建筑物包括取水口进水塔、输水隧洞、地下泵站、板涧河调蓄水库、末端出水池等。1号输水隧洞为圆形有压隧洞，洞径4.5米，隧洞长5.95公里，布置于取水口与地下泵站之间。地下泵站内安装水泵机组6台，设计提水流量20立方米/秒，设计扬程254米，总装机容量84000千瓦。地下泵站出水池后接2号无压输水隧洞，断面为城门洞形，底宽3.8～4米，净高5.0～5.4米，在桩号11+205处设垣曲分水支线，设计分水流量3.95立方米/秒。板涧河调蓄水库总库容3336万立方米，采用混凝土面板堆石坝，坝顶长度195米，最大坝高85米。末端出水池布置于吕庄水库内，容积70万立方米。

灌区工程设计灌溉面积63.58万亩（包括垣曲灌区13.615万亩、涑水灌区22万亩、南垣灌区18.59万亩和吕庄水库灌区9.375万亩）。共布置提水泵站9座，安装水泵41台，总装机36470千瓦。布置干渠（管）17条，总长度135.6公里，支渠（管）51条，总长度176.9公里。

城镇生活和工业供水工程分别位于垣曲、绛县、闻喜、夏县和盐湖等5个县（区），供水设计流量0.26～1.40 立方米/秒，供水管道总长度90.62公里。

1. 投资规模

项目引水干线部分概算总投资30.11亿元，其中省级投资21.08亿元（70%），银行贷款9.03亿元（30%）。

2. 开工时间

2012年7月25日，项目在闻喜县侯村乡吕上窑村隆重举行奠基仪式。建设工期为4年。

3. 工程进展

2014年，项目建设任务为完成隧洞开挖18公里，板涧河水库大坝封顶，投资完成8.56亿元。

截至2014年底，完成隧洞开挖18公里，板涧河水库大坝于10月23日提前封顶，占年度建设目标的100%。完成投资8.61亿元，占年度投资计划的101%。

三、组织机构

1. 主管单位

山西省水利厅

2. 项目法人

山西省小浪底引黄工程建设管理局

3. 设计单位

山西省水利水电勘察设计研究院

4. 监理单位

山西省水利水电工程建设监理有限公司、山西北龙工程监理有限公司、山西省水利水电工程建设监理公司、河南明珠工程管理有限公司、河南华北水电工程监理有限公司、河南华北水电工程监理有限公司

5. 承建单位

中国水利水电第九工程局有限公司、中铁十二局集团有限公司、山西省水利建设工程局、山西省水利建筑工程局、中铁十二局集团有限公司、中国水利水电十一局、中国水利水电第十一局工程局有限公司、中铁十六局集团有限公司

提升山西商品质量检疫技术的重点项目

山西出入境检验检疫局综合实验楼建设工程

面对频发的食品等质量安全突发公共事件、国外疫病疫情流入风险的加大，以及金融危机、技术壁垒带来的不利影响，山西出入境检验检疫局结合山西外向型经济发展的实际，适时启动山西检验检疫局综合实验楼建设项目(以下简称为项目)，力争在提高把关服务能力和水平上深入挖潜、多措并举，确保全省进出口食品和重点、敏感进出口商品的质量安全。该项目建成后，将设置食品、动植检、煤焦、化矿金、新能源、新材料、传染病监测、卫生检疫处理等多个国家级检测实验室和研究中心，为全省检验检疫工作提供有力的技术支撑，同时为山西走现代装备制造业、现代煤化工、新型材料工业、特色食品工业等新兴产业发展之路，搭建一个科技创新与技术服务平台。

一、审批立项

2010年10月，国家质量监督检验检疫总局以国质检财函〔2010〕732号批复项目立项。2012年10月，山西省发展和改革委员会以晋发改投资发〔2012〕2019号批复项目可研。

二、工程建设

1．投资规模

项目总投资17083万元。其中，中央投资14683万元，山西省投资2400万元。

2．建设规模

项目位于太原市长风文化商务区。建设用地面积约29亩，使用面积约23亩，东西方向约113米，南北方向约110米，红线内面积约18亩。建筑造型为“L”型，建设面积30166平方米。地上主楼21层，副楼4层，面积25922平方米，地下1层，面积4057平方米。建筑主体长66.7米，宽27.2米，标准层长44.3米，宽26.8米，标准层面积1159平方米，建筑总高度为96.6米。

3．开工情况

项目于2012年7月举行开工仪式，计划于2016年底竣工。

4．项目进展

截至2014年底，项目资金落实到位5367万元，投资完成3437万元（含土地费用1200万元）。现场施工至地上4层。

三、组织机构

1．主管单位

国家质量监督检验检疫总局

2．项目单位

山西出入境检验检疫局

3．设计单位

中国中建设计集团有限公司

4．监理单位

山西省建设监理有限公司

5．承建单位

中色十二冶金建设有限公司

建设山西大水网

山西中部引黄建设项目

中部引黄建设项目（以下简称项目）是山西大水网十二五规划“两纵十横”中第四横的延伸，工程涉及4市17个县（市、区），即忻州市保德县；吕梁市兴县、临县、方山、离石、柳林、中阳、石楼、交口、孝义、汾阳10个县（市、区）；临汾市隰县、蒲县、大宁、汾西4个县；晋中市介休市和灵石县。工程建成后，受益人口达320万，灌溉面积150万亩，有力促进吕梁山区农业增产、农民增收和生态环境改善，不仅能缓解沿线工业供水、农业灌溉和生态供水紧缺的矛盾，为兴县循环工业园区、临县三交工业园区以及离柳中能源重化工基地和汾阳、孝义新型循环工业区等一大批项目落地奠定了坚实的基础，而且对改善山西水资源紧缺状况和应对山西中部发生特大旱情，也有非常重要的战略意义。

一、项目概况

中部引黄工程包括取水工程和输水工程。取水工程位于保德县境内，主要建设内容为：进水塔、引水隧洞、泵站等。输水工程的主要建设内容包括总干线、东干线、西干线以及各供水支线。输水线路总长384.5公里，总干线长200.22公里，东干线长80.01公里，西干线长85.70公里，蒲大支线长3.6公里，汾孝介支线长14.97公里。

二、审批立项

2011年12月30日，山西省发展和改革委员会以晋发改农经发〔2011〕2676号文批复项目可行性研究报告，同意中部引黄工程立项。2012年4月6日，省发改委以晋发改设计发〔2012〕329号，批复项目初步设计报告。

项目建设用地涉及忻州市保德县，吕梁市离石区、孝义市、兴县、方山县、交口县、临县、石楼县和中阳县，晋中市灵石县，临汾市隰县和汾西县共12个县42个乡镇125个村。2011年12月9日，山西省国土资源厅以晋国土资函〔2011〕903号文批复项目用地预审报告。

三、工程建设

1. 投资规模

项目总投资为83.45亿元。其中省级资金58.41亿元，银行贷款25.04亿元。

2. 建设工期

项目施工总工期由三部分组成，分为工程施工准备期、主体工程施工期和工程完建期，施工总工期为5年。

3. 设计标准

项目取水口进水塔等主要建筑物设计洪水标准为50年一遇，校核洪水标准为200年一遇，次要建筑物设计洪水标准为20年一遇，校核洪水标准为50年一遇；临时建筑物（施工导流建筑物等）的防洪标准为10年一遇。

取水口进水塔、引水隧洞、取水泵站、压力管道、出水池、干线及支线输水隧洞、倒虹吸、渡槽等建筑物按2级建筑物设计，次要建筑物：管理站建筑物、泵站附属建筑物、分水隧洞及分水口建筑物为3级，临时建筑物为4级。

总干线全部及西干线大部分地段地震基本烈度为6度。西干线末端约35公里，东干线地震基本烈度为7度。

4. 开工时间

山西省水利厅以晋水基建函〔2012〕773号文件，批准工程于2012年8月20 日正式开工。

5. 工程进展

2014年，项目建设任务为完成隧洞开挖100公里，投资完成19.5亿元。

截至2014年底，完成隧洞开挖100公里，占年度建设目标的100%；完成投资19.52亿元，占年度投资计划的100%。

相关链接 >>> Related links

中部引黄工程，从忻州保德黄河干流天桥水电站库区取水，输水线路沿吕梁山分水岭，纵贯忻州、吕梁、晋中、临汾4市17县，沿线覆盖市县正处于11个集中连片的特困山区，同时又是革命老区，水资源短缺，开发难度大。项目的建设，主要解决吕梁山区的严重缺水问题，保障该区域经济社会转型跨越发展。

四、组织机构

晋中引黄建设项目组织机构一览表

表23

领导协调组	山西大水网工程建设领导组
质量安全监督	山西省水利工程质量与安全监督站
项目主管部门	山西省水利厅
运行单位	山西省中部引黄工程建设管理局
设计单位	山西省水利水电勘测设计研究院
监理单位	河南明珠工程管理有限公司
	山西省水利水电工程建设监理公司
	中水北方勘测设计研究有限责任公司
	山西黄河水利工程咨询有限公司
	山西北龙工程监理有限公司
施工单位	甘肃省水利水电工程局、中国水利水电第六工程局有限公司
	中铁二十五局集团有限公司、山西省水利建筑工程局
	中国水利水电第九工程局有限公司、福建省水利水电工程局有限公司
	中铁十二局集团有限公司、中铁十一局集团有限公司
	中国水利水电第一工程局有限公司、中国水利水电第十六工程局有限公司
	中铁隧道集团四处有限公司、中国水利水电第二工程局有限公司
	中铁二十局集团有限公司、内蒙古黄河工程局股份有限公司
	中铁十八局集团有限公司、葛洲坝集团基础工程有限公司

企地共建共享的民生工程

晋煤总医院改扩建（一期）建设项目

为解决晋城地区人民群众看病难、住院难的问题，晋城市人民政府与山西晋城无烟煤矿业集团有限责任公司本着企地共建、资源共享、优势互补的原则，在晋煤集团总医院的基础上建设晋城大医院（以下简称为项目）。该项目一期综合大楼包括门诊、急诊、医技及其他医疗功能，建成后将实现医疗资源优化配置，进一步扩大和完善医院设施，提升晋城地区医疗卫生服务水平，为广大人民群众创造更加优良的医疗服务环境。该项目是惠及晋城市及周边百姓的一项民生工程，是地方医疗卫生事业发展的一大创新，对全省医疗卫生事业健康发展具有积极影响。

一、审批立项

2013年8月1日，山西省发展和改革委员会以晋发改科教发〔2013〕1702号核准项目建设。

二、工程建设

1. 投资规模

项目总投资3.82亿元，资金来源为企业自筹。

2. 建设规模

项目位于晋城市城区北石店镇畅安路东侧，征地面积57.79亩，建筑面积42300平方米，项目共分三期进行建设。

3. 主要工程

项目按照《国家综合医院建设标准》进行设计和建设，地下一层，地上五层。设置床位2000张，分为医疗区、科研教学区、康复疗养区和辅助功能区。

4. 开工情况

2012年5月6日，项目举行改扩建工程开工仪式。2012年9月1日开工建设。预计建设工期28个月。

5. 工程进展

截至2014年底，项目主体结构完工，装饰装修及配套安装工程开工，累计完成投资22983.66万元。

三、组织机构

1. 主管单位

晋城无烟煤矿业集团有限责任公司

2. 设计单位

重庆大学建筑设计研究院

3. 监理单位

山西煤炭建设监理咨询公司

4. 施工单位

山西省第三建筑工程公司

山西高科技形象名片

百度云计算（阳泉）中心项目

百度云计算中心主要以IaaS的形式，全面支撑百度互联网业务。实现百度各业务所需计算、存储资源的动态分配，提升公司整体运营的稳定性和可靠性。云计算中心的建设（以下简称为项目）主要包括标准规范建设、基础设施和环境建设以及相关软硬件平台系统建设三个部分。

一、项目概况

百度云计算（阳泉）中心项目（以下简称项目）依托百度云计算技术（山西）有限公司建设，位于山西省阳泉市开发区东区大连东路和义白路交口，规划用地面积356亩。项目建成后形成装机规模最高可扩容量12万台服务器机柜，支持日处理能力10p级数据规模的数据中心。数据中心由8个模块组成，每两个之间由辅助区用房相连，形成4个独立的单体，建筑面积为90,544平方米；综合办公楼建筑面积为7,691平方米；总调度仓库建筑面积为3,668平方米；柴油发电机房建筑面积为13,400平方米；餐饮配套楼建筑面积为4,053平方米。

2012年7月31日，山西省发展和改革委员会以晋发改外资发〔2012〕1501号文核准项目立项。

二、工程建设

1. 投资规模

项目总投资约47.08亿元，其

中设备投资约29.2亿元，基建投资约17.88亿元，全部自筹。

2. 工程进展

项目总承包单位为中建股份有限公司。第一阶段开工日期为2012年9月1日，完工日期为2014年6月30日。完成整个园区所有土建及其初装修（墙面粉刷、地面找平、墙面及顶棚涂料等），室外总体、园林景观；2、4模组及其辅助楼的机电安装（3万台服务器机柜）、精装修；1号柴发楼（西北角处的）安装2组柴发机组（2X9台）及4个地下储油罐（2X2个），总调度仓库、综合办公楼、食堂及配套、门卫、停车场完成安装及精装修。

三、组织机构

1. 主管单位

百度云计算中心（山西）有限公司

2. 设计单位

悉地国际设计顾问（深圳）有限公司

3. 管理单位

中国中轻国际工程有限公司

4. 监理单位

北京方圆工程监理有限公司

5. 承建单位

中国建筑股份有限公司（总承包）

“中国潞安”柱石工程

潞安古城矿井建设项目

潞安集团古城煤矿属国家煤炭工业“十一五”规划安排的建设项目，是经国家发改委批准的潞安矿区总体规划项目之一（以下简称为项目），同时也是潞安集团在建的最大矿井，将成为潞安集团的特大型标志矿井。古城井田位于长治市西北部，行政区域隶属长子、屯留县管辖。项目建成后，古城煤矿年产能800万吨，预计吸纳就业人数6000人，带来了巨大的社会和经济效益。

一、项目概况

2011年12月9日，国家发展和改革委员会以发改能源〔2011〕2901号文件对山西潞安集团古城矿井（含选煤厂及铁路专用线）项目予以核准；2012年12月19日，该项目获得山西省煤炭工业厅基本建设局行业处山西省煤矿开工项目档案管理卡。项目初步设计以晋发改设计发〔2012〕1442号文件批复。项目于2012年12月19日开工建设。

二、工程建设

1. 投资规模

项目总投资概算83.49亿元，其中矿井建设68.99亿元，选煤厂8.9亿元，铁路专用线5.6亿元。资金来源：企业自筹29.22亿元，银行贷款54.26亿元。

2014年古城建管处融资合计510808.5万元，其中建行长期贷款42700万元，集团公司贷款101998.5万元，工行贷款62170万元，农行贷款3190万元，企业债券300000万元，国债专项补助资金750万元。

2. 建设规模

古城井田东距太焦铁路10公里，208国道、太长高速公路及长屯公路从井田东部通过，长子-屯留公路从井田西部穿过，交通十分便利。

井田南北宽8～10公里，东西长14～18.5公里，面积157.3平方公里。井田内资源储量丰富，赋存3号、15号2层全区可采煤层及14号局部可采煤层，其中：3号煤工业资源储量12.6亿吨，设计可采储量7.24亿吨。矿井先期开采对象为3号煤层，平均煤厚6.27米，为中灰、特低硫、特热高值的贫煤和无烟煤，是良好的动力、化工、高炉喷吹及民用煤。矿井及配套选煤厂设计生产能力800万吨/年，服务年限为71.4年，属高瓦斯矿井，按煤与瓦斯突出矿井进行管理，并将建设南北两条铁路专用线共25.8公里。

矿井采用斜立混合分区开拓方式，分为主井、副井、桃园风井三个工业场地，布置5个井筒，井巷设计总长度105811米（包括瓦斯抽采工程总长度27327米），矿井工业建筑总体积311611.8立方米，行政公共建筑面积162425.0平方米，建井工期为52个月。全矿井采用分区式通风系统，通风方式采用抽出式，矿井达到生产能力时共布置2个长壁大采高综采工作面保证矿井产量。按照集团公司要求，2017年将达到年产1000万吨的生产能力，并具备年产原煤1500万吨的潜力。

3. 工程进度

（1）矿建工程：实际完成进尺851.7米，其中完成岩巷完成进尺383米、煤巷完成进尺468.7米。

（2）土建工程：计划安排项目16项，实际完成11项，完成计划的73%；主要有桃园风井场地通风机房、副井瓦斯抽放、桃园风井瓦斯抽放站未完成计划。

（3）安装工程：副井井架对井架天轮进行找正，缠绳挂罐；副井提升机放提升机设备安装对提升机房变频器、上位机进行调试，对提升机电控系统进行煤安改造、队提升机进行空载运行的调试按计划完成。

（4）供电工程：桃园风井场地35千伏变电所变电站安装调试完成，具备投运条件。

（5）瓦斯抽采工程：瓦斯抽风钻孔完成抽放钻孔完成11101米，井下瓦斯抽放管安装完成233米。

4. 阶段成果

（1）实现亚洲第一长斜巷主斜井的大倾角、长距离对掘零误差贯通；

（2）完成了副立井提升系统安装、调试并试运行。

（3）完成副井场地生产生活污水处理站土建施工安装并正式投运。

深度展现 Depth development

古城煤矿专用铁路分南北两段建设，向北接轨郭庄车站，接入长治北交接场，进入太焦、邯长线；向南接轨李村交接场，接入长子南车站，进入中南通道。对实现潞安矿区打通太焦、邯长、中南三个通道，形成环矿铁路外运网，突破潞安外运瓶颈有着重大的战略意义，因此必须加快铁路专用线建设，确保与煤矿同步建设投运。同时为后期规划的岳山、丰宜、河神庙矿铁路专用线接轨提供了便捷条件。

（4）建设完成了永久监测监控系统、人员定位系统、工业电视系统、行政通信系统、调度通信系统。

（5）完成东鸣和大堡头两个220千伏变电站至古城110千伏变电站的输电线路工程，并实现古城110千伏变电站单电源投运。

三、组织机构

1. 主管单位

山西潞安矿业（集团）有限责任公司

2. 项目法人代表

李晋平

3. 设计单位

北京圆之翰煤炭工程设计有限公司

4. 管理单位

山西潞安矿业（集团）有限责任公司古城煤矿建设管理处

5. 监理单位

山西省煤炭建设监理有限公司、北京康迪建设监理咨询有限公司、山西煤炭建设监理咨询公司

6. 承建单位

山西潞安工程有限公司、中煤第三建设公司第二十九工程处、中煤第五建设公司第一工程处、中煤第五建设公司第四十九工程处

建设安全高效大型现代化矿井

阳泉煤业泊里矿井建设工程

阳泉煤业集团泊里矿井建设工程（以下简称项目），位于晋中市和顺县，井田面积144.796平方公里，地质储量约11亿吨。矿井规划能力为500万吨/年，服务年限约为85年。矿井投产后可解决和顺县1500人劳动就业，实现煤炭销售产值20亿元/年，上缴利税5亿元。

一、审批立项

2010年5月，国家发展和改革委员会以发改能源[2010]645号文对阳泉矿区总体规划进行批复。

二、工程投资

项目总投资约为45亿元。2014年，项目完成投资41900万元，累计完成投资66104.44万元。

三、工程建设

1. 井巷工程

井巷工程共计完成进尺912米。

2. 土建工程

截至2014年底，副立井工业场地污水处理站及副立井排水涵洞工程均已完工；进场道路已开工建设；单宿楼1号楼主体完工；2号楼内装完，具备入住办公条件。

3. 安装工程

截至2014年底，双回路10千伏临时线路已投运；生活污水处理设备安装完工，具备投运条件。

4. 其他

截至2014年底，井田地质勘探、综合物探、井筒地质检查孔工程已完工，并完成报告评审工作。

四、组织机构

1. 主管单位

阳泉煤业（集团）有限责任公司

2. 项目单位

阳泉煤业集团创日泊里煤业有限公司

3. 设计单位

大地工程开发（集团）有限公司

4. 监理单位

山西诚正建设监理咨询有限公司

5. 承建单位

中煤第一建设有限公司、中煤第五建设有限公司、山西宏厦第一建设有限责任公司、山西宏厦建筑工程第三有限公司

打造区域流通产业新引擎

山西中岚国际物流项目

核心提示 Core tip

山西中岚国际物流园区建设项目（以下简称项目）位于盂县秀水镇，是县委、县政府在落实国家提出的资源型经济转型综合配套改革试验区的背景下，为实现建设大物流、促进大商贸、追求大繁荣、实现大发展的总目标而打造的一项转型发展新项目。

一、审批立项

2012年9月，山西省发展和改革委员会以晋发改备案〔2012〕485号文备案该项目。

二、工程建设

1．投资规模

项目总投资50亿元，项目一期预计投资5亿元。

2．建设规模

项目总占地面积409.6万平方米（约6150亩）。项目分五期建设，园区主要功能分为三部分：一是城市居住区、二是商贸物流区、三是配送物流区。一期工程建设内容主要有：汽车4S店、电子商务中心、物资仓储等。

3．工程进展

国土部门已对一期项目勘测定界。对一期工程范围内的土地现状排查已完毕。

三、组织机构

1．策划单位

上海仲量联行

2．设计单位

阳泉建筑设计院

3．承建单位

山西中盂综合物流园有限责任公司

"两纵十横"大水网的第五"横"

辛安泉供水改扩建及淜头水电站工程

辛安泉供水改扩建及淜头水电站工程（以下简称为项目）为山西大水网建设的骨干工程和重点工程，位于"两纵十横"大水网中的第五横。

辛安泉供水改扩建工程地处山西省长治市，工程主要供水对象为黎城县、平顺县、潞城市、屯留县、长治市市区、长治市郊区、长治县、壶关县和襄垣县九个县（市、区），供水任务是提供农业灌溉、农村人畜饮水、城市生活和工业生产用水。供水线路全长172.92公里，其中隧洞长17.3公里，加压泵站9座，总装机容量49985千瓦,设计流量为5.0立方米/秒，工程等别为三等。项目建成后，每年可从辛安泉引水1.58亿立方米，保障市区及周边8个县、市、区的生产生活用水，供水效益3.26亿元、灌溉效益1.08亿元、人畜饮水效益0.12亿元。

山西省淜头水电站工程位于长治市平顺县北耽车乡北耽车村上游约400米的浊漳河干流上，控制流域面积10458平方公里，总库容425万立方米，电站装机容量1200千瓦，年发电量458万千瓦时，同时可增加下游现有的梯级电站发电量308万千瓦时。

完成投资1.25亿元。

三、组织机构

1. 主管单位

山西省水利厅

2. 项目法人代表

马存信

3. 设计单位

山西省水利水电勘测设计研究院

4. 监理单位

山西省水利水电建设监理公司、山西北龙工程监理有限公司、河南华水工程管理有限公司、北京中冠水利工程监理有限公司

5. 施工单位

中国水利水电第十一工程局有限公司、中国水电建设集团十五工程局有限公司、中铁隧道局、中铁十一局集团有限公司、中铁十五局集团有限公司、山西省水利建筑工程局

一、审批立项

工程于2011年7月开始进行立项审批工作，至2012年1月，两项工程的可行性研究均获批复（《关于溯头水电站工程可行性研究报告的批复》晋发改农经发〔2012〕13号、《关于山西省辛安泉供水改扩建工程可行性研究报告的批复》晋发改农经发〔2011〕2677号）；2012年4月，省发改委对两项工程的初步设计进行了批复（《关于山西省溯头水电站工程初步设计的批复》晋发改设计发〔2012〕331号、《关于山西省辛安泉供水改扩建工程初步设计的批复》晋发改设计发〔2012〕330号）。

二、工程建设

1. 投资规模

辛安泉供水改扩建工程概算批复总投资18.98亿元。其中省级资金13.29亿元，银行贷款5.69亿元。

溯头水电站工程概算批复总投资2.35亿元。其中省级资金1.65亿元，银行贷款0.7亿元。

2. 工程进展

截至2014年底，辛安泉供水工程建设完成隧洞开挖6公里，管道铺设52公里，占年度建设目标的104%，超额完成了年度建设任务。另外，北耽车泵站、辛安泵站、庄头泵站、韩家园泵站、漳泽泵站五座泵站的主体工程均已完成。完成投资9.8亿元，占年度投资计划的104%。

截至2014年底，溯头水电站工程基本完成，具备下闸蓄水条件。

资源型经济试验区标杆项目之一

山西华北奕丰生态园建设工程

山西华北奕丰生态园项目（以下简称项目）位于阳泉盂县城东5公里处牛村镇前元吉村，是盂县石店煤业由地下转地上、黑色转绿色、工业转农业的一项转产、转型现代生态农业项目，也是省、市、县资源型经济转型综改试验区标杆项目之一。

一、项目概况

项目总投资6亿元，占地面积1.35万亩，规划面积总计900公顷，建设期限五年，分两期建设：一期建设时间为2013年1月～2015年12月；二期建设时间2016年1月～2017年12月。主要内容包括：313.33公顷的煤矿塌陷区的土地恢复治理工程，包括五个功能区（科技种植区、生态养殖区、生物质能源区、加工区、生态观光区）在内，以鸡、猪、羊、蔬菜、花卉、苗圃、生产饲料、有机肥料和生态大酒店为建设内容的生态农业示范园。建设规模为年存栏蛋鸡24.5万只、生猪5万头、肉羊1万只，年饲料5万吨、固体有机肥10万吨、液体有机肥250立方米，年产蔬菜1.5万吨、果品300吨、花卉10万株、苗木100万株。

二、工程进展

截至2014年底，万亩苗圃基地已育苗4000亩；禽畜养殖基地已存栏蛋鸡6万只、羊1500只；前期10000头养猪场已开工建设；千亩无公害蔬菜基地已建成日光温室大棚300亩；5000平方米的农业科技观光园已投入使用；花卉智能展厅内部设施正在安装完善；10000平方米的生态大酒店主体工程、园内装修、绿化和配套设施已完成，即将投入运行。

三、组织机构

1. 主管单位

山西阳泉盂县石店煤业有限公司

2. 项目法人

山西华北奕丰生态园有限公司

山西高速公路网西纵的重要组成部分

吉县至河津高速公路建设工程

吉县至河津高速公路（以下简称为项目）是国道G59呼和浩特至北海的组成部分，同时也是山西省高速公路网规划"三纵十二横十二环"西纵的重要组成部分。项目的建设将把山西省西纵高速主干线连为一体，对于加快山西省西部沿黄河流域地区的经济发展，尤其是临汾、运城、吕梁地区的经济发展将起到积极的拉动作用，为全省西部地区境内资源综合利用提供更为便捷的运输通道，对缓解大运高速交通压力，建立配套的综合运输体系，增强货物运输和旅游景点的通达能力，提高区域公路网络容量及可达性具有重要意义。同时，项目将山西省境内国家主干线青兰高速和京昆高速连为一体，将进一步提升山西省在国家经济发展大局中承东启西的区位优势。

一、审批立项

2013年8月12日，国土资源部以国土资函〔2013〕594号文批复项目建设用地。截至2014年底，项目工程可行性研究报告和补充工程可行性研究报告、初步设计、施工图设计、用地预审以及环评、水保、地害、文物、林地、压矿等相关手续全部办理完毕。全线征地拆迁及通信线路、广播电视线路、电力线路三电改迁工作也基本完成。项目贷款合同已经签订，开工报告已经批复。

二、工程建设

1. 建设规模

全线起自吉县马家河东侧，与隰县至吉县高速公路终点相接，设吉县枢纽互通立交与临汾至吉县高速公路相交，止于河津市贺家庄东，与河津至运城高速公路相接。路线全长53.319公里。纵跨临汾、运城两市，途径吉县、乡宁、稷山、河津四县（市）。

2. 主要工程

项目采用双向四车道高速公路标准建设，设互通立交4处，服务区1处，收费站3个，隧道管理站2

处，养护工区1处。

3. 开工情况

项目于2013年2月全面开工建设，预计2015年10月竣工交付运营。建设工期3年。

4. 工程进展

2014年，项目完成投资24.6亿元，为省交通运输厅下达年度投资目标任务24.4亿元的100.8%，累计完成投资53.7亿元，为总概算的80.3%。

截至2014年12月底，项目路基挖方完成2622万立方米，占总量2684万立方米的97.7%；路基填方完成989万立方米，占总量1035.9万立方米的95.5%。桥梁桩基完成3462根，100%完成；桥梁墩柱完成1521根，100%完成；盖梁完成1078个，100%完成；桥梁梁板预制完成3823片，占总量3933片的97.2%；梁板安装完成3719片，占总量3933片的94.6%；现浇梁完成137单幅跨，100%完成，悬浇梁完成272块段，100%完成。隧道掘进完成21646单洞米，占总量21836的99.1%；隧道二衬完成21516单洞米，占总量21836(不含明洞)的98.5%。

房建、路面、交安、环保、地源热泵工程施工及监理招标全部完成，并按计划全部进场展开施工。

三、组织机构

1. 主管单位

山西省交通运输厅

2. 项目法人

吉河高速公路建设管理处

3. 设计单位

山西省交通规划勘察设计院

深度展现 Depth development

项目地处山岭重丘区，沿线高山深谷纵横交错，地质状况复杂，构造物设置难度大，桥隧比例高达50.2%。隧道围岩差，桥梁高度高，除桥隧之外，基本全为高填深挖路段。

4. 监理单位

表24　吉县—河津高速公路监理单位一览表

项目名称	合同段	施工单位名称
路基工程	JL1	山西省公路工程监理技术咨询有限公司
	JL2	山东恒建工程监理咨询有限公司
	JL3	山西晋达交通建设工程监理有限公司
	JL4	山西交通建设工程监理总公司
路面工程	JL6	山西交科公路工程咨询监理有限公司
交安工程	JL7	山西省公路工程监理技术咨询公司

5. 承建单位

吉县—河津高速公路承建单位一览表

表25

项 目 名 称	合 同 段	施 工 单 位 名 称
路基工程	JS1	中铁十五局集团第五工程有限公司
	LJ1	中铁五局集团有限公司
	LJ2	中铁二局第五工程有限公司
	LJ3	中铁十二局集团有限公司
	LJ4	中铁十六局集团第二工程有限公司
	LJ6	中铁二十局集团第四工程有限公司
	LJ7	路桥华南工程有限公司
	LJ8	青岛建工集团有限公司
	LJ9	中铁十二局集团第二工程有限公司
	ZB1	山西路桥建设集团有限公司
	ZB1-LJ5	山西平阳路桥有限公司
	ZB1-LJ10	晋中路桥建设集团有限公司
	ZB1-LJ11	太原路桥建设有限公司
	ZB1-LJ12	山西路桥第二工程有限公司
	ZB1-LJ13	山西路桥第一工程有限责任公司
	ZB1-LJ14	山西运城路桥第二工程公司
路面工程	LM1	云南路桥股份有限公司
	LM2	山西运城路桥有限责任公司
	LM3	山西路桥第二工程有限公司
交安工程	JA1	杭州萧山金鹰交通设施有限公司
	JA2	辽宁省路桥建设第一有限公司
	JA3	辽宁省交通工程有限公司

“三纵十二横十二环”重要路段

高平至沁水高速公路建设工程

高沁高速公路建设工程(以下简称为项目)，是山西高速公路网规划“三纵十二横十二环”中第十一横的重要组成部分。项目基本沿省道331坪曲线布设，建成后，将与现有交通运输网络有效接合，向东连接高陵高速公路，可加强中西部地区与京、津、塘环渤海经济区和东南沿海经济发达地区的联系；向西与阳翼高速公路相连，直通陕西、甘肃等省，为西部开发建设奠定基础。项目的建设，对完善山西省高速公路网络格局，形成全省完整、畅通、安全便捷的公路运输体系起到积极作用。

一、审批立项

2010年8月20日，山西省发展和改革委员会以晋发改交通发〔2010〕1150号文批复项目可研、项目立项。11月18日，山西省交通运输厅以晋交建管〔2010〕653号文批复项目初步设计。2011年5月6日，山西省国土资源厅以晋国土资源函〔2011〕291号文批复项目用地预审。5月26日，山西省交通运输厅以晋交建管〔2011〕257号文批复项目施工图设计。

二、工程建设

本项目起点位于高平市河西镇常乐村，采用全苜蓿叶型方案的常乐枢纽连接长晋高速公路和高陵高速公路。终点位于沁水县龙港镇中木亭，与阳翼高速公路沁水枢纽相接。途经高平市河西镇、马村镇，沁水县胡底乡、端氏镇、郑庄镇、龙港镇。

1. 投资规模

项目投资估算586700万元，核定概算636335.7万元，预算636312.4万元。平均每公里造价9154.6万元（概算）。

2. 建设规模

项目全长69.5公里，征地面积6873亩。

3. 技术指标

全线采用四车道高速公路标准，设计速度80公里/时，整体式路基宽度24.5米，全线汽车荷载等级为公路一级。连接线采用二级公路标准建设，路基宽度10.0米。桥涵设计汽车荷载等级采用公路二

Note Check
注　签

“二衬”是坑道施工中的一个术语。在坑道开挖时沿着掌子面向前开进，而其后已挖成的坑道四面则需要加固。“二衬”即是指经加固后的坑道四周仍需继续二次加固来做的工作。

级。路线工可里程68.78公里，初设里程69.427公里，施工图里程69.51公里。

4. 主要工程

项目全线路基土石方2140万立方米，防护排水工程64.65万立方米，采空区治理工程8.8公里，大中桥13251米/54座（特大桥2383米/2座，大桥9532米/31座，中桥1336米/18座），小桥涵183道，隧道11165米/11座（长隧道7538米/4座，中、短隧道3627米/7座），桥隧比例36%。全线共有互通5座和枢纽2座、分离立交3座，天桥18座，通道63处，服务区2处。

5. 开工时间

2013年4月工程全面开工，建设工期为3年。

6. 项目进展

截至2014年底，项目路基土石方完成2113.31万立方米，占总量的98.7%；桥梁桩基完成2940根，占总量的99%；墩柱完成1298根，占总量的98%；梁板预制完成3452片，占总量97%；隧道单洞掘进完成22330米，占总量的100%；二衬22211米，占总量的99%；涵洞基本全部完工；防护工程完成79.6万立方米，占总量的88%；房建工程完成67%；路面底基层、基层单幅完成49.2公里，下面层单幅完成28.8公里，中面层单幅完成6公里。

三、组织机构

1. 主管单位

山西省交通运输厅

2. 项目法人

高沁高速公路建设管理处

3. 勘察设计单位

高平—沁水告诉公路勘察设计单位一览表

表26

合同段	单位名称
K0+000至K34+699段	铁道第三勘察设计院集团有限公司
K34+000至K68+865段	山西省交通规划勘察设计院

4. 监理单位

高平—沁水告诉公路勘察监理单位一览表

表27

合同段	单位名称
LJJL1	北京泰克华诚技术信息咨询有限公司
LJJL2	焦作市晟源路桥工程监理有限公司
LJJL3	山西省交通建设工程监理总公司
LJJL4	山东恒建工程监理咨询有限公司
LMJL1	济南北方交通工程咨询监理有限公司
LMJL2	山西省交通建设工程监理总公司
JDJL1	山西省交通建设工程监理总公司
FJJL1	山西省交通建设工程监理总公司

5．承建单位

高平—沁水告诉公路勘察承建单位一览表

表28

承建项目	合同段	单位名称
路基桥涵、采空区施工	ZB1-1	山西路桥建设集团有限公司
	LJ1	中铁十七局集团有限公司
	LJ2	中交一公局海威工程建设有限公司
	LJ3	中交二公局第六工程有限公司
	LJ4	中铁十四局集团有限公司
	LJ5	中铁十七局集团第三工程有限公司
	LJ6	江西赣东路桥建设集团有限公司
	LJ7	河北燕峰路桥建设有限公司
	LJ8	山西路桥第二工程有限公司
	LJ9	中铁七局集团有限公司
	LJ10	中铁十一局集团有限公司
	ZB1-2、ZB1-3、ZB1-4、ZB1-5、ZB1-6	山西路桥建设集团有限公司
	LJ11	中城建第二工程局集团有限公司
	LJ12	中铁二十二局集团有限公司
	ZB2	北京市海龙公路工程公司
	CKQ1	湖南中核建设工程公司
	CKQ2	河北地矿建设工程集团沧州公司
	CKQ3	西北有色工程有限责任公司
	CKQ4	山西交科岩土工程有限公司
	CKQ5	湖北省地质勘察基础工程公司
	CKQ6	重庆南江地质工程勘察院
	CKQ7	河北冀东建设工程有限公司
	CKQ8	江苏省岩土工程公司
	CKQ9	陕西地质工程总公司
路面施工	LJSG	山西路桥建设集团有限公司
交通安全设施中标施工	JA1	沙河市飞耀交通设施有限公司
	JA2	山西路众道桥有限公司

续表28

项目名称	合同段	施工单位名称
交通安全设施中标施工	JA3	河北银达交通工业有限公司
	JA4	山东玉泰公路设施有限公司
	JA5	山西路达实业总公司
	JA6	蒙古通安特交通工程科技有限责任公司
	JA7	江西赣东路桥建设集团有限公司
机电工程中标施工	JD1	重庆市华驰交通科技有限公司
	JD2	黑龙江省北龙交通工程有限公司
	JD3	中铁城集团第二工程有限公司
	JD4	甘肃第一安装工程有限公司
	JD5	山西宏鑫消防工程有限公司
	JD6	河南银像自动化工程技术有限公司
房建工程中标施工	FJ1	河南金茂建筑工程有限公司
	FJ2	五峰建设集团有限公司
	FJ3	河南省盛达建设有限公司
	FJ4	重庆海特建设工程有限公司
绿化工程中标施工	LH1	河南嘉天下园林景观工程有限公司
	LH2	河北昌荣绿化工程有限公司
	LH3	河南京晟园林工程有限公司
	LH4	邢台都市园林有限公司
	LH5	石家庄市满天星园林建设有限公司
	LH6	河南瑞丰园林工程有限公司

延伸煤炭企业产业链 优化能源结构

山西潞安高硫煤清洁利用油化电热一体化示范项目

Back ground 背景资料

中国煤炭资源相对丰富，是世界上少数几个以煤为主要能源的国家。“缺油、少气、富煤”是基本国情，煤炭资源是中国中长期发展中可以依靠的重要能源资源。目前，国内石油需求对进口的依赖程度日益加深，以煤生产油品符合国内能源结构，是中国未来保障能源安全供应的最可靠的来源，同时也是目前最廉价的可利用能源，以煤生产油品从本质上讲是实现煤化工的综合清洁利用，同时可以延伸煤炭企业产业链、优化能源结构，并可带动相关的重化工工业的可持续发展。

潞安高硫煤清洁利用油化电热一体化项目（以下简称项目），是一个煤炭高端转化、深度转化的示范项目，也是“技术创新+产业创新+商业模式创新”的一个示范和新型煤化工发展的标志。项目的实施将对山西国民经济和社会发展产生积极影响，特别是对区域经济具有带动作用；将进一步延伸煤炭综合利用产业链，促进潞安经济的均衡发展和产业结构调整，实现潞安的良性可持续性发展。同时，发展煤制油产业是世界能源资源结构变化的巨大需求，不仅可以保障过渡期油品供应，而且也为未来碳循环体系的建立奠定坚实的基础，是保证国内能源安全的重要途径，对提升国家未来能源科技地位、整合世界过渡能源资源具有重大而深远的意义。项目建成投产后，除了直接创造1707 个就业机会外，还将拉动上下游相关产业的发展，从而带动长治市及周边地区的就业，提高该地居民的生活水平和生活质量，促进地区文化、教育和卫生事业的发展，同时实现年销售收入170亿元，利润25亿元。

一、审批立项

2012年7月17日，项目以发改办能源〔2012〕1988号文取得国家发改委关于开展前期工作的函。

项目核准所需的19个专篇，18个取得批复，分别是：

2012年9月26日，以晋震标〔2012〕329号文获得项目工程抗震设防要求的通知；10月18日，山西省住房和城乡建设厅以选字第2012-113号文下发建设项目选址意见书；12月4日，山西省国土资源厅以晋国土资储证字〔2012〕145号文下发项目工程抗震设防要求的通知；12月5日，山西省林业厅下发项目使用林地的函〔2012〕350号；12月24日，以长泉管字〔2012〕12号文获得项目对辛安泉水环境影响评价报告。

2013年1月21日，项目以晋安监职监函〔2013〕8号文获得项目职业病危害与评价报告的批复；3月12日，以晋国土资环（灾）备〔2013〕034号文获得地质灾害危险性评估报告备案登记表；3月20日，山西省文物局以晋文物函〔2013〕151号文下发项目文物保护工作的意见；3月25日，山西省军区司令部回复项目选址的函；3月28日，山西省国土资源厅出具土地复垦方案评审表；6月5日，山西省文物局以晋文物函〔2013〕296号文下发项目文物保护竣工的通知；6月9日，国土资源部以国土资预审字〔2013〕151号文下发项目建设用地预审意见的复函；8月7日，水利部海河水利委员会以水保函〔2013〕247号文下发项目水保方案的批复；11月，获得土地勘测定界技术报告书。

2014年2月21日，山西省环境保护厅以晋环函〔2014〕227号文下发项目总体规划环境影响报告书的审查意见；6月25日，国家发展和改革委员会以发改办环资〔2014〕1186号文下发项目节能评估报告的审查意见；6月26日，山西省经信委以晋经信合作函〔2014〕166号文下发项目总体规划；7月10日，水利部海河委员会以海许可〔2014〕16号文下发项目水资源论证报告的批复。

《环评报告》2014年9月9日已上报至国家环保部，正在等待专家评审。

二、工程建设

1．投资规模

项目总投资220亿元，资本金为66亿元，全部为潞安自有资金；剩余资金采用自筹和银行贷款方式进行融资。

2．建设规模

项目位于长治市襄垣县王桥镇，占地面积5100亩。具体承担以下示范任务：一是高硫煤的清洁高效利用，研究适合当地高硫煤的粉煤气化技术；二是百万吨级间接液化成套工艺技术工业化应用；三是研究优化费托合成尾气、副产蒸汽的联合利用方式和费托合成粗油品加工方式。

建设内容包括气化、净化、空分、F-T合成、油品加工装置、固体储运、液体储运、公用工程、水处理、热电及一条专用铁路线等。

具体为：（1）100万吨/年铁基浆态床F-T合成及油品加工装置；（2）潞安集团具有自主知识产权的80万吨/年精细化学品加工装置；（3）115兆瓦的余热发电装置。

3．建设周期

项目自2013年4月开始施工，计划于2015年10月竣工投产。

4．项目进展

施工进展：截至2014年底，项目全厂道路、排洪沟全部完成建设，大件厂房已投入使用，全厂主要设备订货基本完成，气化、净化、油品合成等各装置主要设备大部分已安装完成。项目建设总进度达到63%，其中：土建全部完工；全厂主要工艺设备共有3546台，到达现场2291台，到货率64.61%，安装完成1767台，安装率49.83%；钢结构总量9.7吨，到货8吨，到货率82.48%，安装7.42吨，安装率76.50%；系统管廊总长7.8公里，预制柱共1350根，累计完成1220根，完成率90.37%。涉及热电装置点火的三条管线（开工蒸汽、工厂风、仪表风）安装完成；工艺管网全长921.44千米，到货641.1千米，到货率69.58%，安装65.66千米，安装率7.13%；工艺管网预制总量1666201DIN，预制263771DIN，预制完成率15.83%。

投资进展：开工投资累计完成153.2亿元，2014年完成69.49亿元。

股权合作情况：为构建“利益共享、风险共担”的股权多元化运营机制，公司通过BOO等模式，引进国际资本，深化了项目股权多元化合作。截至2014年末，共累计引进资金42.9亿元，占总投资的16%。其中，美国空气产品公司（AP公司）BOO空分装置16.8亿元，新加坡胜科公司BOO水处理系统10.9亿元，中国节能合资建设热电装置15.2亿元。

三、组织机构

1. 主管单位

山西潞安矿业（集团）有限责任公司

2. 项目法人

山西潞安煤基清洁能源有限责任公司

3. 设计单位

中科合成油有限公司

4. 监理单位

武汉天元监理公司、山西煤炭监理公司、太原理工大成监理公司、锦通监理公司

5. 承建单位

山西潞安矿业（集团）工程安装公司

为国家大型煤矿提供先进重型高效矿井设备的产业工程

阳煤忻州通用机械搬迁改造项目

Back ground 背景资料

阳煤忻州通用机械有限责任公司始建于1952年，2012年由阳煤集团控股，是煤炭工业采掘工作面刮板输送机定点生产厂，在全国矿用刮板机生产企业中位列第四，拥有省级技术中心，被认定为高新技术企业。近几年公司在产品研发、市场开发上一直保持良好的发展势头，相比之下，生产能力不足3亿元，严重制约公司发展。厂区面积67亩，生产厂房2万平方米，设备净值0.3亿元。近20年来未进行大的投入，厂房陈旧，设备老化，工艺落后，不论是下料还是焊接，不论是机加工还是热处理均不能满足重型刮板机生产的需求，急待进行工艺技术升级和改造。公司位于市中心区域，发展空间、物流运转受限，急需搬迁。

阳煤忻州通用机械有限责任公司搬迁改造项目（以下简称项目），选址在忻州经济开发区，地形平整，交通便利。项目建成后，将进一步巩固公司在国内煤机行业的领先地位，在提升原有产品的档次、技术和质量水平的同时，成为具有较强竞争力的高产、高效矿井输送设备制造企业，同时能够有条件应用新技术开发新产品，为国家大型煤矿提供先进的重型高效矿井设备。项目达产后，正常年份可实现销售收入10亿元，增值税5847万元，销售税金及附加584万元，利润总额9104万元。总投资收益率为13.9%，资本金净利润率为22.5%，投资财务内部收益率（所得税前）为16.8%，投资回收期（所得税前）为7.5年，借款偿还期为5年。项目具有较强的盈利能力和投资回收能力，经济上合理可行。

一、审批立项

阳煤忻州通用机械有限责任公司于2013年初向山西省发展和改革委员会申请阳煤忻通公司搬迁改造项目备案，经山西省发展和改革委员会审核，相关文件材料符合国家产业政策和《山西省企业投资项目备案暂行办法》有关要求，于2013年1月28日发放备案证，文号为晋发备案〔2013〕51号。

二、工程建设

1. 投资规模

项目总投资4.5亿元，拟资本金注入1亿元，企业自筹2.9亿元，银行贷款0.6亿元。

2. 建设规模

项目总规划占地面积为285亩，建筑面积8万平方米，工程设计包括铸钢车间、下料车间、中部槽车间、结构件车间、涂装车间、机加车间、热处理车间、装配车间及配套设施等。

3. 建设工期

项目于2013年6月正式开工，忻州市委市政府领导和阳煤集团领导等出席开工仪式。建设工期为1.5年。

4. 设计原则

项目工程设计按照“高起点、高质量、高效益”和“精益生产”的设计原则，采用先进工艺和装备，优化布局和流程，旨在实现传统产业优化升级。按照“单元化生产、封闭式管理”的模式，创新工艺流程布局，大量减少物流运输和中转环节，有效提升产品部件系统集成水平，实现精益生产。

5. 项目进展

项目工程分为四大板块，即：机加联合厂房、铆焊联合厂房、铸钢联合厂房、厂区工程。截至2014年底，机加联合厂房及辅房土建工程已全部完工，门窗安装完工；部分机加设备已到位，正在进行安装；车间辅房正在进行内饰工程。铆焊联合厂房及辅房土建工程已基本完工，门窗安装完工；车间内部安装工程：电缆桥架，各种管道已接近尾声，车间内部安装工程正在进行。车间辅房正在进行内饰工程。铸钢联合厂房已完成车间基础工作。厂区循环路基本形成，原材料、成品堆场已完成，综合站房、液气站土建完工，厂区围墙及大门工程正在建设。

三、组织机构

1. 主管单位

阳泉煤业（集团）有限责任公司

2. 项目法人

阳煤忻州通用机械有限责任公司

3. 设计单位

机械工业第六设计研究院有限公司

4. 监理单位

山西诚正建设监理咨询有限公司

5. 承建单位

山西太行建设开发有限公司

现代生态农业示范园区

康泰来生态农业产业园项目

康泰来生态农业产业园项目（以下简称项目）位于盂县西烟镇南社村，占地13000亩，规划建设“一心、一园、六区”八大功能区：“一心”为管理培训中心，“一园”为农产品物流园，“六区”为食用菌种植加工区、有机蔬菜种植加工区、生态养殖区、有机肥加工区、休闲观光区、经济林区及管理培训中心、物流配送中心。通过规模建设、科技先导、产业循环、规范生产，高标准打造省内一流现代生态农业示范园区，建成全省食用菌“产、学、研”结合示范基地。

一、项目概况

项目建设国内一流水平的工厂化食用菌菌袋生产线一条，可年产2400万袋各类食用菌菌袋，年产各类食用菌15000吨；配套处理废弃的菌袋生产有机肥，可年产20000吨。一期工程投产后，每年可创产值2亿元，利税0.4亿元，安排就业600人。

二、工程建设

1. 投资规模

项目概算总投资5.88亿元，其中：一期计划投资1.65亿元。

2. 工程进展

项目于2013年6月开工建设，截至2014年底，完成投资6000万元，一期工程建设基本完成，菌苗进入培育期，加工设备具备生产条件。

项目一期工程已建成食用菌工厂化生产车间4座，相关的食用菌生产设备也已陆续入场安装，加上出菇温室大棚85座，以及行政办公区、住宿区等，总建筑面积超过20000平方米。配套设施方面，已硬化道路3000平方米，安装了相关水电暖设施，完成了供电设施验收并送电。已在南社村及周边村镇招聘50名生产工人生产食用菌。

三、组织机构

1. 主管单位

山西康泰来农业生态科技有限公司

相关链接 >>> Related links

项目二期工程将建设有机蔬菜大棚、有机肥工厂、食用菌深加工食品工厂、干果经济林以及肉牛、肉羊、肉鸡生态养殖基地。产业园项目将采用“公司+基地+农户”的经营模式，达产达效后可为当地创造1800个就业岗位，辐射带动周边3个乡镇的农民从事现代农业。同时产业园还将以管理培训中心为平台，为当地农民提供食用菌和蔬菜种植技术、牛羊养殖技术、农产品加工技术培训服务，增强其就业和创业能力。

发挥特色资源优势 促进区域经济发展

20万吨/年高铝粉煤灰完全资源化利用工业示范项目一期建设工程（2万吨/年）

Back ground 背景资料

粉煤灰是燃煤电厂排放的大宗工业固体废弃物。现国内电力工业年消费原煤量约13亿吨，粉煤灰排放量约4亿吨。而全国粉煤灰的平均利用率不足65%，这就导致大量粉煤灰全依赖占地储存处理。目前，全国储存粉煤灰量超过10亿吨，逐年储存增加量也在1亿吨之上。如此大量的工业固体废弃物若不加以利用，不仅占用大量耕地，还会成为环境负担，污染当地自然生态环境、制约煤电产业的可持续发展。因此，必须强化粉煤灰的综合利用。

粉煤灰也可视为一种粉状的矿物资源，主要成分为：SiO_2(二氧化硅)、 Al_2O_3（三氧化二铝）、Fe_2O_3（三氧化二铁）、CaO（氧化钙），并含有微量的稀有元素和稀土金属。在内蒙准格尔和晋西北朔州等几个大煤田产出的原煤中，富含高岭土，燃烧后产出的煤灰中氧化铝和二氧化硅成分很高，氧化铝含量普遍在37%以上，有的氧化铝含量高达42%以上。二氧化硅大都在48%左右。铁、钛、钙、镁等氧化物含量低，总量仅占10%左右，极具资源化开发利用价值。目前，仅上述煤田的原煤产量已超过5亿吨，年排放这种“高铝”粉煤灰约亿吨，其氧化铝含量远超过全国铝工业氧化铝年产量，无疑这是一座巨大且丰富的铝矿资源宝库。

朔州市煤炭资源丰富，适宜发展煤电产业。20世纪70年代初，朔州就建成大型火力发电厂。30多年来，经过新建和扩建，朔州市火电厂总装机容量已超过450万千瓦。这些电厂在当地也排放了上亿吨粉煤灰（现年排放量约400万吨），不仅占用土地上万亩，还给当地农业生产和居民生活造成了一定的影响。因此，如何开发利用这种“高铝粉煤灰”减低污染，一直是当地政府非常关注的课题。

粉煤灰化学成分表

成分	Al_2O_3	SiO_2	Fe_2O_3	TiO_2	MgO	CaO	灼减	A/S
一般粉煤灰	17～35	40～60	2～15	—	0.5～2	1～10	1～26	0.3～0.9
朔州高铝粉煤灰	42.4	48.05	2.79	1.31	—	3.84	—	0.88

国能神州高科技股份有限公司20万吨/年高铝粉煤灰完全资源化利用工业示范项目一期建设工程（2万吨/年）（以下简称项目），是山西省科技厅2011年省级火炬计划项目，2013年～2015年省科技重大专项，2013年被列入国家发改委中央预算投资循环经济新技术装备项目和2011年～2014年山西省重点工程。20万吨/年高铝粉煤灰完全资源化利用工业示范项目一期建设工程（2万吨/年）位于山西省朔州市神头镇朔州市固废综合利用工业园区。项目用自主创新工艺技术处理高铝粉煤灰，生产的偏硅酸钠、氧化铝产品是化工、冶金工业的大宗基础原材料，由此可进一步衍生上千种化工产品，提高其用途和附加值，残渣可全部用来生产水泥或聚合物填加料，这在国内是首创。粉煤灰污染的治理和综合利用是一个世界性的技术难题，受到世界能源专家、环境专家的密切关注，解决这一难题对世界能源工业节能减排和可持续发展具有极为重要的意义。因此，积极推进这项工艺技术的产业化，将对朔州市、山西省乃至全国的粉煤灰资源化利用产生重大典型示范、引领和带动作用；有利于增加国内铝资源供给，保障铝产业安全。有利于发展循环经济；实现资源价值最大化；有利于发挥特色资源优势，促进区域经济发展。

一、审批立项

截至2014年底，山西省发改委以晋发改资环发〔2012〕1519号文件对项目可研报告批复；以晋发改能审〔2011〕402号文件对项目节能评估报告批复；山西省环保厅以晋环函〔2012〕1372号文件对项目环评报告批复；朔州市规划局以朔规字〔2011〕25号文件对项目选址规划批复；朔州市人民政府以朔国用〔2014〕5号文件核发土地使用证。

二、工程建设

1. 投资规模

项目总投资63761.26万元。其中一期工程7100万元。资金来源为中央预算内投资710万元，占10%；银行贷款2000万元，占28.17%；自有资金1600万元，占22.53%；其他资金2790万元，占39.30%。

2. 建设规模

一期占地面积50亩，预留用地250亩（二期工程），建筑占地面积为12761.6平方米。

（1）产能

年处理20万吨高铝粉煤灰总产能：精制白炭黑 4.72万吨/年，氢氧化铝10.6万吨/年，轻质碳酸钙18万吨/年。其中一期工程产能：五水偏硅酸钠1.5万吨/年，氢氧化铝1万吨/年，白炭黑0.05万吨/年，超细硅钙粉2万吨/年。

（2）预计吸纳就业人数

项目投产后用工人数400人，其中一期工程用工人数139人。

（3）经济效益

预计销售收入39230.77万元，一期工程销售收入5925万元；利润9332.03万元，一期工程利润1812.12万元。

（4）原料来源

目前神头一、二电厂产生的400万吨/年粉煤灰，按氧化铝量计算相当于250万吨/年铝土矿，还有电厂历年堆放的上亿吨同类型高铝

粉煤灰，为项目建设提供了丰裕的可靠资源。本工程初步拟定的生产规模，仅现堆放的高铝粉煤灰就可利用千年以上。

3. 建设周期

建设工期为4年。2011年6月开工，2015年6月竣工。

4. 工程进展

项目在省有关部门支持帮助及市政府领导的督促下，在固废综合利用工业园区市政设施不完善情况下，于2011年6月进驻现场，承建单位克服很多不利因素，自架供电线路开工建设，完成了场地平整及其他基础设施建设。突破和克服了经常停电、冬季无供暖等重重困难，于2012年底完成了办公、简易生活区、3个生产车间工业厂房和设备安装的施工及设备安装调试工作，为后续工程奠定了基础。

一期工程主要有3个生产系统：脱硅生产系统、提取氧化铝生产系统、残渣生产水泥系统。

（1）脱硅生产系统于2012年底建成，并进行了批量工业化试生产。截至2014年底，已经具备1.5万吨五水偏硅酸钠、九水偏硅酸钠、减水剂、工业清洗剂等系列产品、500吨白炭黑生产能力。产品经国家无机盐产品检测中心检测均具备达到国家一级标准。

（2）提取氧化铝生产系统，已于2014年完成车间厂房建设和部分基础建设，主要设备完成了优化设计和选型，并对设备采购、安装工程建设进行了招标公告。由于建设资金出现银行贷款难以落实到位，使项目建设工期不得不推迟，难以在2015年完成一期工程全部建设内容。

（3）残渣生产水泥系统，主要设备已购置，设备基础及安装工程待资金到位后完成。

5. 工艺技术特点

2006年，朔州市润泽投资发展有限公司与中煤能源平朔煤炭工业公司合作，开展从粉煤灰中提取氧化铝的半工业试验研究。2007年，双方合作完成“粉煤灰中先提取二氧化硅再提取氧化铝”的工艺研究，在山西省科技厅组织的专家、院士鉴定会上，被认为具有国际领先水平。

这项新技术最显著的创新点是：在低温常压下浓碱浸取粉煤灰中的氧化硅，提取率高，一般在48%以上。过程简单，节能减排降耗优势显著。提硅过程产出的低模数硅酸钠，可用碳分法生产高附加值的偏硅酸钠、白炭黑等产品，经济效益好。与此同时，提硅过程即完成了铝的富集，使脱硅后的粉煤灰（脱硅灰）的Al_2O_3含量达到50%以上，脱硅灰的铝硅比也由原来的0.8提高到1.5～1.8，为进一步提取Al_2O_3创造了条件。随后，朔州市润泽投资发展有限公司的科技人员又对这种脱硅灰进行了脱钠处理，取得了非常理想的脱钠效果，使脱硅灰的氧化钠含量由原来的6%降至1%左右，为实现石灰石烧结法自脱硅灰中提取氧化铝奠定了基础。研究成果表明，采用这一新工艺，不仅物料运作量小，能耗低，而且能确保“赤泥”用作水泥原料，经济有效，生产环保，为完全彻底地资源化利用高铝粉煤灰打通了道路，是一种“吃干榨尽”式的粉煤灰资源化利用工艺技术。

截至2014年底，这项新技术已得到科技人员的进一步优化，提高了二氧化硅的提取率，工艺过程更简单，生产过程更节能降耗，产品的生产成本更低。经测算，白炭黑和水泥产品成本仅为国内外传统工艺产品成本的60%～70%，氢氧化铝和五水偏硅酸钠的成本也低于国内同行水平。产品市场好，前景广阔，经济效益和环境效益显著，企业抗风险能力和生存能力强，这项新技术对迅速拓展粉煤灰完全资源化利用产业的影响是划时代的。

三、组织机构

1. 主管单位

朔州市固废综合利用园区管委会

2. 项目法人

国能神州高科技股份有限公司

3. 法人代表

吴志刚

4. 设计单位

中铝国际沈阳铝镁研究设计院

5. 监理单位

朔州市建设监理公司

6. 承建单位

中石化工建设有限公司苏中分公司、林州建总建筑有限公司、朔州市星锐工况机械有限公司、南京耐特化工机械有限公司、湖州核宏机械有限公司等

相关链接 >>> Related links

在山西省和朔州市委、市政府大力支持下，2009年9月创办了国能神州高科技股份有限公司，专门从事高铝粉煤灰全资源化利用技术研发和产业化示范。经过多年的科学研究，除与中煤能源平朔集团合作取得的多项专利成果外，公司另外还获得3项国家发明专利，有2项专利也已经取得受理通知。具体有：

自粉煤灰脱钠脱硅灰中提取氧化铝的方法
（专利号ZL 2010 1 0033333.6 ）

一种利用粉煤灰制备五水偏硅酸钠的方法
（专利号ZL 2010 1 0125797.x ）

过滤铝酸钠浆料用滤布的在线清洗方法及清洗装置
（专利号ZL 2010 1 0125796.5 ）

一种以人工合成的沸石为基料制备去污粉的方法
（已发受理通知书 申请号或专利号 201410248460.6）

一种干法生产氧化铝熟料的方法
（已发受理通知书 申请号或专利号 201410329777.2）

煤炭资源高效利用的配套项目

潞安集团专用铁路建设工程

山西潞安集团高硫煤清洁利用油化电热一体化示范项目的建设对于调整和优化能源结构、缓解国内石油短缺的矛盾、保障中国经济安全有重要的现实作用，对中国从煤化工生产大国向煤化工技术强国转变将产生重大影响。同时，对山西实现煤炭资源高效清洁利用，从根本上治理大气污染、促进煤化工产业的持续、健康发展都具有十分重要的战略意义。由于铁路运输基本不受气候影响，可以保证货物按时运达,同时，铁路运能大、安全可靠、节能环保、运费便宜、性价比高，适用于大宗货物长距离运输。因此，配套的专用铁路工程（以下简称为项目）能够满足企业近期和长远发展的运输需求、促进本地区社会经济发展。

一、审批立项

2012年6月7日，郑州铁路局以郑铁计函〔2012〕401号文同意潞安集团高硫煤清洁利用油化电热一体化示范项目及武夏矿区专用铁路接入长治北交接场铁路运输。2013年7月19日，山西省文物局以晋文物函〔2013〕385号文通知项目文物保护竣工。8月20日，山西省国土资源厅以晋国土资函〔2013〕737号文复函项目建设用地预审。11月12日，山西省地震局以晋震标〔2013〕526号文通知抗震设防要求。12月25日，山西省国土资源厅晋国土资环（灾）备〔2013]258号文备案项目地质灾害危险性评估报告。12月26日，山西省国土厅以晋国土资储证字〔2013〕0220号文备案项目建设用地不压覆重要矿产资源证明。12月10日，山西省发展和改革委员会以晋发改能审〔2013〕369号文批复项目节能评估报告书。2014年1月13日，项目获得中华人民共和国建设项目选址意见书（选字第2014-005号）。2月27日，获得环境影响报告书的批复（晋环函〔2014〕243号）。4月14日，获得项目核准批复（晋发改交通发〔2014〕453号）；5月26日，获得项目土地复垦方案评审表。8月14日，获得项目安全预评价报告备案函（晋安监函〔2014〕495号）。

二、工程建设

1. 投资规模

项目总投资12.89亿元，潞安集团自筹4.5亿元，剩余8.39亿元为银行贷款。

2. 建设规模

项目地跨长治市郊区、潞城市、襄垣县王桥镇，规划用地598.84亩。从长治北交接场引出至项目区潞化站，正线长度19.16公里。

3. 主要工程

专用铁路及集运站。

4. 开工情况

项目自2013年7月开始施工，计划于2015年8月底通车。

注 签 Note Check

EPC（Engineering Procurement Construction）是指公司受业主委托，按照合同约定对工程建设项目的设计、采购、施工、试运行等实行全过程或若干阶段的承包。通常公司在总价合同条件下，对所承包工程的质量、安全、费用和进度负责。

5. 工程进展

项目自开工累计完成投资5.55亿元。

截至2014年底，项目建设所涉及的桥梁、隧道等关键工程已全面开工建设，完成总工程量的52%。

三、组织机构

1. 主管单位

山西潞安矿业（集团）有限责任公司

2. EPC单位

中铁七局

展示尧都文化的新载体

临汾博物馆建设工程

Back ground 背景资料

现在的临汾市博物馆位于尧都区鼓楼西街海子边40号，大云禅寺（俗称铁佛寺）内。铁佛寺始建于唐贞观六年（632年），现存建筑为清康熙五十四年（1715年）重建，2006年公布为第六批国家重点文物保护单位。1964年10月，在此成立临汾地区社会主义教育展览馆，1993年9月，成立临汾市博物馆，隶属于临汾市文物局。内设办公室、保卫科、保管部、陈列部、群工部等机构。现有藏品两千余件。陈列面积少，文物库房面积小且存放条件简陋。长期以来，其建筑规模无法满足展陈要求，不利于文物的保护和利用，更难以发挥博物馆收藏、研究、教育的功能。

临汾市是中华民族的主要发祥地之一，历史悠久，文化灿烂，市内文物资源极为丰富，是全国的文物大市。各级文物保护单位众多，全市文物藏品14万件之多，其中三级以上珍贵文物2847件（套），位居全省前列。临汾博物馆项目（以下简称为项目）建成后，将成为临汾市百里汾河生态长廊的标志性工程，成为展现华夏文明、尧都临汾古文化的主要平台，成为爱国主义教育的阵地，在传承历史文化遗产、博物馆事业健康发展方面将发挥重大作用。同时，可为当地市民提供一处休闲之地，增强市民文化素质，促进临汾文物旅游发展。

一、审批立项

2013年12月31日，山西省发展和改革委员会以晋发改社会发〔2013〕2410号文批复项目立项。

二、工程建设

1. 投资规模

项目估算投资：46285万元。资金来源：以临汾市政府筹措为主。

2. 建设规模

项目位于临汾市汾河公园九州广场草原南端，园内南山北麓，东距汾河河堤100米，西到滨河西路120米。其正立面与“尧天舜日”牌坊相呼应，直线距离400米。

3. 项目设计

建筑方案由东南大学建筑设计研究院韩冬青教授主持设计，整体造型为日月相抱，寓意“日月同辉”。太阳部分位于建筑的中心部位，月亮围绕在“太阳”西南。馆前广场错落有序的几个圆形景观小品象征着北斗七星。整体设计理念来自襄汾陶寺文化遗址的古观象台，与临汾传统文化充分结合。

4. 主要工程

项目总用地面积约13505.4平方米，地下一层，地上三层。地下室和一层日月相连成整体，二、三层分太阳和月亮两个不同功能区。总建筑面积30429平方米，其中：地下室面积8502平方米，主要为一般文物库及设备用房；一层建筑面积9710平方米，主要为文物展陈区、多媒体展厅及珍贵文物库房；二层总建筑面积7655平方米，太阳部分主要为展陈区、贵宾接待室及多功能报告厅，月亮部分为配套服务用房；三层总建筑面积4562平方米，太阳部分为文物展陈区，月亮部分为行政办公区；上人屋顶为观景平台。建筑最高处高度为23.95米。

5. 开工情况

2013年8月8日项目开工，建设工期为3年。

6. 工程进度

截至2014年底，项目主体结构封顶，共完成投资约1.1亿元，正进行主体二次结构和外装饰工程。

三、组织机构

1. 主管单位

临汾市文物局

2. 项目单位

临汾市汾河生态建设工程有限公司

3. 设计单位

东南大学设计研究院有限公司

4. 监理单位

山西天地衡建设工程项目管理有限公司

5. 承建单位

红旗渠建设集团有限公司

项目见效年的亮点工程

山西兆丰天成铝材有限责任公司铝板带项目

西兆丰天成铝材有限责任公司是由阳煤集团和河南天成彩铝有限公司共同出资组建的新公司，于2013年6月成立，注册资金1.5亿元，其中阳煤集团占公司股份的51%，河南天成占公司股份的49%。山西兆丰天成铝材有限责任公司铝板带项目（以下简称项目）建成后，将全部消化现有电解铝分公司铝液，达到年产20万吨铝板带产品的目标，新增产值30亿元，实现利润1亿元。

一、投资规模

项目分两期建设，计划总投资为4.25 亿元，其中一期投资2.8亿元，二期计划投资1.45亿元。

二、建设规模

一期项目采用目前国内先进的铸轧工艺，配备有12台1700毫米铸轧机及配套辅助设备设施、1台1850毫米冷轧机及配套设施，主要产品为7×1310装饰带坯料、7×1100PS版基坯料、7×1250幕墙版坯，产品销往京、津、冀、鲁、豫、陕、赣、浙等地区。

三、工程进展

项目于2013年7月开工建设，充分利用兆丰铝业电解铝分公司的土地和部分车间等原有资源，节约了项目资金，缩短了建设工期，用了7个月时间建成投产。二期项目工程计划配备8台1900毫米铸轧机及配套设施，择期开工建设。

煤炭资源整合后的现代物流

晋煤集团宏圣现代煤炭加工综合利用配送中心

为从根本上改变山西省煤矿“多、小、散、乱”的产业格局及安全基础薄弱的现状，山西省作为国家资源型经济转型综合配套试验区，进行了煤矿资源的重组整合，整合后的煤矿大部分不具备建设洗煤厂的条件。面对这一现状，为贯彻落实好省委提出的“围绕煤炭运销形成的巨大运力发展现代物流业，实现经济运行效率大幅提升”精神，晋煤集团宏圣公司在对晋城市范围内各整合主体和整合资源进行分析的基础上，围绕晋煤集团整合煤矿分布的情况，规划建设3个煤炭加工综合利用配送中心（以下简称为项目）。项目建成后，将形成入洗能力940万吨/年，新增就业岗位650多个。

一、项目概况

2010年2月24日，山西省发展和改革委员会以晋发改备案〔2010〕378号文备案泽州大东沟子项目；2011年1月4日，以晋发改备案〔2011〕9号文备案沁水龙港子项目，以晋发改备案〔2011〕5号文备案阳城町店子项目。

项目概算投资12.02亿元，资金来源为30%企业自筹，70%银行贷款。

项目共建设三个煤炭加工综合利用配送中心，其中：沁水龙港子项目位于晋城市沁水县，计划征地169.65亩，开工时间2013年8月，计划竣工时间2015年6月；阳城町店子项目位于晋城市阳城县，项目征地面积162.86亩；泽州大东沟子项目位于晋城市泽州县，计划征地206亩。

二、工程进度

2014年，项目主要推进沁水龙港煤炭加工综合利用配送中心，对第一、二平台土石方工程、边坡治理工程及部分厂房桩基进行施工。

三、组织机构

1. 主管单位

山西晋城无烟煤矿业集团有限责任公司

2. 项目法人

山西晋煤集团宏圣煤炭物流贸易有限公司

3. 设计单位

煤炭工业太原设计院

4. 监理单位

山西煤炭建设监理咨询公司

5. 施工单位

晋城宏圣建筑工程有限公司

推动纳米碳酸钙行业资源回收再利用

山西兰花煤业
新建年产50万吨纳米新型材料项目

Back ground 背景资料

山西省人民政府晋政发〔2009〕20号《关于印发山西省新型材料产业调整和振兴规划的通知》中提出：集中力量在颗粒化纳米氧化锌、纳米碳酸钙等具有优势的项目上，率先实现规模化生产，进一步提高产品档次，扩大市场占有率。山西省人民政府办公厅晋政办发〔2012〕69号《关于印发山西省资源节约和综合利用“十二五”规划的通知》中，鼓励利用纳米材料技术改造传统产业，重点支持纳米技术在建材、化工等领域的应用，发展高附加值的应用化产品。鼓励万吨级规模企业的发展，支持颗粒化纳米氧化锌和纳米碳酸钙系列产品等方面的项目建设，支持发展技术含量高的纳米终端材料和产品以及回收利用二氧化碳的项目。

兰花集团新建年产50万吨纳米新型材料项目（以下简称项目），建设地点为山西省晋城市巴公工业园区。兰花集团拥有高浓度二氧化碳生产纳米碳酸钙技术、常温新型复合表面活化处理技术、压滤水闭路回收再利用、反应热量回收技术和固体渣综合利用等多项国内外先进的纳米碳酸钙生产技术；开发出的水性分散体纳米碳酸钙和纳米碳酸钙改性聚烯烃材料两个节能型新品种已完成了用户定型，性能稳定，解决了纳米碳酸钙表面极性较强，在应用领域难分散的问题，市场广阔。项目实施后，能实现碳酸钙行业的低碳化推进和清洁化生产，对国内碳酸钙行业的资源综合利用、循环经济发展具有示范作用。项目作为高新技术产业符合当地经济发展规划，能有效地促进当地经济结构的优化升级，实现经济发展方式的根本性转变，并具有显著的经济效益和社会效益，预计吸纳就业人员900人。

一、审批立项

项目于2011年6月21日在山西省发改委以〔2011〕265号文件备案。截至2014年底，项目可行性研究报告已完成，岩土勘察报告已完成，项目节能评估报告已批复，环境影响评价报告已批复，项目选址研究报告已完成，压覆资源评估报告已批复。项目安全评价已批复、地质灾害评估工作报告已完成；土地手续已批复。

二、工程建设

1. 投资规模

项目总投资12亿元，其中建设投资10亿元，铺底流资2000万元。资金来源为企业自筹资金占总投资30%，其余由银行贷款解决。

2. 建设规模

项目征地面积133400平方米，建筑面积46707平方米。

项目形成的产能：纳米碳酸钙改性聚烯烃材料10万吨/年，水性分散体纳米碳酸钙35万吨/年，油墨用纳米碳酸钙5万吨/年。

3. 建设工期

建设工期预计5年，开工时间2013年8月，预计2017年12月完工。

4. 工程进展

截至2014年底，项目施工现场水电已接通，临时办公区已修建。生产厂房、机修车间、热工车间、陈化池、回水池等单体土建已基本完工，主要生产设备已进行了招标，部分设备已安装到位正在进行单机试车。

5. 设计理念

项目选用该行业成熟的工艺设备及检测仪器，优先选用国家推荐使用的节能、节材产品，严禁选用国家公布的淘汰型设备及高能耗设备。推广行之有效的以“新技术、新工艺、新设备、新材料”为主要内容的“四新节能”技术。紧紧围绕本项目的生产纲领，设备选型要完全满足生产的需要，并在满足工艺可靠性的前提下尽量采用科学、先进的工艺流程。

三、组织机构

1. 承办单位

山西兰花煤炭实业集团有限公司

2. 实施单位

山西兰花华明纳米材料有限公司

3. 设计单位

华东理工大学工程设计研究院有限公司

4. 监理单位

山西兰花建设工程项目管理公司

建设环保节能电厂

河坡2×350兆瓦热电联产机组建设工程

山西河坡发电有限责任公司"上大压小"2×350兆瓦超临界热电联产机组建设工程（以下简称项目），位于阳泉市郊区荫营镇下烟村规划的白泉工业园区内，北邻307国道、东靠义白路，建设2×350 兆瓦超临界循环流化床间接空冷热电联产机组，占地总面积476.82亩，计划工期为22个月。项目建成后，年发电量38.5亿千瓦时，供热量560万吉焦，可向阳泉市提供1300万平方米供热面积，为150万户居民提供洁净、稳定、优质热源，年销售收入约16亿元。

一、审批立项

2012年6月26日，项目取得《国家发展改革委关于山西河坡发电有限责任公司"上大压小"热电联产异地新建工程项目核准的批复》（发改能源〔2012〕1881号）;7月12日，省发展和改革委员会以晋发改能源发〔2012〕1373号文件转发。

2013年11月29日，国土资源部以国土资函〔2013〕875号文批复项目用地。

2014年4月15日，国家环保部环审〔2014〕93号文件同意项目由2×300兆瓦超临界机组配2×1080吨/小时煤粉炉变更为2×350兆瓦超临界机组配2×1188吨/小时循环流化床锅炉;12月31日，山西省发改委晋发改能源发〔2014〕1654号文件同意项目变更，建设2×350兆瓦超临界燃煤热电机组。

二、工程建设

1. 投资规模

总投资32.69亿元。由山西国际能源有限公司（格盟国际能源有限公司）和阳泉市经贸资产经营有限责任公司共同出资建设。

2. 开工时间

2013年9月15日，主厂房浇注第一罐混凝土，工程正式开工建设。

3. 工程进展

（1）筹资进度：

截至2014年底，项目资本金到位6.2亿元，银行委托贷款5亿元，银行贷款0.2亿元，累计11.4亿元；累计完成投资11.23亿元，截至2014年12月，财务费用0.29亿元。

（2）施工进度：

2014年6月16日，1号锅炉钢结构到顶，建筑高度78米；7月6日，2号锅炉钢结构到顶，建筑高度78米。7月25日，烟囱外筒到顶，建筑高度210米，截至2014年底，烟囱内外筒施工完成。9月25日，主厂房结构到顶，建筑高度48.75米，截至2014年底，主厂房封闭并交付安装，辅助生产厂房交安。9月25日，间接空冷塔结构到顶，建筑高度178米，截至2014年底，空冷三角散热器吊装178组。

（3）厂外工程：

截至2014年底，出线二回220千伏线路长度6.3公里，具备送电条件。厂外供水管线工程全长7.9公里，基本完成。灰坝、灰场道路场地平整结束，相关工程正在进行当中。

三、组织机构：

1. 主管单位

格盟国际能源有限公司

2. 建设单位

山西河坡发电有限责任公司

3. 参建单位

采用总承包管理模式（EPC）

4. EPC单位

西北电力设计院（含设计）

5. 监理单位

山西和祥建通工程项目管理有限公司

6. 施工单位

中能建山西电建二公司、中能建山西电建三公司、中能建陕西电建总公司

山西园区化带动煤化工产业转型发展重点项目

高硫煤洁净利用化电热一体化示范项目建设工程

高硫煤洁净利用化电热一体化示范项目建设工程（以下简称项目），位于晋城市泽州县北留周村工业园区。项目是根据山西省以园区化带动煤化工产业转型发展战略部署规划的重点建设项目，是晋煤集团“高硫煤洁净利用循环经济工业园”项目的子项目之一，项目以晋城矿区高硫煤、矿井瓦斯和化工废气为原料，采用国内具有自主知识产权的粉煤加压气化技术、国际最先进的大型合成氨及IGCC洁净发电技术和装备，建设空分中心、气化岛、大型合成氨联醇装置、燃气发电电热联供装置，实现高硫煤洁净利用、矿井瓦斯高效利用、化电热联产联供。项目建成投产后，预计年销售收入83亿元，年利润总额22亿元，新增就业岗位1300多个。

一、审批立项

2012年7月9日，项目以晋发改备案〔2012〕336号文件取得省发改委备案。

二、工程建设

1. 投资规模

项目总投资134亿元，资金来源为30%企业自筹，70%银行贷款。

2. 建设规模

项目占地2300亩，建设规模为合成氨140万吨/年，联产甲醇100万吨/年，副产硫酸27万吨/年，配套废气利用IGCC发电400兆瓦。

3. 建设周期

2013年9月27日，开始“四通一平”工作，预计2016年底建成。

4. 工程进展

截至2014年底，审批手续完成，1284亩用地受让完成，土方工程完成总工程量的85%，地基处理完成总工程量的75%。气化装置、空分装置、锅炉装置、总变、循环水、边坡工程已开工建设。

三、组织机构

1. 主管单位

山西晋城无烟煤矿业集团有限责任公司

2. 公司法人

山西晋煤华昱煤化工有限责任公司

3. 设计单位

航天长征化学工程股份有限公司、赛鼎工程有限公司

4. 施工单位

中国化学工程第二建设有限公司、中国化学工程第三建设有限公司、中国化学工程第六建设有限公司、中机国能电力工程有限公司

5. 监理单位

北京华旭工程项目管理有限公司、岳阳长岭炼化方元建设监理咨询有限公司、河南高达置业管理咨询有限责任公司

注　签 Note Check

IGCC即整体煤气化联合循环发电系统

省级转型综改新型煤化工示范工程

阳煤寿阳化工20万吨/年乙二醇项目

阳煤寿阳化工20万吨/年乙二醇项目（以下简称项目）位于寿阳县工业园区内。项目的主要产品乙二醇是一种重要的有机化工原料，主要用于生产聚酯纤维、聚酯树脂、防冻剂、润滑剂、增塑剂以及炸药等，用途十分广泛。当前，国内的能源结构是煤多油少,发展以煤为原料制备乙二醇的路线,对于能源的合理利用、减少对石油的依赖、解决乙烯供应量的不足都具有极其深远的意义。项目引进先进、可靠的日本宇部乙二醇合成技术，以洁净煤气化技术为龙头，以煤制合成气（CO和H_2）为核心，重点发展羰基合成制乙二醇。建成后，年均销售收入约17亿元，年均销售税金约1.8亿元，年均利润总额约4亿元。

一、审批立项

2014年5月26日，以晋经信投资字〔2014〕185号文件取得省经信委项目备案。

二、工程建设

1. 投资规模

项目总投资34.15亿元。截至2014年底，落实的资金共计26.75亿元，包括：集团公司的注册资本金11.3亿元，项目PC承包商中钢设备有限责任公司垫资7.45亿元，华融金融租赁股份有限公司8亿元融资租赁。

2. 建设规模

寿阳县工业园区公用工程完备，辅助设施齐全。距离县城6.5公里，北距太旧高速公路4.5公里，西距新元矿9.5公里，交通便利。厂区地质结构稳定，符合当地工业布局规划。

项目设计规模20万吨/年，总占地约474390平方米，厂区围墙内总用地面积425747平方米。

3. 建设周期

项目2013年10月份正式开工，总计工期为24个月，计划2015年末试车投运。

4. 项目进展

（1）施工进展：

截至2014年底，厂前区的办公楼、宿舍楼、食堂浴室联建主体完工且室外配套管网全部完成。

打桩工程除设计图刚到的脱盐水站外，装置区其他的锅炉主体、筒仓、煤浆制备、气化、冷箱、空分厂房、甲醇洗、除氧煤仓间、烟气脱硫等打桩全部完成。

装置区工程的机修间厂房主体完成，钢构屋架开始吊装；综合仓库厂房主体完成；DMO公用、DMO合成、DMO精馏基础施工完成；成品罐区、氨罐区、中间罐区、酸碱罐区基础钢筋绑扎、支模；乙二醇合成、乙二醇精馏基础绑筋、支模、浇筑完成；一氧化碳压缩机厂房基础绑筋、支模，氢气压缩机厂房浇筑完成；变压吸附、深冷分离破桩、绑筋、支模完成；变换基础开挖、绑筋、支模完成；厂区地管开挖、敷设、焊接、试验、回填施工；空压机厂房基础绑筋、支模、砼浇筑；气化、冷箱破桩完成，基础钢筋绑扎；煤浆制备基础开挖、绑筋、支模；渣水装置破桩完成；锅炉厂房、除氧煤仓间、原煤筒仓破桩完成，开挖、基础钢筋绑扎、支模；汽车卸车库土方开挖、破岩；净化站基础处理碾压完成；综合楼基础施工完成；1号循环水池土方开挖完成；总变基础开挖、绑筋、支模、浇筑完成。地下循环水管线、雨水管线、消防水管、生产污水管等地埋主管线11月底全部完成。随着设计图纸的陆续到位，预计12月20日之前大型设备基础全部完成，大型厂房基础出地面。

公用工程的白马河3号桥桩基全部完成；滨河西路路基强夯施工80%；110千伏输变电基础钢筋、混凝土施工完成，搭设脚手架，钢筋开始绑扎。

村庄搬迁工作，对202户进行资产评估工作，制定了《吴逯堖村移民搬迁安置补偿实施细则》，与村民逐户进行对接，部分已签订安置协议。新村建设工作，新村场地底夯完成，第一遍点夯开始。新村规划方案和户型方案的设计修改中。

核心提示 Core tip

阳煤寿阳化工20万吨/年乙二醇项目（以下简称项目），是阳煤集团依托寿阳丰富的煤炭资源，发挥化工产业技术优势，在寿阳县投资建设的首个煤化工项目，是煤—电—化一体化循环经济产业园区的重要组成部分，是省级转型综改重大项目、新型煤化工示范项目。

（2）投资完成情况：

2014年，全年投资计划为100000万元，其中土建工程24000万元，设备购置73000万元，其他费用3000万元。

截至年底，累计投资完成83468.88万元，其中：土建工程累计完成6236.04万元，设备购置累计完成73745.93万元，其他费用累计完成3486.91万元。累计完成年度计划的83%。

开工累计投资完成106005.28万元，其中：土建工程累计完成10172.44万元，设备购置累计完成

73745.93万元，其他费用累计完成22086.91万元。

（3）生产准备情况：

为保证项目运营成功，公司积极开展生产准备方面的工作，分3个批次共招聘新学员258人，其中大学生58名，技校生90名，职工子女110名，并积极组织去临猗参加实习培训，同时根据各工段资料的深度编写培训教材。

生产系统组织框架已初步建立，输煤、锅炉、空分工段已完成培训教材初稿。气化、净化、乙二醇工段培训教材已开始编写。仪表方面全厂DCS、ESD、MS生产安全控制管理方案已初步完成。

(4)招投标完成情况：

2014年计划长周期设备、运转设备、静置设备、成套系统、土建工程全部招标完。

截至年底，长周期设备（含运转、静置设备）共计23台（套），已全部招标完；运转设备共计约724台（套），已招标完成682台（套）；静置设备共计约491台（套），已招标完成135台（套）；成套系统共计15套，已全部招标完；土建工程已全部招标完；完成所有非标设备的招标工作。

三、组织机构

1. 主管单位

阳泉煤业集团有限责任公司

2. 法人代表

姜晋才

3. 设计单位

东华工程科技股份有限公司

4. 管理、监理、承建单位

为阳煤集团寿阳化工有限责任公司

5. PC总包单位

中钢设备有限公司

阳泉市首个风电发电项目

中广核盂县西烟风电场一期建设工程

中国广核集团风力发电有限公司是全国唯一以核电、风电为主业，以水电和太阳能为辅业的国有特大型清洁能源企业。中广核盂县西烟风电场建设工程（以下简称为项目）坐落于盂县东梁乡和西烟镇境内，是阳泉市确定的“四个领域”60个重大项目之一，是阳泉市首个风力发电项目。

一、项目概况

项目规划装机规模为100兆瓦，总投资10亿元，分两期开发建设，一期项目装机规模为49.5兆瓦。两期全部建成运营后，可实现年发电2亿千瓦时、替代标煤6万吨以上、减少二氧化碳排放25万吨，对于防治大气污染，改善空气质量将起到积极作用。

二、工程建设

1. 开工时间

项目于2013年10月18日开工建设。

2. 工程进展

截至2014年底，项目一期工程33台风机吊装、110千伏升压站建造、35千伏集电线路安装、21公里道路建设已经全部完成，供电部门将送出线路架设完毕后，即可并网发电。

项目一期工程并网发电后，可每年为盂县输送电量1亿千瓦时，创产值6100万元左右，上缴利税约600万元。

三、组织机构

1. 主管单位

中国广核集团风力发电有限公司

2. 设计单位

山西省电力勘测设计院

3. 建设单位

中国广核集团风力发电有限公司

实现企业转型发展、创新发展、绿色发展的产业项目

孝义6.25米捣固500万吨/年焦化建设工程

孝义市鹏飞实业有限公司，是集精煤生产、焦炭制造、煤化工精细产品生产等为一体的大型民营企业。6.25米捣固500万吨/年焦化项目建设工程（以下简称项目），于2011年5月15日启动建设，位于孝义市千万吨级煤化工循环经济园区，采用德国最先进的炼焦设备SCP车及美国最先进的热循环炼焦技术，是全国首座投产的三段加热6.25米捣固式焦炉；吨焦排放1.5公斤，仅为传统工艺的1/6，达到欧洲最高水平；氮氧化物排放低于100毫克1标准立方米；吨焦能耗小于125千克标准煤，电力、热能消耗是传统工艺的3/4，实现了焦化企业低碳循环发展。

一、审批立项

截至2014年底，项目以晋经信能源函〔2013〕520号文件取得山西省经信委同意。

二、工程建设

1. 投资规模

项目总投资58亿元，其中企业自筹20亿元，银行贷款30亿元。

2. 建设规模

项目采用德国最先进的炼焦设备SCP车及美国最先进的热循环炼焦技术，建设年产500万吨6.25米捣固式焦炉。建成投产后，预计年可实现产值40亿元、利税8亿元。提供就业岗位2000个。

3. 开工时间

1号、2号焦炉，已于2013年10月开工建设。

4. 工程进展

项目一期3号、4号焦炉，已于2012年10月10日点火烘炉，2013年2月17日正式投产。截至2014年底，1号焦炉已经准备点火烘炉，2号焦炉基础设施建设已完成；项目已累计完成投资20亿元。

三、组织机构

1. 主管单位

孝义市人民政府

2. 建设单位

孝义市鹏飞实业有限公司

建设“千亿阳泉、百万新城”

阳泉市生态新城建设工程

Back ground 背景资料

2010年12月国务院批准山西省为国家资源型经济转型综合配套改革试验区，提出了资源型城市转型、绿色发展、推动区域经济一体化、推动城乡一体化的发展要求。阳泉市为了实现资源型经济转型，落实省委领导对阳泉工作的要求，实现“千亿百万”发展目标，针对阳泉市城市空间狭小，老城区过于拥挤，发展受限的现状，确定由阳泉市中心城区向北拓展建设生态新城（以下简称为项目），在全省率先实现城镇化。

一、项目概况

2013年6月省政府批准了阳泉市的总体规划方案。在城市总体规划的指导下，组织编制了生态新城控制性详细规划，由阳泉市政府以阳政发〔2013〕29号文件批准实施。

规划范围：

南起阳泉老城，北接荫营镇区，东到阳五高速，西至新建外环，占地面积约60平方公里。包括荫营镇、平坦镇、李家庄乡、杨家庄乡所属40个村庄，约6.1万人。

未来发展目标：

弥补原有城市功能的不足，实现“扩容提质“战略，构筑大阳泉框架，把阳泉建设成为晋东中心城市的重要载体和节能减排、环境治理的示范区，建设具有阳泉山城特色的新城。

用地空间结构：

用地空间结构为“两心、九片区、多廊道”。“两心”即：城市综合中心、城市文体中心；“九片区”即:2个综合片区、1个文教片

区、3个产业片区、3个居住片区；“多廊道”即:城市片区间保留大量的自然山体形成生态廊道，成为未来阳泉中心城市人口磁力的重要支撑。

公共服务设施:

在规划区内配备了完善的公共服务设施。如：市民服务中心、文化娱乐设施、体育设施、医疗设施、教育科研设施、商业及商务设施等。

产业布局:

在新城规划中，结合产城融合的发展理念，规划布置了4个工业园区和1个物流园区。

道路交通:

重点加强新城旧城联系，完善道路系统结构，充分利用现有道路，鼓励公交步行系统。同时，规划了完善的交通设施。

生态廊道建设:

结合生态修复和治理，在生态新城规划了约29平方公里的生态绿地。分为6大景观廊道风貌区，依次为：郊野休闲运动廊道、文化创意廊道、工业科技信息展示廊道、生态保育廊道、绿色主题休闲廊道、绿色人文综合服务廊道。同时设置了慢行系统和景观游憩系统。目标定位是以生态廊道为基础，推进阳泉市生态文明建设，促进新城可持续发展，建设自然的、绿色的、安全的、人文的、健康的绿色生活体系，形成一个承接周边新城组团功能拓展的发展空间和资源整合平台。

二、工程建设

1. 投资规模

2014年计划完成投资8.4亿元，截至2014年底，在新城范围内开工的主要建设项目累计完成投资约17.58亿元。包括山西河坡发电有限公司2×35万千瓦发电机组项目完成投资7亿元、珍宝园保障房建设项目完成投资2.65亿元、恒大帝景一期工程完成投资1.1亿元、冯家庄保障房建设项目完成投资1亿元、漾泉大道二期工程完成2.8亿元、河坡电厂“上大压小”阳泉市集中供热管网工程完成投资0.82亿元、阳泉市人民检察院项目完成投资0.57亿元、城乡规划展览馆完成0.32亿元、阳泉职业教育技术学院完成投资1.32亿元。

2. 主要工程

（1）道路建设工程

漾泉大道二期工程

起点平坦立交桥，终点至新城大道，全长约6.09公里，估算总投资约9.65亿元。分为西段和北段两部分。西段全长约3.21公里，道路宽度20米～50米；北段全长约2.88公里，道路宽度73米。

（2）保障性住房建设工程

①三泉保障性住房建设工程

该项目规划选址位于307复线南侧、新城大道西侧，总占地面积500余亩，总建筑面积约56万平方米，估算投资约15亿元。

②冯家庄保障性住房建设工程

该项目规划选址位于冯家庄村，总占地面积约70亩，总建筑面积约14万平方米，工程投资约4亿元。

③大西庄保障性住房建设工程

该项目规划选址位于现状大西庄村东侧、职业技术学院北侧，总占地面积约266亩，总建筑面积约15万平方米，估算投资约3.5亿元，建设周期3年。

④魏家峪保障性住房建设工程

该项目规划选址位于漾泉大道北侧、现状魏家峪村东侧，总占地面积约150亩，总建筑面积约15万平方米，估算投资约3.5亿元，建设周期3年。

（3）生态新城起步区建设工程

生态新城起步区东起宁波北路、西至李荫路、北起漾泉大道、南至平阳路，总占地面积约3平方公里。起步区以新城大道为轴，分东、西两个区域。起步区建设的主要思路是通过引进名校名院等优质资源，逐步提升区域辐射力和吸引力，引领带动起步区的开发建设。

三、组织机构

1. 主管单位

阳泉市人民政府

2. 建设单位

阳泉市生态新城建设管理委员会

推动山西清洁燃料生产的新途径

山西国新和盛新能源
20万吨/年碳四深加工建设项目

Back ground 背景资料

山西国新和盛新能源有限公司（以下简称公司）是由山西省国新能源发展集团有限公司(以下简称国新能源)控股，山西和田能源科技发展有限公司(以下简称和田科技)和北京海盛经贸有限公司(以下简称北京海盛)参股，按照现代化企业制度成立的股份制企业，注册资金1亿元。

国新能源是以燃气管道建设及综合开发利用、煤炭运销、贸易三大业务为主，并积极致力于天然气、煤层气、焦炉气、氢气“四气”及新能源开发利用的新型多元化企业集团，是省国资委重点监管的大型国有企业之一，是山西省十大能源企业之一。和田科技是山西省晋中市的一家民营企业，以经营油品贸易业务为主营业务，已有二十多年的历史，在晋中市拥有油库和多家加油站。北京海盛是一家主要经营原油、成品油、化工材料及石油制品的销售公司。

山西国新和盛新能源有限公司20万吨/年碳四深加工建设项目（以下简称项目），由国新能源提供资金及人力支持，北京海盛负责液化石油气原料的供应，和田科技负责销售油气产品。项目是以炼油厂的副产品液化石油气（LPG）为原料，主要生产高清洁汽油调和剂——烷基化汽油（12万吨/年），项目还副产丙丁烷混合物即高清洁液化气（7.2万吨/年），由于该液化气中硫含量只有20～30毫克1标准立方米，且具有耐烧耐腐蚀的特性，可作为民用液化气（S≤343毫克1标准立方米）以罐装形式销售至偏远地区，既解决由于管道铺设难度大而造成居民用气难的问题，又最大幅度地减少由于不法商贩掺杂二甲醚对人民生命财产安全造成的重大隐患，同时对不法液化气市场具有强有力的抑制作用，对规范液化气运营环境和改善人民生活质量具有积极作用。公司以高效节能、科学创新、生产清洁能源为原则，将实施碳四深加工项目作为推动山西省清洁燃料生产的新途径，坚定不移地生产高标号清洁汽油调和剂，填补山西省高品质、绿色环保车用燃料油调和组分的空白，加速“气化山西”目标的早日实现。项目建成后，可实现销售收入约127000万元、利润约6900万元、平均上缴利税11406万元，将有力地促进晋中市的经济发展，对有效缓解就业压力、拉动地区经济增长具有重大而深远的意义。

一、审批立项

2013年10月16日，以晋发改备案〔2013〕520号文件获得项目备案文号。

二、工程建设

1. 投资规模

项目总投资5.69亿元，资金由企业自筹和申请银行贷款解决。其中企业自筹1.71亿元，占30%，申请银行贷款3.98亿元，占70%。

2. 建设规模

项目位于山西省晋中市榆次区工业区修文基地。占地180亩，征地面积120276平方米，建筑面积62743平方米，使用面积115430平方米。

项目属新建的小型石化厂，主要包含两套装置：一套为12万吨/年混合汽油装置，设计规模为12万吨/年（高辛烷值汽油产量12万吨/年），连续生产，年操作时数为8000小时，操作弹性60%～120%。另一套为1.5万吨/年废酸回收装置，设计规模为1.5万吨/年（加工废硫酸1.5万吨/年），连续生产，年操作时数为8000小时，操作弹性60%～120%。项目配套建设原料罐区、产品罐区、汽车装卸栈桥、空分空压站、消防水站、循环水站等公用设施。

3. 建设周期

2013年10月公司成立伊始，项目即开始筹备建设，预计2015年9月竣工投产，建设周期约为2年。

4. 工艺设计

项目设计依据以下六条原则：（1）产品满足市场需求、原料供应稳定可靠原则；（2）生产规模合理、技术先进可靠原则；（3）节约用地、节省投资原则；（4）降低生产成本、减少能耗及物耗，提高企业经济效益原则；（5）满足安全、环保及职业卫生原则；（6）确保装置“安全、稳定、长周期、满负荷、优质”运行的原则。

项目的总工艺流程可分为：液化气原料卸车至原料罐组储存→液化气进烷基化装置生产混合汽油（产生的废酸进废酸罐组储存）→混合汽油进产品罐组储存→混合汽油装车销售。

5. 项目进展

（1）筹资进度：2014年委托集团筹资2.2亿元。

（2）施工进度：2013年底，由于场区地质条件复杂，沟壑纵横，前期主要进行回填土整平工作。2014年开始，根据施工现场岩土工程地质勘察报告及2013年底试夯检测数据，项目决定采用强夯法进行地基处理工程施工。于2014年3月初正式启动，除原料罐区外，其他区域强夯处理工作于2014年7月底完成。

同时，现场地基检测工作穿插进行，检测结果表明原料罐及消防水罐区域经强夯施工土壤湿陷性未完全消除，考虑到该区域载重负荷较大，经专家论证并报公司领导批准，对该区域施工方案进行调整，决定采取整体强夯与部分打桩相结合的方式进行处理，截至2014年1月地基处理工作全部完成。

(3)土建安装工作:截至2014年底，项目办公楼、化验楼、销售中心等建筑物主体结构封顶。综合办公区综合楼、化验楼装饰装修完成70%；公用工程区设备厂房结构完成，正在进行设备精平，配管作业；混合汽油主装置区设备精平，配管作业；销售中心完工，相关装卸车设施进一步完善中；产品罐区罐体制作完成已进行配管作业，原料罐区正在进行罐体制作。全场区管架完成70%，道路完成70%，主地下管网全部完成。

6. 竣工投产计划

相关链接 >>> Related links

烷基化汽油主要成分是工业异辛烷（TMP），占约63%。市场上销售的成品汽油是调和而成，随着国家对汽车尾气排放标准的不断提高，汽油标号已经提至国-IV（硫≤50ppm、苯≤1.0%、烯烃≤28%、芳烃≤40%）和国-V标准（硫≤10ppm），烷基化汽油中硫含量小于5ppm，不含苯、烯烃和芳烃，高辛烷值，能够同时满足国-IV、国-V汽油的要求，并且烷基化油中极低的硫含量将直接减少汽车尾气中硫化物和PM2.5的排放，有助于改善大气环境和保护车辆，是一种最为理想的汽油调和组分。

烷基化汽油水溶性极低，调合时不会发生浑浊现象，可以任意比与汽油混溶，这是甲醇和乙醇等辛烷值改进剂所不及的。另外烷基化汽油具有良好的物理、化学稳定性和低毒性、无腐蚀，便于贮存和运输。在污染物减排方面，国-IV调和汽油与国-III标准相比，可减少车辆污染物排放总量30%以上，减少硫化物排放量约67%、氮氧化物排放量约30%；国-V调和汽油与国-IV标准相比，可减少车辆污染物排放总量40%左右，预计全国车辆可减排氮氧化物约30万吨/年，正是由于烷基化汽油出色的环保特性，国内已经建成投产的烷基化装置有33套之多。此外，美国、欧洲等发达国家汽油中烷基化油的调入比例已经达到了70%～80%，而国内烷基化油的调入比例仅为8%～10%，烷基化油有巨大的市场需求和广阔的市场前景。

计划全厂道路、场平于2015年6月15日完成，6月30日变配电室具备受电条件，7月10日第一台设备单机试运，主要控制节点为：6月30日所有单元安装工作基本结束，7月25日DCS系统联校设备单机试运，9月10日开始水联运投料试车。

三、组织机构

1. 主管单位

山西国新和盛新能源有限公司

2. 设计单位

兰州寰球工程公司

3. 监理单位

北京中油协工程建设监理有限责任公司

4. 承建单位

山西省工业设备安装有限公司

山西产业结构调整的标杆工程

阳煤昔阳氯碱化工 40万吨/年离子膜烧碱、40万吨/年PVC项目

Back ground 背景资料

2009年，山西省政府发布的《山西省煤化工产业调整和振兴规划》明确指出："以太化搬迁为契机，按照煤、电、化、冶多联产模式，打造国际一流的具有鲜明循环经济特色的煤化工精品园区"。为实现这一目标，2010年11月24日，省政府决定由阳泉煤业集团有限公司托管太原化学工业集团有限公司。根据省政府指示精神，化工进园区，煤炭资源要就地转化，山西要由资源输出型转变为深度产品输出型。阳泉煤业（集团）有限责任公司与昔阳县达成总体发展规划，在昔阳县建设煤、电、化循环经济工业园区，园区规划项目包括20万吨/年乙二醇、20万吨/年1.4丁二醇、200万吨/年电石、40万吨/年离子膜烧碱、40万吨/年PVC（包括各种特种树脂）、100万吨/年电石渣干法水泥装置及自备电厂等装置。园区建成后，预期年创利税70亿元以上，为实现阳煤集团"十二五"期间的战略目标奠定坚实基础。昔阳化工园区将形成电石—乙炔—PVC（包括各种特种树脂）—烧碱—氯产品—电石渣水泥循环经济产业链，产品结构优化，可以更好地适应市场变化，增强抵御市场风险能力，提高企业核心竞争力，实现阳煤集团电石乙炔化工和氯碱化工大发展。

阳煤集团昔阳化工有限责任公司成立于2013年5月22日，是一家以生产离子膜烧碱和高端树脂为主打产品的精细化工企业，为阳泉煤业（集团）有限责任公司全资子公司，注册资本80000万元。位于晋中市昔阳县赵壁乡黄岩村，由太化氯碱与平定氯碱搬迁整合而成，是落实省委省政府产业结构调整、实现阳煤集团企业转型升级战略的标杆项目。

一、审批立项

1. 2013年6月27日，山西省发展和改革委员会以晋发改工业发〔2013〕1313号文下发关于《阳泉煤业（集团）有限责任公司晋东煤电化产业园区规划》的批复。

2. 2013年8月28日，山西省经济和信息化委员会以晋经信投资字〔2013〕451号文下发阳煤集团昔阳氯碱化工有限责任公司40万吨/年烧碱、40万吨/年聚氯乙烯搬迁改造项目备案的通知。

3. 2013年10月18日，山西省人民政府国有资产监督管理委员以晋国资改革函〔2013〕569号文下发关于设立阳煤集团昔阳氯碱化工有限责任公司的意见。

4. 2014年3月14日，山西省经济和信息化委员会以晋经信投资函〔2014〕65号文下发关于同意阳煤集团昔阳氯碱化工有限责任公司40万吨/年烧碱、40万吨/年聚氯乙烯搬迁改造项目建设内容变更的函。

5. 2015年3月9日，山西省经济和信息化委员会以晋经信投资函〔2015〕50号文下发关于同意阳煤集团昔阳氯碱化工有限责任公司40万吨/年烧碱、40万吨/年聚氯乙烯搬迁改造项目承载企业名称变更的函。

二、工程建设

1. 投资规模

项目投资概算29.65亿元，全部为自筹。

2. 建设规模

阳煤集团昔阳化工项目40万吨/年离子膜烧碱、40万吨/年PVC项目占地1500亩，分两期进行。正在建设的是项目一期：主要利用阳煤氯碱公司和太化氯碱旧装置搬迁升级改造，形成年产烧碱22万吨、PVC20万吨的生产能力。经过多次组织专家论证，升级产品已经确定，产能分别为10万吨/年PVC糊树脂、5万吨/年高抗冲PVC树脂、5万吨/年消光树脂及高聚合度树脂、6万吨/CPE。

项目一期工程实施后，年可实现销售收入358850.00万元，年利润总额33196.74万元（以第6年为例），年上交国家销售税金18667.17万元，财务内部收益率（税后）13.45%，投资回收期（动

深度展现 Depth development

为了推动生态新城建设，经阳泉市委、市政府批准，于2013年6月成太化集团氯碱分公司和阳煤氯碱化工有限责任公司各拥有聚氯乙烯和烧碱生产装置一套：聚氯乙烯（PVC）总产能29万吨/年（阳煤氯碱化工公司14万吨/年、太化氯碱分公司15万吨/年）；烧碱装置总产能20万吨/年（阳煤氯碱化工公司10万吨/年、太化氯碱分公司10万吨/年）。结合太化整体搬迁契机，阳煤集团决定整合内部氯碱化工资源，将太化和阳泉现有两套氯碱装置全部搬迁至昔阳煤、电、化循环经济工业园区，并采用国内外最新技术装备进行规模化升级改造，优化产品结构，增加特种树脂品种，在原有20万吨/年烧碱、29万吨/年聚氯乙烯（PVC）装置基础上进行填平补齐，使装置总设计规模达40万吨/年离子膜烧碱和40万吨/年聚氯乙烯（包括各种特种树脂）（以下简称项目），利旧设备利用：太化氯碱公司1.1亿元、阳煤氯碱公司1.89亿元。项目规划以煤为基，煤电一体化，向精细化工延伸，体现了化工产业实施“十二五”规划发展循环型工业的目标。

态）8.11年（含建设期2年）。

3. 建设周期

项目于2013年11月28日开工建设，建设工期21个月，预计2015年8月投产增效。

4. 项目进展

截至2014年底，项目累计完成投资19.36亿元，完成投资概算的63%。

土建施工需要建厂房125座，已全部封顶。设备概算11.56亿元，其中中长期设备签约率99%，设备安装已全面开工。郭庄水库经昔阳电石公司年供水200万吨供水管线，于11月中旬完工送水，可满足试生产期间用水需要。双回路110千伏电源接入系统、园区化工大道已开工。

三、组织机构

1. 主管单位

阳煤集团化工产业管理局

2. 项目法人

阳煤集团昔阳化工有限责任公司

3. 设计单位

河北正元化工设计有限公司

4. 监理单位

山西诚正建设工程咨询有限公司

胜利油田胜利监理有限公司

5. 承建单位

山西宏厦建筑工程有限公司、山西宏厦建筑工程第三有限公司、山西太行建设工程有限公司、中化二建集团有限公司

打造具有山西特色的现代工业产业体系

同车公司活性炭升级技术改造项目

Back ground 背景资料

中国北车集团大同电力机车有限责任公司（以下简称“同车公司”）始建于1954年，隶属于中国中车股份有限公司（原属中国北车股份有限公司，以下简称“中国北车”），是国内主要的电力机车生产基地。

2010年国务院印发的《关于加快培育和发展战略性新兴产业的决定》中明确提出“示范推广先进环保技术装备及产品，提升污染防治水平”。《大同市活性炭行业发展规划（2010—2015）》则指出，要“在全市范围内打造一批具有良好经济效益、环境效益和社会效益，在煤炭资源利用和产业发展中具有示范作用的活性炭生产企业”。而目前大同市活性炭企业规模普遍较小，经济实力较差，技术力量薄弱，还未形成规模效益，缺乏与国内外大型活性炭企业直接竞争的能力。

2010年9月，大同市政府与中国北车车辆集团公司签订了《活性炭产业发展合作框架协议》，鼓励同车公司加大投资力度，以低碳、环保、节能减排和循环再利用的高端产品研发为重点，共同打造一个良性循环的活性炭产业链。在框架协议指导下，同车公司经过充分调研和论证，决定实施活性炭升级技术改造项目（以下简称项目）。

项目以山西大同地区优质原煤为原料，利用国内外先进、可靠的活性炭生产工艺技术和生产装备，生产优质煤质活性炭产品，可主要用于饮用水深度净化、污水处理、电厂及工矿企业的尾气净化处理、味精及食糖脱色、高档溶剂回收等领域，具有广阔的市场前景和很强的市场竞争力。项目以同车公司既有活性炭产业为基础进行升级改造，提高产品质量和档次，加强活性炭新技术、新产品开发，积极开辟活性炭终端环保产品产业，延伸产业链条，以提高优质煤炭资源的附加值。在实现煤炭资源就地转化的同时，有力支撑传统产业改造升级和提升产业整体竞争力，使同车公司发展成为国内活性炭行业的龙头企业。项目的建设不仅对加快煤炭加工利用步伐，推动产业链延长、产业配套和产业集群发展具有重要意义，而且对提升国内活性炭行业的整体水平，增强活性炭企业在世界活性炭市场的竞争力具有重要的战略意义。

一、审批立项

2012年5月9日，中国北车股份有限公司批准《同车公司活性炭技术改造项目（“双十”建设项目一期）建议书》，项目正式立项。2013年1月21日，大同经济技术开发区发展和改革委员会以同开发改备案〔2013〕1号文备案项目；10月22日，大同经济技术开发区发展和改革委员会以同开发改能审〔2013〕1号文批复项目《节能评估报告书》；11月4日，国家林业局以林资许准〔2013〕423号文准予项目征用林地；2014年1月9日，大同市开发区安全生产监督管理局以同开安函〔2014〕1号文备案项目《安全预评价报告》；3月13日，大同市开发区安全生产监督管理局以同开安监职监函〔2014〕1号文批复项目《职业病危害预评价报告》；4月10日，

大同市规划管理局开发区分局以同开规用地20140008号颁发项目建设用地规划许可证；5月21日，大同市环保局以同环函〔2014〕42号文批复项目《环境影响报告书》；6月9日，山西省人民政府以晋政地字〔2013〕567号文批准项目第一批土地（82756.84平方米）；7月23日，山西省人民政府以晋政地字〔2013〕736号文批准项目第二批土地（105977.84平方米）；8月14日，大同市规划管理局开发区分局以同开规工程20140017号颁发项目建设工程规划许可证；10月14日，大同市住房和城乡建设委员会以开建施字2014-001号文颁发项目建筑工程施工许可证。

二、工程建设

1. 投资规模

项目总投资25990万元。资金来源：使用中国北车股份公司统一银行贷款19700万元，企业自筹6290万元。

2. 建设规模

（1）建设地址：项目厂址位于大同经济技术开发区高新技术产业园（又称大同经济技术开发区第二医药园区）内，距大同市区约15公里，园区北至落阵营村南，

西至御河东路南延段，南侧边界离桑干河河道1000米，东侧边界距同浑公路500米。本项目规划地块的四至范围：东临经十一路（道路红线40米）；南临纬十路（道路红线20米）；西临经十路（道路红线20米）；北临纬九路（道路红线20米）。

（2）主要建设内容：

土建工程：新建捏合成型车间、炭化车间、活化车间、包装车间等生产厂房，以及综合办公楼、化验试验楼、变电站、软水站等附属设施。项目规划总用地面积325.91亩，其中建设用地面积283.10亩，代征城市道路面积33.02亩，代征城市绿地面积9.79亩。

工艺设备：干法锟压造粒成套设备、外热式回转炭化炉、斯列普活化炉、包装机、输运系统设备等生产用工艺设备85台（套）。

公用设备：全自动燃油燃气锅炉、变压器、配电柜、螺杆空压机等公用及辅助系统设备329台（套）。

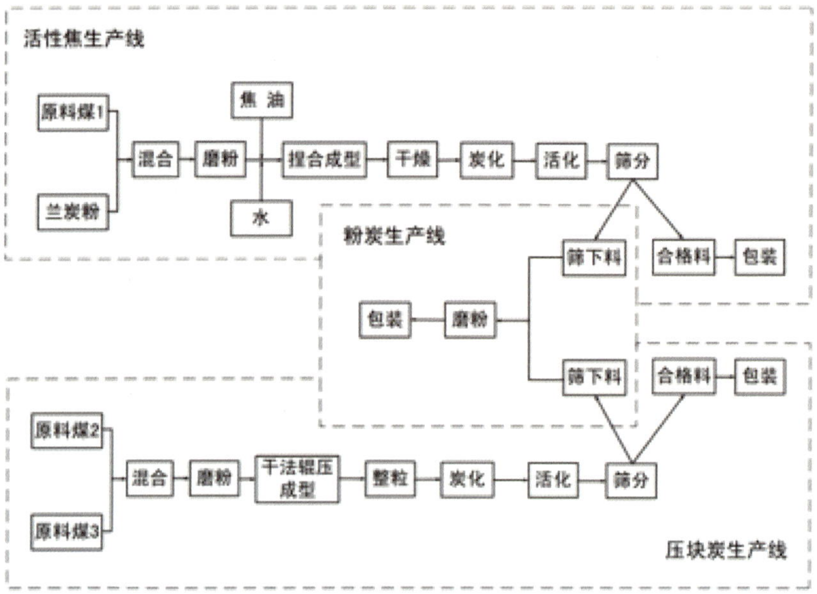

同车公司活性炭技术改造项目一期工艺流程图

（3）经济效益：一期项目建成达产后，年销售收入31129万元，利润总额5703万元，年利税6287万元，可解决劳动就业330余人。

3. 建设工期

2013年12月～2015年12月。

4. 工艺设计和工艺特点

（1）采用国际先进的压块炭生产工艺和设备，通过运用配煤工艺，实现对活性炭产品品种和质量的有效控制。

（2）采用国内最新研制的外热式回转炭化炉进行炭化生产。与传统的内热式炭化炉相比，外热式炭化炉产量大（单台产能可达15000吨/年），产品得率高，物料不与加热烟气直接接触，产品品质好，生产线的密闭性好，可实现连续自动化生产。

（3）活性炭生产线实现自动化控制。从原料煤进厂，到磨粉、成型、炭化、活化、筛分、包装等生产工序，采用链板输送机、皮带运输机、斗提等现代化运输方式，做到物料不落地，且封闭运行和集中除尘，最大限度地减少环境污染。同时所有工艺设备都采用PLC（可编程逻辑遥控器）控制技术，设计有全厂DCS（分布式控制

系统）控制系统、能源消耗计量系统、生产调度自控系统、安防报警系统等自控系统。项目建成后，将成为国内自动化控制水平最高、产品质量最好的活性炭生产线。

（4）节能减排、循环利用。设计方案充分考虑烟气的回收利用，达到资源循环利用和保护环境的目的。活性炭生产各工序，根据需要采用了焚烧炉、余热锅炉和脱硫、除尘等环保、节能设备。以炭化、活化工序为例，炭化产生的烟气经焚烧炉燃烧后给炭化炉本体提供热源，另一部分通过余热锅炉生产蒸汽为斯列普活化炉用，活化产生的烟气再通过焚烧余热锅炉产生蒸汽，一方面补充活化炉生产用汽，另一方面可提供给全厂采暖或洗浴用热水。

（5）工艺流程

项目产品为压块破碎活性炭、柱状活性焦两种煤质活性炭，同时生产部分粉状活性炭。压块炭以大同煤为主要原料。柱状活性焦以大同煤为主要原料，配入合适比例的府谷兰炭以及煤焦油和水。

5. 工程进展

（1）工程建设情况：

活性炭项目建设于2014年3月中旬全面铺开，各项工作快速推进。截至2014年12月，项目主体结构工程施工已完成95%，室外管线完成95%，室内装修完成90%。其

中：备煤车间、捏合成型车间、炭化车间、活化车间、包装车间等五大生产车间主体工程基本完成；公用及辅助工程中的软水站、锅炉房、交换站已完成主体施工，正在进行室内装修、电气及管道施工；办公楼、化验室、食堂、倒班宿舍等辅助设施的装修也即将完工。

工艺设备招标采购及安装调试方面。斯列普活化炉、外热式回转炭化炉、焚烧炉及余热锅炉、平模碾压造粒机等主要工艺设备招标采购共完成80台（套）。其中，10台斯列普活化炉已安装完成，待点火调试；炭化炉、炭化炉配套的焚烧炉及余热锅炉、四柱液压机、平模碾压等主要工艺设备已运抵现场，平模碾压系统安装完成80%，炭化炉安装完成70%，磨粉机、炭化炉余热锅炉等设备正在进行安装。生产辅助设备中热交换站设备、软水站设备、锅炉房设备已安装完毕，待试运行。

（2）投资完成情况：

2014年项目资金筹措情况：实际到位资金19000万元，其中，中国北车股份公司统一银行贷款14000万元，企业自筹5000万元。2014年实际完成投资16699万元。

三、组织机构

1. 主管单位

中国北车集团大同电力机车有限责任公司

2. 设计单位

煤炭科学技术研究院有限公司、北京众联盛化工程有限公司

3. 承建单位

大同市车城工程建设有限责任公司

4. 监理单位

山西神剑建设监理有限公司

山西综改试验区的重大标杆项目

山西科技创新城建设工程

山西科技创新城建设工程(以下简称为项目)是山西省转型综改试验区建设的重大标杆项目，是实施创新驱动战略的重要举措。项目建成后，将有力促进山西从“煤老大”向“煤科老大”转变，引领山西体制机制创新，全面提升山西科技创新能力。通过项目建设，太原、晋中两市之间将形成一个智慧、低碳、宜居、宜业的现代化新城区，对于促进山西新型城镇化建设，实现产业转型具有非常重要的意义。

一、审批立项

2010年12月1日，经国务院同意，国家发展和改革委员会以发改经体〔2010〕2836号文印发《关于设立山西省国家资源型经济转型综合配套改革试验区的批复》。2011年8月，省委、省政府启动科技创新城前期调研工作，10月省第十次党代会提出启动建设太榆科技创新城，并于2012年7月，完成项目启动方案（草案）。2012年8月7日，国务院以国函〔2012〕98号文批复《山西省国家资源型经济转型综合配套改革试验区总体方案》，其中明确提出“启动建设太榆科技创新产业集聚区”的任务要求。据此，2013年初，《山西科技创新城建设总体方案》开展编制，省政府常务会议8月20日原则通过，省委常委会议8月23日原则通过。2013年11月28日，省委、省政府成立以省长李小鹏任组长的科技创新城建设领导小组。12月4日，领导小组办公室组建成立，科技创新城建设正式启动。

二、工程建设

项目位于太原市区南部和晋中市区西部，分为规划区、主体区、核心区等三个空间层次。规划区面积510平方公里，为政策辐射区。其中，主体区约100平方公里，是科技创新城的重点建设区域和政策功能区域。主体区北部为核心区，约20平方公里，是煤基低碳技术研发基地，是率先启动建设的区域。主体区南部为产业区，约80平方公

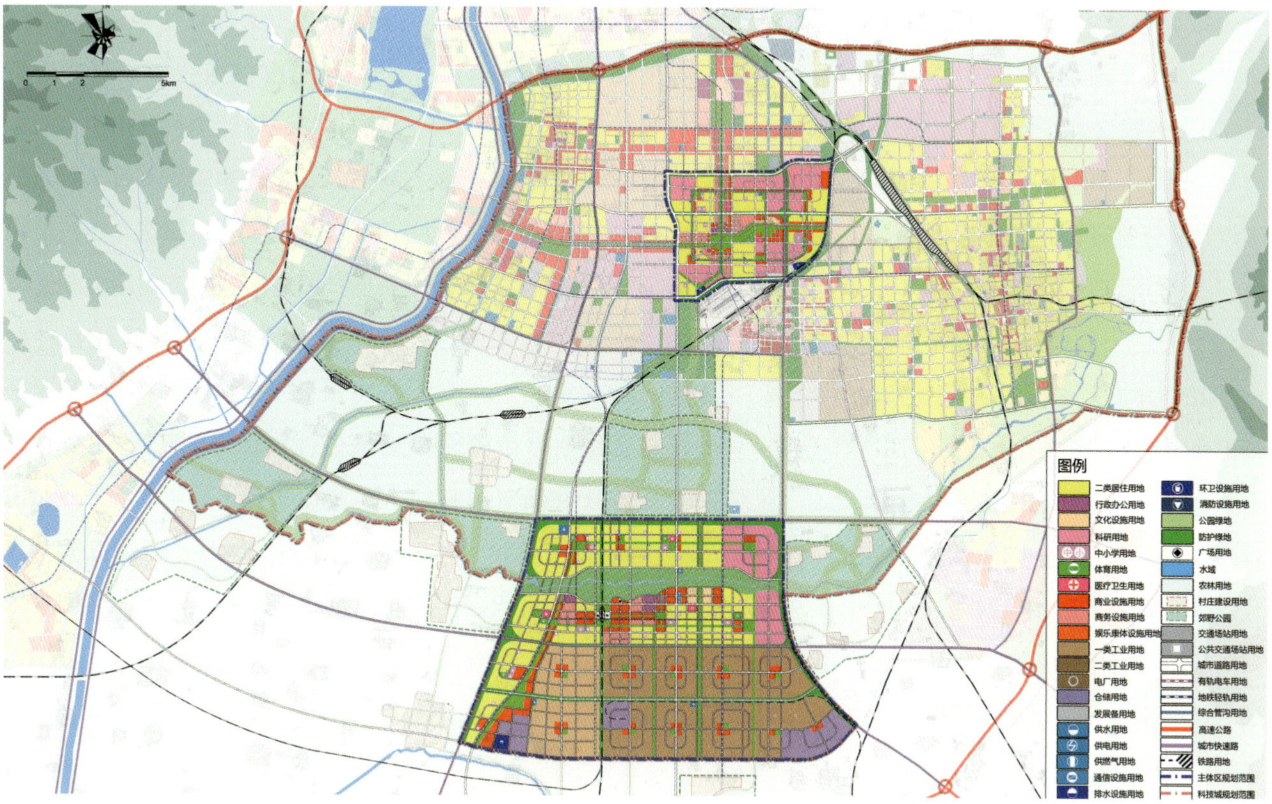

里，是核心区科技成果产业化首选区和高新技术产业、新兴产业发展集聚区。

三、建设进展

（一）建立体制、机制和制度

委托国家科技部战略研究院、清华大学公共管理学院牵头，组织省内外专家，起草项目“1+10”制度体系和内部运行机制等26项政策制度草案。2014年1月21日，出台项目《办公室主要职责及工作规则》《起步期建设工作推进机制》《起步期任务委托办法》。7月4日，出台项目《建设资金使用审批程序暂行规定》。7月28日，省委组织部和省人社厅联合出台《关于建立山西科技创新城人才管理改革试验区的指导意见》。2014年11月11日，省政府常务会议原则通过研发机构供地意见。

（二）组织编制规划

面向全国邀请一流规划设计单位，在编制总体规划的同时，采取“压茬”并联的方式，同步开展专规和控规的编制工作。

1．编制总体规划。2014年1月～2月，完成规划编制前期研究。2014年3月，确定中国城市规划设计研究院等3家单位，开展概念性总体规划编制工作。5月5日，在北京对编制成果进行院士、专家评审。5月16日，领导小组第三次全体会议研究确定中国城市规划设计研究院为主体区总体规划编制单位，历时7个月，完成总规编制工作。12月18日，省政府批复同意实施总体规划。

相关链接 >>> Related links

项目功能定位，按照清洁、安全、低碳、高效的发展方向，围绕以煤为基多元发展、高碳资源低碳发展、黑色煤炭绿色发展、资源型经济循环发展，充分发挥科技在“革命兴煤”中的支撑引领作用，形成以煤基低碳产业为重点领域的自主创新新优势，以“产研一体、产城一体、产融一体”为特征的区域发展新格局。

项目发展目标，充分发挥创新驱动、示范引领作用，聚集国内外煤基低碳科技资源，努力建设成为山西的科技特区、人才特区、国际煤基低碳研发高地、世界煤基低碳科技成果集聚中心。

2．编制专规和控规。委托中国市政工程华北设计研究总院等5家单位，同步启动，并基本完成19

个专项规划和核心区起步区5平方公里控制性详细规划。

3．编制修规。2014年10月，启动6个科研邻里单元的修建性详细规划和建筑设计方案编制工作。

（三）推进征地、拆迁和基础设施建设

2014年1月完成核心区土地调查工作。4月从省政府预留的1万多亩规划建设用地指标中给晋中市安排4962亩指标，用于修改晋中经济开发区土地利用总体规划，7月8日完成核心区晋中市范围一般农用地规划修改工作。2014年10月份完成1600亩水浇地补充耕地工作。

2014年清明节期间，完成核心区4998座坟迁移任务。

2014年10月17日，科城办批复太原市和晋中市拆迁补偿标准。

太原市和晋中市制定核心区内7个村庄城镇化改造方案，2014年5月16日领导小组第三次会议原则通过。太原市完成3个村庄撤村建居和集体经济改制工作。晋中市完成4个村庄集中安置修建性详细规划修改工作。

开展核心区内高压油气管线迁移前期工作，提出搬迁规划方案。

完成马练营路、迎宾西街两条道路项目选址、环评等工作，上报可研报告。

开展污水处理厂、综合管廊项目采取PPP建设模式可研报告编制工作。

完成华能集团一期低热值煤电厂项目可研报告编制工作，于2014年10月27日取得省发改委“路条”；二期IGCC电厂项目于2014年6月份完成初可研报告编制工作。

编制太榆退水渠改扩建工程初步方案，并进行专家评审。

（四）引进煤基低碳研发机构

按照省委、省政府确定的科技创新城战略定位和发展规划，确定从煤炭高效清洁利用、现代煤化工、煤炭开采与煤机装备、电力装备及智能电网、煤层气及新能源、低碳节能环保、煤矿安全等7个领域引入国际一流、国内领先的煤基低碳研发机构。2014年7月30日，领导小组第四次会议确定清华大学、中科院过程所、中科院山西煤化所等27家首批入驻研发机构，都代表国内最领先的研发水平，可对接30余个国家级创新平台，引入科研人员1万余名。其中，院士团队14个，“千人计划”“长江学者”、杰出青年基金获得者10名。积极引进第二批拟入驻研发机构，初步筛选出中科院高能物理研究所、中国地质大学等18家符合入驻条件的研发机构。

（五）启动科技创新综合服务平台建设

科技创新综合服务平台由科技资源服务、科技创业孵化和科技金融服务三大板块组成。2014年5月，向国内17家一流的研究咨询机构、建设设计单位发出平台规划研究、概念性建筑方案设计投标邀请。经认真审核、筛选，委托清控科创控股有限公司开展平台规划研究；委托法国夏邦杰建筑设计咨询有限公司等4家设计机构开展平台概念性建筑方案设计。2014年8月，提出平台选址初步意见，2014年9月24日经领导小组第五次会议研究通过后，纳入科技创新城总体规划。

四、组织机构

1. 主管单位

山西省科学技术厅

2. 管理单位

山西省科技创新城建设领导小组办公室

2014年12月21日，山西省委书记王儒林（前排右三）到晋煤集团蓝焰煤层气公司、易高煤层气公司调研

推动“气化山西”战略目标的实现

晋煤100亿立方米煤层气抽采和利用项目

一、审批立项

2013年8月山西省发展和改革委员会以晋发改地区函〔2013〕1362号文批复项目2011年～2015年发展规划（晋煤集办字〔2013〕408号），同年，省发改委以晋发改备案〔2013〕531号文对项目晋城矿区寺河、成庄、岳城、胡底、郑庄、赵庄和长平七个煤矿的井下瓦斯地面抽采项目备案；西山矿区与西山煤电（集团）有限公司合作进行瓦斯治理，由西山煤电为主体在古交市发展和改革委员会进行分批备案。

二、工程建设

1. 投资规模

项目总投资300亿元，资金来源为企业自筹。

2. 建设规模

项目涉及太原、晋中、吕梁、阳泉、晋城等八市。山西蓝焰煤层气集团有限责任公司沁水压缩站占地21亩；蓝焰煤层气潘庄压缩站占地6亩；蓝焰煤层气寺家庄CNG加气母站占地48亩；西山瓦斯综合治理利用项目占地61.29亩；离柳矿区双柳矿、贺西矿及沙曲矿煤层气（瓦斯）综合治理利用项目占地35亩。

项目总体目标是实现“煤层气

抽采量100亿立方米”，其中地面抽采85亿立方米，井下抽采15亿立方米，完成煤层气钻井20000口，铺设长输管道2000公里，建成压缩站30座，液化长10座，加气站1000座。

3．工程进展

截至2014年底，累计完成地面煤层气井4760口。全年完成煤层气抽采量25.43亿立方米（其中：地面抽采量14.31亿立方米，井下抽采量11.12亿立方米）；利用量17.12亿立方米（其中：地面11.04亿立方米，井下6.08亿立方米）。开发区块遍及晋城矿区、潞安矿区、阳泉矿区、离柳矿区、古交矿区等山西省内主要煤炭生产区。

三、组织机构

1．主管单位

山西晋城无烟煤矿业集团有限责任公司

2. 建设单位

太原市、晋中市、吕梁市、阳泉市、晋城市等相关单位

核心提示 Core tip

遵照山西省委、省政府关于“气化山西”的安排，晋煤集团组织编制了《晋城煤业集团“气化山西”煤层气产业发展“十二五”规划》，规划中提出“年产百亿、气化山西”的奋斗目标。提出要在山西省沁水煤田、西山煤田、河东煤田等区域开展煤层气开发利用项目，包括上游的煤层气井、中游的管路集输及下游的压缩站、液化站等，形成煤层气总产量100亿立方米（地面产量85亿立方米/年，井下抽采量15亿立方米/年）的产业规模，气化全省11个市、119个县（市）、2000万城镇人口，基本满足山西省居民和工业用气的需求。

高山出平湖 引水泽万民

全省百座小型水库更新建设项目

Back ground 背景资料

截至2013年底，全省共有水库637座，其中小型水库560座。这些小型水库大都建于20世纪五六十年代，已超出30年到40年的常规使用寿命，泥沙淤积导致水库调蓄能力严重衰减，加上许多水库在建成之初即存在严重的安全隐患，为切实保障水库下游群众的生命财产安全，山西省从2009年开始对全省188座小型水库分两批进行报废处理，对当地群众的生产生活产生了一定的影响，因此，急需更新建设一批小型水库，保障当地经济社会发展的用水需求。省委、省政府高度重视并全力支持小型水库更新建设工作，2013年7月31日，省政府第22次常务会就小型水库更新建设进行了研究和安排，省委、省政府决定，用5年时间，投资50亿元，更新建设100座小型水库，以恢复和弥补因小型水库报废产生的影响。2013年8月3日，省水利厅厅长潘军峰主持召开全省小型水库更新建设动员会，启动了全省小型水库的更新建设。

一、规划目标

1. 增加中小城镇及周边农村的供水能力

通过小型水库建设，完善全省大中型地表水源工程和地下水供水为主的供水体系，百座小型水库新增水资源配置能力8亿立方米。重点解决中小城镇及周边农村饮水安全，保障全省小城镇建设和新农村建设的基本用水要求。

2. 发展灌溉面积

通过小型水库建设，改善和发展灌溉面积150万亩。

二、工程建设的主要原则

小型水库规划范围为全省11个市的119个县（市、区）。规划项目全部为新建水库，项目选择遵循以下原则：

1. 更新建设水库。

以市为单位，按照报废两座、可新建一座的总体思路开展规划，原则上从省发改委已批复的小型水库更新建设规划项目中选择，其中集中报废2座水库的县，可规划建

设一座小型水库。

2. 大水网配套调蓄水库。

围绕大水网六大骨干工程所涉及的46个县（市、区）的工程供水区域进行规划。原则上一县一库，一库多用，工农业用水和城乡生活用水要统筹考虑。水库布设在大水网工程的出水口附近，既考虑兴利功能，又要保证防洪功能。如果一县涉及两处以上分水口，可在每处分水口附近规划一座水库。

3. 岩溶泉域补水水库。

重点针对晋祠、古堆、洪山等断流或水资源衰减严重的岩溶泉域，建设岩溶泉域补水水库。除本流域来水外，还需考虑外调水补水措施。

三、前期工作的进展

1. 可行性研究审批情况

可行性研究报告编制完成了69座，组织专家评审了64座。其中43座水库的可行性研究报告出具了审查意见并报送省发改委，省发改委批复了16座，27座水库正在办理土地预审、环境影响评价等前期立项支撑文件。其余水库的可行性研究报告正在完善修改中。

2. 初步设计审批情况

初步设计报告编制完成了15座，全部完成技术审查，其中10座得到省发改委的批复。

3. 资金计划下达情况

截至2014年底，全省小型水库更新建设项目资金计划下达10.55亿元，其中中央资金0.65亿元，省级资金7.2亿元（包括前期经费3000万元），市县自筹2.7亿元。

四、组织机构

1. 主管单位

山西省水利厅

2. 承办单位

有关市县政府、水利局

再生资源回收利用

阳泉天元绿色节能家电制造项目

山西天元金科电器科技股份有限公司与浙江宁波家电生产龙头企业合作，利用废弃塑料等再生资源深加工等先进工艺，生产制造洗衣机、冰箱、空调、小家电等绿色环保节能家电（以下简称为项目）。项目的建设将引进德国最先进的洗衣机生产线和国内最先进的生产工艺、技术和品牌。项目的上马将标志着天元集团形成家电“销售—回收利用—再制造—再销售”的循环经济模式，使再生资源循环利用再制造产业有新的突破，为阳泉市承接东部产业转移，转型跨越发转做出贡献。

一、项目概况

山西天元金科电器科技股份有限公司绿色节能家电制造项目（以下简称项目）位于平定县张庄镇新村工业园。项目建成后每年可生产洗衣机100万台、冰箱100万台、空调50万台、电油汀50万台、电风扇550万台、挂烫机200万台。正常年销售收入412500.00万元，销售税金及附加22361.39万元，总成本费用346783.42万元，利润总额43355.2万元，所得税10838.8万元，税后利润32516.4万元。预计吸纳就业人数500人，其中管理人员14人，生产人员420人，技术人员50人，其他人员16人。

2014年4月30日，山西省发展和改革委员会以晋发改备案〔2014〕91号文备案项目。

二、工程建设

1. 投资规模

项目总投资110005.86万元，其中固定资产投资84105.39万元，建设期利息2916万元，铺底流动资金22984.47万元。

项目建设所需资金拟从以下渠道解决：一是申请银行借款30000万元；二是企业自筹80005.86万元。企业自筹资金主要是股东会决议各股东出资和企业未分配利润。

2. 建设规模

项目征地面积36462平方米。建筑面积216300平方米，其中洗衣机生产车间、冰箱生产车间、空调生产车间、电油汀生产车间、电风扇生产车间、钣金生产车间和挂烫

机生产车间等主体工程105000平方米；原料库房、成品库房、成品展示中心、交易中心、研发中心和物流信息中心等辅助工程99000平方米；锅炉房、配电室和澡堂等公用工程1800平方米；办公楼、职工宿舍和食堂超市等服务性设施10500平方米。

项目建设需购置各类设备1225台（套、辆），其中洗衣机制造设备、冰箱制造设备、空调制造设备、电风扇制造设备、电油汀制造设备、电风扇制造设备和挂烫机制造设备等生产设备596台（套、辆）；检验设备等辅助设备1套，配电设施、热水锅炉房设施、供水及消防设施、采暖设施等公用设备5套，办公桌椅、电脑、宿舍配套、食堂配套、其他数控设备等服务性设备604台（套），起重设备、通勤车辆、办公车辆19辆。

三、组织机构

1. 主管单位

山西天元集团公司

2. 建设单位

山西天元金科电器科技股份有限公司

竣工项目

打开山西东大门的一条外运新通道

阳泉煤业晋东物流园区建设工程

阳泉煤业晋东物流园区建设项目（以下简称项目）地处阳泉经济技术开发区下五渡，东临外环主干线义白路，西接207国道，距市区3公里，以阳煤天成集运站为基础扩建。项目建成后，能有效缓解阳泉出市乃至山西出省的公路负荷，可拉动沿途及周边地区各行业发展，对加快商品流通，提升城市品位，促进阳泉市乃至整个晋东地区的经济发展具有重大的意义。项目充分发挥铁路运输特点，既能承担煤炭、氧化铝、电解铝、耐火材料、化肥、铝矾土、水泥熟料等的发运、到达业务，还能拓展钢材、机械、建材等货物的直销和配送、仓储、加工、信息、贸易服务等物流业务。

一、审批立项

2012年10月19日，山西省发展和改革委员会以晋发改备案〔2012〕534号文件批准项目备案。

二、工程建设

1. 投资规模

项目投资金额总计34551.24万元，资金来源为阳泉煤业独资。

2. 建设规模

项目占地面积920亩，全貌呈犄角状，分为煤炭、氧化铝、耐火材料三大生产作业区和一个综合贸易服务区。

3. 建设周期

项目于2012年4月28日奠基，2012年5月开工，2014年5月完成，建设周期2年。

4. 工程进展

项目于2012年5月开工建设，2012年完成了拆迁及土石方开挖工程，并同时进行了项目前期手续的办理；2013年完成了铁路专用线工程和仓储部分工程；2014年上半年主要进行了仓储区工程的施工。

铁路专用线部分2013年12月10日由北京铁建公司及铁路各站段进行了完工专业验收，2014年8月8日通过了北京路局组织的正式验收，并在10月17日由北京路局下达了正式开通命令；仓储工程部分2014年5月底全部完工，阳泉煤业基建部组织审计部、质检站、档案室等部门及参建五方主体进行了初验，并于2014年12月16日通过集团公司组织的试运营验收。

三、组织机构

1. 主管单位

阳泉煤业（集团）有限责任公司

2. 项目法人

阳泉煤业晋东物流有限公司

3. 设计单位

中铁工程设计咨询集团有限公司太原设计院、山西国辰建设工程勘察设计有限公司

4. 监理单位

北京铁建工程监理有限公司、山西诚正建设监理咨询有限公司

5. 管理单位

阳泉煤业晋东物流有限公司、北京铁建工程监理有限公司

6. 承建单位

山西宏厦建筑工程第三有限公司、山西宏厦建筑工程有限公司、山西太行建设开发有限公司、河南林豫建安集团有限公司、阳泉市程锦城市绿化有限公司、河北铁建工程有限公司、山西陆成设备安装有限公司

相关链接 >>> Related links

铁路专用线工程由中铁工程设计咨询集团有限公司太原设计院进行设计，设计中结合天成公司既有铁路专线情况，进行改扩建设计，涵盖了路基、线路、通信、信号、电力、建筑、结构等各专业。边坡及仓储工程由山西国辰建设工程勘察设计有限公司，边坡设计结合地质情况，从安全性和经济性两方面考虑，下部为石护墙或锚喷墙，上部为绿化护坡，达到了安全、经济与美观；仓储区设计结合国内现有物流区建设经验，重点加大不同类型仓储部分面积，有封闭仓库、半封闭仓库、露天堆放区等，并配套交易与后勤服务中心，可满足各种需求。

国新能源："气化山西"步履铿锵

寿阳地区低浓度瓦斯提纯液化项目

寿阳地区低浓度瓦斯提纯液化（LCBM）项目（以下简称项目）位于山西省晋中市寿阳县南燕竹镇白家庄村，占地面积130亩。项目建成后，可实现年利用煤层气1.6亿立方米，年销售额5亿元，上缴利税1亿元，并将广泛地运用于工农业生产生活，成为全县能源利用的重要支柱，不仅如此，项目建成后将有利于改善当地经济对传统煤炭资源过度依赖的现状，有助于带动新型清洁能源产业的发展和升级，并有助于改善当地的投资和自然环境，尤其对稳定山西省能源供应、优化能源结构、保障能源安全具有非常重要的示范意义。

深度展现 Depth development

山西国新液化煤层气有限公司寿阳地区低浓度瓦斯提纯液化（LCBM）项目，所用原料气为寿阳地区抽采的高浓度煤层气，设备采用世界领先的西门子工业设备以及混合冷剂循环制冷技术进行液化，成品灌装后主要用于工业生产和民用。山西省国新能源发展集团有限公司在"气化山西、寿阳先行"的战略部署下，将通过该项目的建设，着力将寿阳打造成为山西省煤层气、过境天然气管网大贯通的重要枢纽，山西省最大的天然气调峰中心，最先进的煤层气液化加工储运基地，最大的、项目最齐备的煤层气、过境天然气循环利用基地。

一、审批立项

山西煤层气（天然气）集输有限公司于2009年向省发改委申请该项目（晋煤层气〔2009〕10号），省发改委于2010年6月为山西煤层气（天然气）集输有限公司出具关于准许该项目的前期工作函（晋发该地区函〔2010〕36号），同意该项目开展前期工作：根据国家产业政策，认真调研分析市场需求；选择可靠方案，编制项目申请报告；开展环境影响评价、安全预评价、地震安全性评价、地址灾害评价等，并于2014年9月，该项目已拿到发改委出具的立项文件（晋发该地区〔2014〕1281号）。

二、工程建设

1. 投资规模

项目总投资3.5亿元，其中自筹30%，银行贷款70%。

2. 建设规模

建筑面积7937.4平方米。

3. 建设周期

项目于2012年6月动工，并于2014年8月份投产，建设工期为28个月。

4. 工程进展

2014年3月，项目整体土建施工基本完成，所有工艺管道试压全部完成；2014年5月全场送电完成；2014年6月两台空气压缩机调试完成；2014年7月消防系统调试完毕，A、B罐沉降试验及气密性试验完成，液化冷箱气密性试验完成，填料完成，控制系统调试完成；2014年8月原料气压缩机已完成带负荷调试，锅炉点火调试已完成，冷剂压缩机调试完成，并联动试车，投产出液。

三、组织机构

1. 主管单位

山西煤层气（天然气）集输有限公司

2. 项目单位

山西国新液化煤层气有限公司

3. 设计单位

陕西省燃气设计院

4. 监理单位

胜利油田胜利建设监理有限责任公司

5. 工艺包厂商

杭州福斯达实业集团有限公司

带动农民致富的有效途径

大正伟业现代化蛋鸡产业循环经济园区项目

山西大正伟业农牧有限公司现代化蛋鸡产业循环经济园区项目（以下简称项目）以300万只蛋鸡养殖场及与此配套的其他项目为主要建设内容，本着“高产、优质、高效、安全、生态”的理念，致力于发展蛋鸡养殖及其系列产品加工开发。按照专业化分工、阶段化饲养、标准化养殖、系列化加工、品牌化经营的发展模式，实现产、供、销一条龙，产、学、研一体化，建设高标准的生态农业园区，在全国开创分小区饲养模式，开创可持续发展的生态农业模式，建立农业循环经济模式，实现了生态养殖、蛋品精深加工、洁净蛋生产、营养饲料生产、有机肥料生产、仓储物流配送、污水净化处理、安全种植的良性循环。实现了园区规模全国第一，科技含量全国领先的目标。届时将直接带动附近农户50000户，为农户年增收2亿元，并且辐射带动阳泉及周边地区农民致富，大大推动了山西蛋鸡产业化、标准化、科学化、现代化进程，为中国蛋鸡养殖及禽蛋加工业树立新的标杆。项目达产后年可实现销售收入226605万元，上缴税金41798万元，利润总额29458.65万元，年净利润22093.99万元。

一、工程建设

1. 投资规模

项目总投资150032.58万元，其中：建设投资105458.97万元，建设期利息1725.00万元，流动资金42848.61万元。总投资拟从以下渠道解决：一是银行贷款50000.00万元；二是企业自筹100032.58万元。

2. 建设规模

项目占地400亩，分9大区域建设。新建总建筑面积309亩，包括育雏育成鸡舍、现代化产蛋鸡鸡舍、生产车间、仓储配送中心、科研中心等主体工程237.19亩；辅助工程及服务性工程71.81亩。其他工程包括：绿化90亩，道路硬化17.79亩，围墙1800延长米。

项目年蛋鸡存栏300万只、鲜蛋产量3.7万吨、白煮蛋0.6万吨、蛋液产量2.1万吨、蛋粉产量0.6万吨、有机肥产量30万吨、饲料36万吨、仓储物流配送150万吨、废水处理0.5万吨。

3. 工程进展

项目于2014年12月正式投产试运行，目前日产鲜鸡蛋2万公斤。

二、园区主要建设内容

1. 现代化蛋鸡养殖区

项目规划之初，公司就聘请国家蛋鸡产业技术体系专家组知名专家教授，对园区布局、鸡舍结构、设备配置、生产流程、加工技术等进行了专题指导和专家组论证。

项目选址在张庄镇南阳胜村，这里毗邻药林寺森林公园，森林覆盖率高达80%，阳胜河流域提供的水源达到直饮标准。根据季节不同，设计建造的自动恒温、自动通风、自动喂料、自动清粪、自动喷雾灭菌、自动控制光照的现代化鸡舍，让蛋鸡免受多变气候环境的侵扰，全面提高了蛋鸡的动物福利标准，在这种环境下生长的蛋鸡具有更优秀的生产性能和抗病能力。

园区选用意大利FACCO公司的C3MAX福利鸡笼，在全国首创了高密度、小区化、全进全出的先进饲养模式，蛋鸡养殖采用8层层叠式高密度饲养，实现了标准化鸡舍，现代化饲养，专业化喂料，自动化控制，规模化生产的养殖模式，保证了每一养殖区内都是同一品种、同一日龄的蛋鸡，不仅提高饲养效率、降低生产成本，还能有效预防疫病。

在鸡舍内的环境控制方面，大正伟业投巨资引进世界一流的正压通风技术，保证了每只鸡都能享受到新鲜的空气，最大限度地减少鸡舍内有害气体的产生，降低了疫病的发生，保证蛋鸡能健康生长，提高了蛋鸡产蛋率。

2. 洁净鸡蛋生产区

在鲜蛋市场上，随着食品安全法的贯彻执行，无包装、无品牌、无货架期的时代将很快结束。

公司选用荷兰MOBA公司的全自动智能鸡蛋分级设备，自动对新鲜鸡蛋清洗、干燥、紫外线杀菌、红外线剔除散黄血斑蛋、超声波检测裂纹蛋、涂油、喷码和包装。这样生产的鸡蛋符合无公害鸡蛋的标准，不得检出有害致病菌，并且蛋品安全可追溯，符合鸡蛋安全、卫生、营养的标准。

3. 蛋品精深加工区

园区引进国际一流的法国阿克提尼公司的鸡蛋深加工设备，这个公司在蛋液和蛋粉加工设备的生产上历史悠久且在国际上处于领先地位。尤其在杀菌方面，超巴杀专利技术，在杀菌温度高达74° C时，仍然能保证蛋白质不会发生任何变性，不但延长了液体蛋品的货架期(长达8周)，而且在保留了鲜蛋产品各种功能特性的同时，彻底消灭了最顽固的病原微生物，其中就包括禽流感病毒在内。在蛋粉制作方面，能够制作出颗粒更细的速溶蛋粉，产品更加符合市场需求。引进丹麦赛诺沃公司的生物酶制造设备生产市场前景广阔、产品附加值高的功能性全面的鸡蛋精加工产品。

4. 饲料加工区

饲料工业是“耗粮大户”，但更是“节粮大户”。通过饲料加工龙头企业的带动，不仅可以带动饲料作物的种植和养殖业的发展，加快饲料原料的加工转化，而且可以促使当地农民按照比较效益和市场需求种植饲料作物，提高种植效益和经济收入。

为了能保证蛋鸡安全健康生长，达到鸡蛋产量高、质量好，公司聘请多名科研院所的知名专家、教授做技术指导，同时公司选用世界知名企业牧羊集团设计生产的专业超级混合饲料生产设备，拥有全自动配料线，全部生产工程均由电脑自动控制。同时配备了多种精密的检测仪器设备，为选用优质原材料、控制产品质量提供了可靠的保障。

项目投产后可年产优质饲料36万吨，在满足自有养殖场需求的前提下，大力开发并满足阳泉及周边地区饲料市场需求，有效推动阳泉养殖业的发展，同时解决了60万亩玉米卖粮难问题。

5. 有机肥加工区

近年来，中国畜牧业集约化养殖规模不断扩大，导致畜禽粪便排放数量不断增加，使乡村生态环境严重恶化，因此，对畜禽粪便进行无害化处理、资源化利用，成为大正伟业现代化蛋鸡产业园的首要解决的重大课题。

大正伟业现代化蛋鸡产业园把污染治理与资源化利用完美结合，将经济发展与环境保护有机统一，按照转化—配方—专用—高效的要求，将把养殖场产生的鸡粪和农作物秸秆，以及污水处理厂沉淀的有机污泥作为主要原料，变废为宝，根据山西省土肥站全省土壤营养数据，按照土壤需要什么生产什么、缺什么生产什么的思想，通过高科技手段，将其转化成不同地区不同土壤不同作物急需的专用高效无公害生物有机肥、缓释有机肥，项目达产后年产各种有机肥产量30万吨，可以使600万亩玉米蔬菜产量增加20%～30%，不仅彻底地治理了畜禽粪便对环境产生的污染，促进了畜牧业健康可持续发展，而且给企业和农民创造了良好的经济效益。

6. 污水处理区

公司为了保护环境和保障公司养殖场的正常发展，下大力气建设

治理工程，以期实现零排放和资源综合利用。每天排放的冲洗污水由密闭的污水管道汇集于集水池中，经过机械格栅初步固液分离，再经气浮、沉淀水解池、厌氧池、厌氧沉淀池、SBR池等进一步处理，年可处理污水0.5万吨，达到国家污水的排放标准，处理后的水主要用于园区灌溉。能够有效地治理集约化养殖污水污染，提高疫病的防控能力，从而实现资源回收、能源开发、环境保护的新型产业链条，促进生物、生态、能源和经济效益的协调发展。

7. 仓储配送物流区

仓储中心项目建成投产后，除本园区产品存储运输外，还以“鸡蛋银行”模式对周边养殖户生产出的新鲜鸡蛋进行收购，通过对鸡蛋清洗、消毒、包装等设施的建设，解决了蛋品统一品牌、统一包装、统一销售、清洁卫生的问题，提高了蛋品的附加值，而且确保了养殖户的利益不会受市场价格波动的影响，保证了养殖户的利润。不仅能直接带动地区农业经济的发展增加农民收入，同时为社会提供大量的就业机会，地方经济将得到更快发展，国家农业产业结构调整政策也落到了实处。

冷链流通主要通过低温控制鲜鸡蛋呼吸等代谢和控制微生物活性来减少鸡蛋变质与保持鸡蛋品质与鲜度，它对人体健康无害，对环境无污染，通过流通过程中低温处理的链接等物理方式，解决长期以来鲜鸡蛋不可长时间储藏和长途运输过程中鸡蛋腐烂、变质等严重问题。发展冷链流通不仅有利于我国鲜鸡蛋南北互通，而且在对外贸易及其他特殊场合都有深远意义。

8. 科技研发区

园区创办中欧蛋品研发中心，是山西省第一家禽蛋深加工科研中心，聘请国内外专家学者成立专家实验室和工作站，进行禽蛋深加工系列产品的综合研究、开发和应用，如：卵黄卵磷脂，卵黄免疫球蛋白、蛋清低聚肽、鸡蛋溶菌酶等，为食品工业和生物工程做贡献。

9. 白煮蛋生产区

采用丹麦SANOVO的全自动煮蛋、冷却和去壳技术设备。煮蛋机用间接蒸汽加热水工作，配有独特的旋转单元来确保煮蛋后蛋黄不偏心，煮蛋后马上冷却鸡蛋，通过滚轮传输带把蛋送到去壳单元进行自动剥壳，最后进行真空包装。产品既卫生安全，又方便快捷，可供居民直接使用。

达产后可实现年产白煮蛋6000吨。

三、组织机构

1. 主管单位

山西大正伟业农牧有限公司

2. 设计单位

太原市名汇建筑设计有限公司

3. 施工单位

中国建筑第三工程局（基础部分）、山东大成钢结构工程有限公司（钢结构）

国新能源用“气化”换“净化”

寿阳煤层气热电联产建设工程

Back ground 背景资料

为贯彻落实省委、省政府提出的气化山西、净化山西的总体部署，解决寿阳县冬季供暖问题，优化能源结构，改善环境质量，经省发改委批准，由山西省国新能源发展集团有限公司所属的山西天然气有限控股公司山西寿阳国新热电综合利用有限公司建设寿阳县煤层气热电联产项目。

寿阳县煤层气热电联产项目（以下简称项目），以寿阳县当地煤层气资源为依托，集燃气发电、城市供热、循环水和工业蒸汽及其他附属产品销售为一体，承担着全省燃气管网和电网的调峰任务。年发电量约6亿千瓦时,供热能力约为80万平方米，年耗气量约为1.6亿立方米，年均缴纳税费约1887万元。该项目建成还可促进上游煤层气的开发利用，下游利用热用户及当地建材产业、商业消费、金融业的有序发展，共吸纳就业人数132人。项目燃用煤层气可以有效减少温室气体排放，提高煤矿安全运行水平，实现集中供热对整个城市的环境空气质量有大幅提升，生产废水部分回用，将对当地的经济发展注入新的活力，从而促进区域经济、社会整体的发展。不但响应了国家节能减排的号召，还解决了寿阳地区对集中供热的要求，保障了城市集中供热安全运行和可持续发展，同时还可以增强电网的稳定性和可靠性，提高电网的应急和调峰能力。

一、审批立项

2013年10月23日，山西省发展改革委员会以晋发改新能源发〔2013〕2092号文批复项目核准。

二、工程建设

1. 投资规模

项目总投资约8.2亿元，资金来源20%为企业自筹，其余80%由银行融资。

2. 建设规模

项目厂址位于寿阳县城西北约7公里处，距离南燕竹镇约2公里，在白马河河滩地带，北接G307国道，南邻S216省道，厂址区域大部标高在海拔1050米左右。

（1）征地面积：81.69亩

（2）建筑面积：35.77亩

（3）使用面积：81.69亩

3. 建设周期

项目于2012年9月开工建设，于2014年10月2日完工，约2年。

4. 设计理念

煤层气在燃烧室中燃烧产生的高温烟气驱动燃气轮机做功，带动燃机发电机发电。做功后的烟气排入余热锅炉，余热锅炉高压汽水系统产生的高压蒸汽一部分提供LCBM（液化煤层气）厂工业用汽，另一部分的高压蒸汽与余热锅炉低压汽水系统产生的低压蒸汽同时驱动蒸汽轮机做功，带动汽机发电机发电。采暖期时，汽轮机抽汽与低压蒸汽加热热网系统为寿阳县城供热。

5. 工程进展

2014年1月21日汽轮机扣缸；4月1日化学水制出合格除盐水；4月9日1号、2号余热锅炉水压试验完成；4月20日电气特殊试验及涉网试验完成；4月21日完成厂用10千伏临时电源受电；4月22日继电保护、远动及通讯设备安装调试完毕；5月19日220千伏朝白线送出线路工程全部完工；5月26日1号余热锅炉酸洗完成；5月30日2号余热锅炉酸洗完成；6月2日1号燃机点火定速完成；6月7日2号燃机点火定速完成；6月13日1号余热锅炉吹管完成；6月15日2号余热锅炉吹管完成；7月7日正式厂用电倒送完成；8月11日1号燃机发电机并网；8月16日3号汽机发电机并网；8月19日2号燃机发电机并网；8月20日向LCBM厂供应蒸汽进行吹管；9月14日向LCBM厂供应蒸汽进行冲转试车；10月2日8时30分进入“72+24”小时试运行，转入商业运行。

三、组织机构

1. 主管单位

山西省发展改革委员会

2. 项目单位

山西省国新能源发展集团有限公司

3. 设计单位

国核电力规划设计研究院

4. 监理单位

山东诚信工程建设监理有限公司

5. 承建单位

中国能源建设集团山西省电力建设三公司

打造阳泉靓丽窗口

天桥华城摩尔港商业广场项目

天桥华城摩尔港商业广场项目（以下简称项目）占据阳泉传统核心商圈，是一座集商业、办公、住宅、娱乐休闲为一体的综合性建筑群。项目以国际化、市场化、资本化、专业化、创新化、产业化的视觉，融入电商、物流、金融等商业新元素，整合铁路、物流资源，打造时下国内外极具租金增长空间的投资商铺，营造高端购物环境的市场型购物中心，涵盖商务、居住、物流、展示、批发、餐饮、娱乐等多功能的综合体，辐射聚集德胜街、华盛街、桥北街、兴隆街、福寿街等商业步行街，量体打造全新晋东高端豪华市场。

一、项目概况

项目建筑面积约171.15亩，工程结构形式为框架—剪力墙结构，地下3层，地上30层。包括5A智能高端写字楼、多功能住宅楼、全功能时尚公寓、3D-IMAX影院、5层大型商场和大型综合超市、欢乐城、地下双层停车场等复合多种建筑业态，以“办公、购物、娱乐、居住、餐饮、停车”一站式理念规划，成为阳泉市最繁华的生活的核心。

商场现有铺位约有1000个，一层精品港；二层时尚港；三层鞋帽港；四层美食港。涵盖珠宝首饰、钟表眼镜、化妆品、男女服饰、鞋帽饰品、儿童天地、餐饮娱乐、日杂百货等商业品类。生活港即生活超市，面积约22.5亩；另外还有北京三川教育等亲子品牌的加盟。

项目有地下停车场25.5亩，近600个车位。

项目有自己的网站www.tianqiaomall.cn，线上线下同时销售，可以批发，可以零售。电商最重要的物流方面，现已与阳泉东日升鑫磊物流机构取得战略合作。

二、组织机构

1. 项目单位

阳泉市晟城房地产开发有限公司

2. 设计单位

北京设计院和阳泉建筑设计院联合设计

3. 承建单位

盐城市大成建筑工程有限公司

提高资源利用率的煤化工产业工程

天脊煤化工集团年产27万吨硝酸项目

Back ground 背景资料

天脊煤化工集团股份有限公司的前身是山西化肥厂，是国家“六五”期间的重点建设项目。1997年10月整体改制为天脊煤化工集团有限公司，2006年6月正式成立天脊煤化工集团股份有限公司，厂址位于山西省潞城市。

多年来，天脊集团适应市场发展的要求，积极跟进国内外煤化工先进技术，在产品结构调整方面作了有益探索和尝试，取得了成功的经验和喜人的成绩，推动了天脊煤化工事业的快速发展。截至2014年末，集团总资产105.54亿元，2014年营业收入91.03亿元。

进入新世纪，天脊集团新一届领导班子提出了“以肥为主，做强主业，产品成链，循环增效”的发展战略，在充分论证的基础上，确定煤化工是天脊集团首选的产业链。从企业的长远发展来看，企业的开发建设必须遵循一体化理念。在产品项目一体化方面，以煤资源为基础，以硝酸、一氧化碳、氢气等中间产品为原料，发展下游化工产品，形成一个完整的产品链。

天脊煤化工集团股份有限公司将以建设7万吨/年己二酸及13万吨/年苯胺生产装置为核心，同步建设27万吨/年硝酸装置（以下简称项目）。项目所采用的双加压法技术成熟可靠，消耗指标达世界先进水平，产品酸浓度高（可达58%～68%(重量百分比)），尾气NOx（氮氧化物）排放量在300毫克/立方米以下,满足GB/T26131-2010的要求，符合国家大力发展和应用清洁工艺和清洁产品的环保要求，收到较好的环保效益，因此有很强的适应市场能力。项目的实施可使集团产品结构系列化，上下游一体化，形成产业链，合理地进行资源配置，最大程度地提高资源的利用率，使集团获得较好的经济效益和一定的抗风险能力，年利润总额实现13430.14万元，所得税3357.54万元，内部收益率税前26.78%，税后22.33%。项目建成后，天脊集团硝酸产能将达到108万吨/年，成为世界上规模最大的硝酸生产园区。

一、审批立项

2008年3月26日，山西省经济委员会以晋经投资字〔2008〕161号文下发项目备案的通知。

2009年3月4日，山西省发展和改革委员会以晋发改备案〔2009〕47号文下发企业投资项目备案证。9月2日，山西省经济和信息化委员会以晋经信办字〔2009〕71号文下发项目节能评估和审查的批复。9月7日，山西省环境保护厅以晋环函〔2009〕352号文下发项目环境影响报告书的批复。10月20日，山西省安全生产监督管理局以晋安监危化项目设立审字〔2009〕031号文下发项目设立安全审查的批复。

2014年1月24日，山西省安全生产监督管理局以晋安监函〔2014〕65号文下发项目职业病危害预评价报告的批复；6月27日，以晋安监函〔2014〕375号文下发职业病防护设施设计审查。8月20日，以晋安监危化项目安设审字〔2014〕16号文通过安全设施设计审查。

二、工程建设

1．投资规模

项目总投资51870.41万元，其中，建设投资49008.05万元。资金来源主要是银行贷款30000万元，其余21870.41万元为企业自筹资金。

2．建设规模

项目拟在天脊煤化工集团股份有限公司厂区内进行建设。由于场地的局限，新建硝酸主厂房拟布置于A100的西侧（拆除原供排水办公室、仪表金工厂房等），成品罐区拟将原罐区扩建而成。

新建硝酸主厂房拟建场地西部为新建硝酸铵装置，东部为原硝酸装置，南部为苯胺装置，北部为C211空压站。该项目依托现有企业，基础设施完善，水、电、汽等公用工程设施基本配套。

项目装置总占地面积（含露天装置）3422平方米，建筑面积为1332 平方米。建构筑物主要结构为钢筋混凝土框架结构。

3．建设周期

项目于2012年12月24日在天脊集团厂区举行开工仪式，建设工期为2年。

4．项目进展

2014年4月13日，吸收塔开始吊装组对。4月28日，新建硝酸项目附属抗爆控制室封顶。7月24日，新建硝酸项目附属3000标准立方米/小时空压站土建完工。9月18日，新建硝酸项目附属3000标准立方米/小时空压站试车成功。11月15日，工程部组织进行“三查四定”尾项消除工作及现场清理。11月15日蒸汽透平单体试车成功。11月30日机组联动试车成功。12月3日进行了空压机防喘振试验，并成功取得运行控制关键数据。12月6日第二次机组联动试车并取得成功。

截至2014年底，正在办理试生产许可，完成后即可进行试生产。

三、组织机构

1．主管单位

天脊煤化工集团股份有限公司

2．设计单位

中国化学赛鼎工程有限公司、天脊集团工程有限公司

3．监理单位

山西省建设监理有限公司

4．承建单位

中化二建集团有限公司

低耗、高效、清洁化生产水平的建设工程

晋煤10万吨/年煤基合成油技术改造项目

Back ground 背景资料

晋煤集团10万吨/年煤基合成油技术改造项目（以下简称项目），原采用的灰熔聚加压气化技术与目前国内外先进气化技术相比，能耗偏高、装置检修率高、连续运行时间短，且装置改造投入较大，造成了原示范项目的经济效益并不理想，晋煤集团从“三高”煤高效利用出发，投用近万吨煤在安徽中能航天炉气化装置进行试烧，验证了“三高”劣质无烟煤利用航天炉进行气化的可行性。为进一步提升系统低耗、高效、清洁化生产水平，实现10万吨/年煤制油项目彻底达产达效，经晋煤集团组织专家论证，批准实施了造气工艺技术改造项目。项目被列为山西省2014年度重点工程。

项目建设地址位于晋城市泽州县金村镇原厂址，改造完成后，企业生产系统运行效率将有效提高，单位产品能耗将降低6%、水耗降低20%、二氧化碳减排30%，实现清洁化、高效化、低耗化生产；企业效益将显著提升，10万吨/年煤制油项目将彻底达产达效，实现年产甲醇30万吨、合成油10万吨，实现销售收入10亿元/年、实现年均利润4000万元；天溪公司将全面完成从示范工厂向商业化工厂的转变，进一步为晋煤集团高硫煤洁净化利用循环经济园区积累经验、探索技术、锻炼团队，为促进地方国民经济和社会发展做出更加积极的贡献。

一、审批立项

2012年10月25日，项目以晋经信投资字〔2012〕642号文件取得省经信委备案。

二、工程建设

1. 投资规模

项目总投资6.23亿元，资金来源为企业自筹解决（煤炭转产发展资金）。

2. 建设规模

项目使用公司预留地50亩，项目水、电、汽等外部条件依托公司现有公辅设施解决。在厂区东侧新增用地上采用航天HT-L粉煤加压气化技术新建2台ϕ2.8m航天炉替代原示范工程采用的灰熔聚气化装置，同时对生产系统空分、净化、合成等工序进行节能技术改造，对生产系统进行整体优化升级，使现有系统达产达效。

3. 建设周期

项目于2013年5月开工建设，2014年10月建成。

4. 工程进展

2014年9月20日，完成了所有设备、管道、电仪等的安装施工，具备单体试车条件，2014年10月30日之前完成了单体式车和联动试车，进入试生产。

三、组织机构

1. 项目单位

山西晋城无烟煤矿业集团有限责任公司

2. 设计单位

航天长征化学工程股份有限公司

3. 施工单位

中国化学工程第二建设有限公司、中国化学工程第三建设有限公司、中国化学工程第十三建设有限公司

4. 监理单位

岳阳长岭炼化方元建设监理咨询有限公司

推动焦化行业结构调整和产业升级的标杆项目

山西潞安焦炉煤气高效利用制化学品项目

核心提示 Core tip

山西潞安焦化有限责任公司焦炉煤气高效利用制化学品项目（以下简称项目），是潞安集团由传统产业向新兴煤化工产业跨越发展，构筑高端化、高质化、高新化的现代煤化工产业体系的标杆项目，是潞安集团潞城焦化园区的核心项目，也是推动焦化行业结构调整和产业升级，延伸焦化产业链、实现焦炉煤气的深度转化和高效利用的示范项目。

项目以原天脊潞安化工公司30万吨/年焦炉煤气制甲醇装置为基础，采用潞安自主知识产权的“钴基F-T合成”技术为核心工艺，利用潞城焦化园区焦化企业副产的焦炉气合成硬蜡、软蜡、重油、轻油等高端化学品，同时联产合成氨。项目的实施将为潞安集团带来良好的经济效益，促进潞安经济的均衡发展和产业结构调整，实现潞安集团的良性可持续性发展。

一、审批立项

2013年5月27日，山西省经信委以晋经信投资字〔2013〕278号文下发项目备案文件，项目立项审批完成。

二、工程建设

1. 投资规模

项目一期概算投资为3.8亿元，2013年完成投资约1.8亿元，2014年投资约2亿元。

2. 建设规模

项目是在山西天脊潞安化工有限公司30万吨/年焦炉煤气制甲醇装置的基础上进行的改造扩建项目，工艺流程划分为F-T合成油装置和联产合成氨装置两部分。合成油装置是基于原甲醇合成装置进行的改造，对部分设施进行了拆除，购置安装了F-T反应器等配套工艺设备，调整优化了公用工程及管网设施，其余生产装置多数利旧；联产合成氨装置是在厂区西侧空置区域进行的新建工程，土建基础、管道施工、设备安装及辅助设施全部新建。项目全部设施均在山西天脊潞安化工有限公司厂区以内，未新征土地。

项目产能为：油品12万吨/年、液氨12万吨/年，其中一期年产6万吨油品（硬蜡1.8万吨/年，软蜡0.9万吨/年，重油1.92万吨/年，轻油1.38万吨/年）、12万吨液氨；二期年产6万吨油品（硬蜡1.8万吨/年，软蜡0.9万吨/年，重油1.92万吨/年，轻油1.38万吨/年）。

3. 建设周期

项目于2013年6月份开工建设，于2014年5月份完成总体建设施工。

4. 项目进展

经过施工图设计、土建基础施工、设备购置、管道及设备安装，项目于2014年5月份完成总体建设施工，6~—8月份进行设备调试、短线试车、联动试车，9月份正式投料，10月份产出第一桶钴基F-T合成油。

三、组织机构

1. 主管单位

潞安集团焦化产业部

2. 项目法人

山西潞安焦化有限责任公司

3. 设计单位

成都市通用工程技术有限责任公司

4. 监理单位

太原理工大成工程有限公司

5. 施工单位

中国化学工程第十三建设有限公司、中化二建集团有限公司

国家支持和鼓励的战略性新兴产业

晋投玄武岩年产1万吨连续纤维及后制品项目

Back ground 背景资料

山西晋投玄武岩开发有限公司是以研发、生产和销售高性能玄武岩连续纤维及后制品的高新技术企业。公司注册资本为2亿元，其中，山西省经济建设投资集团有限公司出资1.92亿元，占注册资本的96%；四川航天拓鑫玄武岩实业有限公司出资800万元，占注册资本的4%。

山西省经济建设投资集团有限公司是山西能源交通投资有限公司的全资子公司，为国有大型一类企业，公司注册资本金34.7亿元，主营实业投资包括能源、材料、交通、房地产、高科技等多个领域；四川航天拓鑫玄武岩实业有限公司隶属中国航天科技集团，是以研发、生产和销售高性能玄武岩纤维和纤维制品为主业的高新技术企业，已获得12项玄武岩纤维及后制品制造方面的国家专利，并参与制定了8项国家标准，其玄武岩连续纤维生产工艺技术及装备水平属国内领先、国际一流水平。

山西晋投玄武岩开发有限公司年产1万吨玄武岩连续纤维及后制品项目（以下简称为项目）自2011年8月8日奠基，2013年开始试生产，2014年项目建设进展顺利，各项工作均取得阶段性成果。目前建设中的一期项目计划投资7.3亿元，占地300亩，建成后预计可实现年销售收入4.5亿元、利税1.59亿元，可安排就业1200人以上。

深度展现 Depth development

玄武岩纤维产业被列入国家“863”计划和国家“十二五”发展规划，属国家大力支持和鼓励的战略性新兴产业。国家发改委2011年3月27日第九号令公布了《产业结构调整指导目录（2011年本）》，进一步把玄武岩纤维明确列为鼓励类产业目录，2013年第16号公告，明确将“玄武岩连续纤维”列入《战略性新兴产业重点产品和服务指导目录》。山西省人民政府《关于印发山西省新型材料产业调整和振兴规划的通知》(晋政发〔2009〕20号)明确重点支持玄武岩连续纤维建设，加快下游产品的开发、应用和推广。为了鼓励和支持该产业的发展，国家有关部门制定了相关的标准。交通部发布了行业标准(《公路工程　玄武岩纤维及其制品　第1部分　玄武岩短切纤维》JT/T776.1-2010)、《公路工程　玄武岩纤维及其制品　第4部分　玄武岩纤维复合筋》JT/T776.4-2010）；GB/T23265-2009《水泥混凝土和砂浆用短切玄武岩纤维》、GB50608-2010《纤维增强复合材料工程应用技术规范》国家标准已颁布实施，具备了大量推广应用的技术条件。目前，从全球的发展水平看，只有俄罗斯、乌克兰、美国、中国等少数国家拥有生产玄武岩连续纤维的技术，且尚处于初级阶段，具有极大的发展空间和市场机遇。

一、审批立项

2011年5月4日，项目以备案函〔2011〕173号文件在山西省发改委备案；11月21日，以同环函〔2011〕422号文件获大同市环保局《项目环境影响报告初审意见》；12月23日，以晋环函〔2011〕2835号文件获山西省环境保护厅环境影响报告书的批复。2012年4月7日，以晋发改工业发〔2012〕358号文件获得省发改委可行性研究报告批复。2013年5月8日省发改委以晋发改设计发〔2013〕912号文件下发了项目初步设计的批复；5月13日完成土地证办理工作；6月，公司通过了ISO 9001质量管理体系认证。2014年1月16日，完成建设用地规划许可证的办理工作；10月31日完成建设工程规划许可证的办理工作。

二、项目概况

1. 投资规模

项目投资为66868万元。

2. 项目进展

截至2014年底，公司在岗员工400人，共完成投资4.39亿元，已开启熔炉30台(目前产能已居世界第一，全部开启后年产能可达4000吨，2014年原丝产量占全球三分之一以上)；4台烘纱机、4台短切机、10套复合筋成型机已全部开启。目前，玄武岩纤维无捻粗纱的国标断裂强度为0.4 N/tex，公司生产不同规格玄武岩纤维无捻粗纱的最低断裂强度为0.6N/tex，平均0.7 N/tex，最高为0.89N/tex。此外，公司的玄武岩纤维复合筋、水泥短切纤维、沥青短切纤维等产品经国家建筑工程质量监督检验中心、国家建筑材料检测中心、山西省交通建设工程质量检测中心检测，各项指标均优于国家和行业标准，其中，强度等主要指标性能高出国标值近1倍。

3. 主要产品性能和应用领域

（1）玄武岩短切纤维。玄武岩短切纤维是用玄武岩连续纤维短切而成的产品，在沥青混合料、水泥混凝土中掺加玄武岩短切纤维，具有抗高温车辙、抗低温裂缝、抗水损坏、抗剥落、松散、耐腐蚀等优异特性，可广泛应用于市政道路及高速公路的建设和维护，产品的社会效益和经济效益非常显著。如在市政道路沥青混凝土路面中添加玄武岩短切纤维，除具有高温抗变形（车辙、搓板、波浪、涌包等）性能，低温抗开裂性能，还可改善抗水环境，提高抗滑性，降低3～5dB噪音，并延长路面寿命30%以上。在工程造价方面，沥青混凝土每平方米总造价约420元，玄武岩纤维10元/平方米（单价27.5元/千克），造价占比仅为2.38%。在高速公路SMA沥青路面使用玄武岩短切纤维，按高速公路造价约8000万元/公里计算(双向四车道，路宽24.5米)，平均每公里路面仅需使用玄武岩短切纤维9.8吨（纤维添加量4‰，沥青层0.04米），成本仅需增加27万元（造价占比仅为0.338%），而路面寿命同样可提高30%以上。在水泥混凝土路面使用玄武岩短切纤维，与钢纤维相比（目前水泥混凝土主要添加钢纤维），玄武岩纤维强度是钢纤维的3倍以上，耐酸碱腐蚀性强，比重轻（约为1/4），施工方便，

可进一步提高混凝土的防渗抗裂能力，且分散性好。造价方面，在水泥混凝土路面使用玄武岩短切纤维，平均用量为4千克/立方米（钢纤维为60 千克/立方米），按玄武岩短切纤维27.5元/千克（钢纤维为10元/千克）计算，平均每立方米价格为110元（钢纤维为600元），可节约费用81%。

（2）玄武岩纤维复合筋。玄武岩纤维复合筋采用高强度的玄武岩纤维及乙烯基树脂（环氧树脂）在线拉挤、缠绕、表面涂覆复合成型。与钢筋相比，玄武岩纤维复合筋具有强度高（拉伸强度是普通钢筋的3倍以上）、比重小（是普通钢筋的1/4）、绝缘、耐腐蚀、防紫外线、天然的硅酸盐相容性等优良特性，且施工简单、便于运输，可降低工程总造价约10%。

4. 市场开拓

截至2014年，玄武岩短切纤维已得到太原市市政工程设计研究院、同济大学建筑设计研究院（集团）有限公司和天津市政工程设计研究院的权威认可，2013、2014年在省、市有关部门的支持和帮助下，公司生产的玄武岩短切纤维、无捻粗纱等产品已销往北京（京承高速公路改造及三环路面翻修）、太原（中环快速路、长风街高架桥、建设路、阳兴大道等）、大同（平城街、文瀛东一路等）、晋中（太榆路）以及山东、四川、江苏等地，获得了业主、设计单位、监理及施工方的高度认可。

5. 后续拟实施的项目

为进一步延伸产业链，全力打造高附加值的后制产品，公司拟实施的项目有：无人机机身及风力发电叶片、玄武岩纤维土工格栅、玄武岩纤维单向布、玄武岩纤维复合型材及玄武岩岩棉。重点关注及跟踪研发的项目有：滤料、玄武岩纤维防护网等。

三、组织机构

1. 主管单位

山西省经济建设投资集团有限公司、四川航天拓鑫玄武岩实业有限公司

2. 建设单位

山西晋投玄武岩开发有限公司

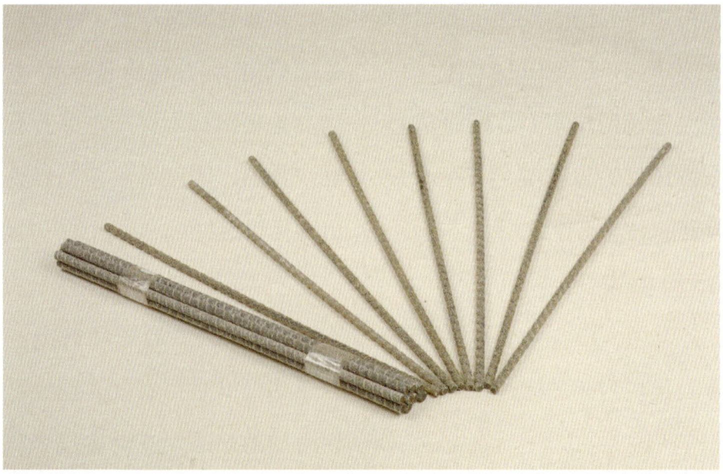

相关链接 >>> Related links

玄武岩连续纤维（简称CBF）是以玄武岩作为单一组分原料，将其破碎加入熔炉中经1450~1500℃高温熔融后，通过铂铑合金拉丝漏板，快速拉制而成的连续纤维。玄武岩连续纤维是继碳纤维、芳纶纤维、超高分子量聚乙烯纤维之后的又一种高技术纤维，与其他高性能纤维相比，玄武岩连续纤维具有新资源（非传统资源代替传统资源）、纯天然（无污染、无毒害，不使用任何添加剂，代表着绿色材料的发展方向）、高性能（具有高强度、高模量、耐高低温、耐酸碱、阻燃、介电等优异的综合性能）三大特性，可广泛应用于消防、环保、石油、化工、军工、汽车、建筑、航空航天、输气管道、船舶制造、交通运输、电子电气、装备防护、公共设施等领域，被誉为21世纪新型绿色环保的新材料。

实现能源多元化

同煤塔山20兆瓦光伏发电项目

Back ground 背景资料

光伏产业是战略性新兴产业，发展光伏产业对调整能源结构、推进能源生产和消费方式变革、促进生态文明建设具有重要意义。光伏电场的建设可以节约煤炭及水资源，减少各类污染物的排放。同煤集团作为国际化能源大集团，把光伏产业作为重点转型方向，大规模光伏发电项目的建设，是实施转型发展的具体体现。从20兆瓦分布式太阳能光伏发电项目起步，具有重要的探索性、示范性作用，对未来保证国家能源安全、保障和改善民生、拉动区域经济发展，将发挥重大作用。

同煤集团塔山太阳能光伏发电项目（以下简称项目），位于大同市南郊区塔山循环经济园区，电站建成后，预计年平均发电量2760万千瓦时，营业收入2223.96万元，年平均生产成本0.56元/千瓦时，年平均利润765.3万元，利税1181.18万元。预计本项目投资回收期10.25年,投资报酬率5.99%。每年减少二氧化碳排放量约2.98万吨、二氧化硫排放量约243.20吨、氮氧化物排放量约110.50吨，对于园区的环境保护、减少大气污染具有积极作用。

深度展现 Depth development

项目电站实施模块化设计和建设，零电压穿越，高品质供电。光伏组件功率全部正偏差，与同类电站相比有较高的发电效率；电池组件由德国慕尼黑再保险，保障了25年电站寿命；处于目前主流光伏应用技术的前列。项目是前沿光伏技术的商业化实验，跟踪式光伏系统、聚光光伏技术、垂直轴磁悬浮风电将在本电站试验性使用，为后续光伏发电项目储备技术。同时是光伏发电与高值农业的结合示范，中国农科院、北京农业学院推荐的远志、连翘、枸杞等中药材，黑麦草、苜蓿等牧草，将在本电站试验性种植，使阳光与土地两种资源得到立体开发，高效利用。

一、审批立项

2013年8月6日取得山西省发改委项目立项。至2014年12月22日，前期手续已全部取得批复。

1．2014年3月12日，取得山西省住房与城乡建设厅《建设项目选址意见书》（选字第2014-0号）

2．2014年4月4日，取得国网山西省电力公司《关于大同煤矿集团公司口泉杨家窑20兆瓦光伏发电项目接入电网意见的函》（晋电发展〔2014〕95号）

3．2014年4月8日，取得大同市环境与保护局《关于大同煤矿集团有限责任公司口泉杨家窑20兆瓦光伏发电项目环境影响报告表的批复》（同环函服务〔2014〕15号）

4．2014年7月16日，取得山西省国土资源厅《关于大同煤矿集团公司口泉杨家窑20兆瓦光伏发电项目建设用地预审复函》（晋国土资函〔2014〕588号

5．2014年7月29日，取得山西省发展和改革委员会核发的企业投资项目备案证（晋发改备案〔2014〕185号）

6．2014年8月22日，取得山西省国土资源厅核发的关于大同煤矿集团公司口泉杨家窑20兆瓦光伏发电项目用地不压覆矿产资源证

明（晋国土资储证字〔2014〕0097号）

7．2014年8月29日，取得山西省国土资源厅《关于大同煤矿集团公司口泉杨家窑20兆瓦光伏发电项目地质灾害危险性评估报告备案表》（晋国土资环（灾）备〔2014〕153号）

8．2014年9月23日取得大同市规划局核发的建设用地规划许可证（地字第〔2014〕0047号）

9．2014年9月23日，取得国家能源局山西监管办公室核发的山西省电力建设工程备案证明（备案登记号：B1041400034）

10．2014年11月13日，取得国网山西省电力公司电力调度控制中心核发的关于基建、改建、扩建设备投入运行批准书（编号：2014067）

11．2014年11月19日，取得山西省安全生产监督管理局《关于大同煤矿集团公司口泉杨家窑20兆瓦光伏发电项目安全预评价报告备案的函》（晋安监函〔2014〕740号）

12．2014年12月9日，取得山西省经济信息化委员会《关于同意大同煤矿集团公司口泉杨家窑20兆瓦光伏发电项目并网的函》（晋经信电力函〔2014〕350号）

13．2014年12月16日取得山西省物价局《关于大同煤矿集团塔山光伏发电有限责任公司口泉杨家窑20兆瓦光伏发电站上网电价的通知》（晋价商字〔2014〕376号）

14．2014年12月22日取得国网山西省电力公司电力调度控制中心《关于基建、改建、扩建设备投入运行启动书》

项目所需要的《购售电合同》《供用电合同》《并网调度协议》《并网协议》已经全部签署完毕。

二、工程建设

项目厂址位于大同市主城区西南侧约20公里处，东邻西羊坊村、南邻杨家窑村，北距大同南郊区约8公里，场地位于塔山工业园区内。场区西侧和北侧有高速G104通过，场址东侧有省道口榆公路通过，交通运输条件较好，区域内地形平坦开阔。

1．投资规模

项目总投资21709万元，全部由企业自筹和银行贷款解决。

2．建设规模

项目总装机容量20兆瓦，占地总面积585.16亩，其中永久占地面积7.66亩，发电厂区面积577.50亩。光伏发电场区由20个1兆瓦子系统构成，20个子系统均配置2台500千瓦逆变器，将直流逆变后，经20台升压变升压至35千伏电压，20个子系统分4回35千伏集电线路汇集接入光伏电站内的35千伏母线，建设1回35千伏线路接入110千伏杨家窑变电站的35千伏母线。

3．开工时间

项目开工时间为2013年8月。

4．工程进展

场内组件、汇流箱、逆变器、升压变已安装完毕，系统二次部分包括远动、保护、通讯等完成调试，高压送出工程已完工，项目于2014年12月31日并网发电，

三、组织机构

1．主管单位

大同煤矿集团塔山光伏发电有限责任公司

2．设计单位

河北能源设计工程有限公司、山西元工电力设计工程有限公司

3．监理单位

徐州建设监理工程有限公司

4．承建单位

河北源盛建筑安装工程有限公司

附录

运城市重点工程建设概览

2014年，运城市重点工程建设围绕省委、省政府“廉洁发展、转型发展、创新发展、绿色发展、安全发展、统筹发展”的决策部署和市委、市政府“主攻产业园区化发展集群化招商”的路径要求，坚持狠抓重点项目建设毫不动摇，充分发挥重点项目在推动全市经济发展中的火车头、排头兵、总引擎作用，以“项目见效年”和“狠抓落实年”活动为契机，严格落实重点项目“六位一体”工作机制新要求，高起点谋划，大力度推进，高效率服务，强考核落实，全市重点项目“六位一体”工作呈现蓬勃推进的良好态势，带动固定资产投资快速增长，为全市经济社会发展起到重要作用。

一、重点项目工作主要成绩

2014年，运城市重点项目“六位一体”工作取得显著成绩，“六位一体”各项指标均按时序完成全年目标任务，在全省11项考核指标排名中，有5项指标位居前三名，前三名数量位居全省第二，综合考核排名为全省第一。具体情况如下：

（一）项目储备超额完成年度目标任务

2014年，运城市共储备619个项目，储备项目投资总额16900亿元，完成全年任务的130%,超额完成全年目标任务，总量全省排名第四。

（二）项目签约任务完成率全省最高

2014年，运城市共签约311个项目，项目投资总额3421.98亿元，完成省定任务的233.10%，高出全省平均水平68个百分点，完成市定任务的142.58%,签约项目完成投资额全省排名第二，完成率排名第一。

（三）项目落地稳中有进

2014年，运城市共落地904个项目，落地项目投资总额1136.38亿元，完成全年任务的100.74%，落地项目完成投资额全省排名第八，完成率排名第九。

（四）项目开工任务完成率全省排名第三

2014年，运城市共开工672个项目，开工项目投资总额820.37亿元，完成全年任务的116.20%，比全省平均任务完成率高8个百分点，开工项目完成投资额全省排名第七，完成率排名第三。

（五）省、市重点项目建设全面加速，省级重点项目任务完成率全省排名第二

2014年，运城市省、市两级重点项目合计完成投资1174.29亿元，完成年度目标任务的100.88%，其中，省级重点建设项目完成投资416.81亿元，完成全年任务的120.81%，比全省平均任务完成率高10.5个百分点，省重点项目投资完成额全省排名第六，完成率排名第二。

（六）项目投产任务完成率全省排名第二

2014年，运城市共投产661个项目，投产项目投资总额942.03亿元，完成全年任务的120.31%，比全省平均任务完成率高11.85个百分点，投产项目完成投资额全省排名第六，完成率排名第二。

二、重点项目工作主要特点

（一）“六位一体”目标全面完成，综合排名全省前列

2014年，运城市重点项目“六位一体”工作取得显著成绩，“六位一体”中五项指标提前完成年度目

标任务，其余一项按时序进度完成目标任务，在全省11项考核指标排名中，有5项指标位居前三名，前三名数量位居全省第二，综合考核排名为全省第一，市重点办获得2014年度山西省重点工程工作优秀单位第一名。

（二）省、市重点项目建设全面加速，开工率、竣工率远高于全省平均水平

从省级重点项目开工情况看，全市2014年计划开工省重点项目共42项，全年开工32项，开工率达到76.19%。从省、市重点项目投产情况看，2014年运城市重点建设项目中计划投产的26个重点项目（其中：省重点建设项目8项，市重点建设项目18项）已全部投产，完成率100%，远高于全省平均水平。重点项目开工和投产工作成绩显著，充分反映出市委、市政府推进重点项目的决心、信心和力度。

（三）主攻产业类项目入园率达到72.09%，产业集聚度显著提高

市委、市政府确定的主攻产业园区化发展集群化招商的工作思路把全市重点项目“六位一体”工作提升到了一个新的高度。根据各县（市、区）、开发区的产业优势，全市精准定位了28个产业园区和32个主攻产业。经市重点办认真分析统计，在全市2014年839项省、市、县重点项目中，进入园区的产业类项目达228项，占产业类项目总数的51.93%；进入园区的产业类项目总投资规模为1445.36亿元，占产业类项目总投资规模的46.17%，园区已成为全市产业集群化发展的主战场。另外，在全市439项产业类项目中，主攻产业类项目共172项，占全市产业类项目总数的39.18%；主攻产业类项目进入园区的有124项，入园率达到72.09%，主攻产业集聚度显著提升，产业链进一步延伸。2014年主攻产业主要项目有：总投资85亿元的平陆县复晟铝业有限公司年产80万吨氧化铝、年产160万吨氢氧化铝项目、总投资36.6亿元的夏县润恒现代农副产品冷链物流项目、总投资10亿元的盐湖工业园石药银湖制药有限公司中西药液体制剂现代产业化项目等。

（四）新兴产业项目在项目数量、总投资规模上占比超过60%

2014年从项目落地、开工、建设环节来看，新兴产业项目数量和总投资规模均占有较高比重，全市产业结构进一步优化。项目落地方面，全市2014年共落地598个新兴产业项目，占落地项目总数的66.15%，项目总投资规模892.12亿元，占落地项目总投资规模的78.51%。项目开工方面，2014年共开工401个新兴产业项目，占开工项目总数672项的59.67%，总投资规模521.09亿元，占开工项目总投资规模的63.52%。重点项目建设方面，截至2014年底，全市新兴产业重点项目共188项，占重点项目总数266项的70.68%；总投资规模2433.92亿元，占重点项目总投资规模的74.7%。项目投产方面，全市2014年共投产435个新兴产业项目，占投产项目总数的65.81%，总投资规模449.53亿元，占投产项目总投资规模的47.72%。随着全市产业

"主攻产业园区化发展集群化招商"思路的不断贯彻落实，新兴产业日益已成为全市产业结构优化升级的主力军。

（五）重点特大项目、大项目集中开工，总投资规模超过1000亿元

2014年，新开工了一批特大项目、大项目，为全市重点项目建设发挥了提领作用。这些项目主要有：总投资100亿元的运城—深圳家居产业一期工程、总投资80亿元的南山生态碧桂园建设项目、总投资20亿元的同煤寺塔煤矿重组整合项目、总投资19.8亿元的翔宇化工有限公司年产45万吨改性工程塑料项目、总投资19.25亿元的稷山县阳煤丰喜公司焦炉煤气综合利用生产尿素联产LNG转型升级项目、总投资14亿元的鑫中大生物科技有限公司植物源天然产品的开发与生产项目、总投资10亿元的盐湖工业园飞宇建材年产10万吨节能铝型材项目、总投资9.7亿元的运宝高速芮宝黄河公路大桥项目等。

（六）已投产达效项目四年累计完成投资402.65亿元，实现税收11.5亿元

运城市狠抓重点项目建设，已有近百项重点项目投产达效，其中2011年至2014年投产达效重点项目76项，项目总投资972.68亿元，已累计完成投资402.65亿元。截至2014年底，已竣工投产项目已完成销售收入244.59亿元，实现利润27.57亿元，实现税收11.5亿元，实现就业人数达7000多人，其他新增农业产值、道路里程等效益也显著增加。

已投产达效重点项目中，占较大比重的为传统产业和新兴产业类重点项目两部分，其中，传统产业类项目18项，总投资396.99亿元，已累计完成投资136.04亿元，累计完成销售收入159.91亿元，实现利润18.76亿元，实现税收8亿元，提供2600余个就业岗位；新兴产业类项目41项，总投资378.55亿元，已累计完成投资207.86亿元，累计完成销售收入84.68亿元，实现利润8.81亿元，实现税收3.61亿元，提供3800余个就业岗位。如果再加上尚未统计的已竣工投产打捆项目、房地产项目等，效益更加显著。

三、主要措施

（一）全面落实重点项目"六位一体"目标责任制，推动重点项目工作深入开展

1. 确定了全市2014年度省、市、县三级重点项目。共确定市、县重点项目839项，总投资规模达到5311亿元。特别是经过积极争取，运城市共列入103项省级重点项目，占全市市级重点项目的38.72%，占全省省级重点项目的八分之一，列入省级重点项目的数量在全省各市中位于前列。

2. 研究制定了运城市"项目成效年"工作实施方案。

3. 分解下达了重点项目"六位一体"目标任务。

4. 确定了2014年重点项目、项目包联领导和推进组组长。

5. 印发执行《2014年重点项目"六位一体"考核办法》。

（二）加大制度措施创新力度，积极协调解决项目推进中存在的困难和问题

1. 建立了重点推进的重大项目全程跟踪机制。2014年5月中旬，全市共确定了重点推进（监测）项

目45项、重点关注的大型企业单位9个，包括全市30亿元以上的所有项目和市委、市政府关注的重大项目。对这些项目进行重点推进，实行“一月一推进会”的工作制度，面对面听取项目单位的困难和问题；实行“一月一表一照片”的推进机制，通过逐月对比，全程掌握项目进展情况，督促加快项目建设步伐。

2．强化重点项目推进会议协调机制。2014年，坚持每月召开全市重点项目协调会和30亿元以上项目推进会，严格落实“月调度、月考核、月排名”的推进机制，按月安排工作计划，做到责任明确，任务明确，狠抓落实。

3．组建运城市服务重点项目的律师公证团队。

4．加强完善重点项目存在问题分类分发限时办结和“挂牌”督办制度。

5．加强对项目推进工作的指导和服务。2014年，对于需要国家、省有关部门审批的事项，充分利用山西省每月的百亿元项目协调会、省重点项目调度会、山西省金融平台、运城市融资平台、政银企洽谈会等各种平台，认真帮助企业，尤其是一些事关全市经济建设大局的项目单位解决制约项目推进的事项审批、土地供给、资金等问题和困难。如帮助临猗县华晋公司年产1.5亿米牛仔布服装面料项目解决了238亩土地指标申请问题。

6．组织编发《投资与项目建设管理常用政策法规汇编》。

7．开展“中国梦•劳动美”全市重点项目建设慰问演出活动。市总工会和市重点办联合开展全市重点项目建设慰问演出活动，该活动迄今已连续举办3年。2014年的慰问演出于11月12日在省重点项目复晟铝业240万吨氧化铝项目建设工地启动，用近一个月的时间走遍了13个县（市、区）、开发区。

（三）加大重点项目“六位一体”统计数据分析工作力度，提升项目管理水平

1．全面掌握全市已开展前期工作和在建项目总投资规模动态。全市每季度通报一次各县（市、区）、开发区5000万元以上的已开展前期工作和在建项目投资总规模，实行动态管理。已开展前期工作和在建项目包括招商引资的签约项目、非招商引资已开展前期工作的项目、2014年计划新开工项目和已开工建设的项目。

2．加大对重点项目园区化发展情况的分析工作。

3．完成了2013年、2014年竣工投产项目的效益分析工作。

（四）加大重点项目宣传工作力度，坚持重点项目完成情况月度通报

1．加强与新闻媒体沟通合作，推进项目宣传工作。2014年市重点办加强与运城市电视台、《运城日报》以及黄河新闻网等新闻媒体的沟通对接，制作了多部重点项目建设专题片并播出，参与撰写了多篇新闻特稿，全景式展现了全市上下狠抓项目建设的实干场面，提振了全市人民信心，在全社会取得良好反响。

2．坚持月通报、月报名，激励先进、鞭策后进。

吕梁市重点工程建设概览

2014年是省政府确定的“项目见效年”，吕梁重点工程建设在市委、市政府的领导下，全市干部群众团结奋斗、攻坚克难，排除了经济下行、资源价格走低带来的诸多困难，项目建设迎难而上，“六位一体”各项指标按时序进度完成。截至11月底，有5项指标位列全省前三位，为吕梁经济社会发展发挥了火车头的作用。

一、基本情况

（一）2014年重点工程项目总体情况

按照省政府“十二五”期间五年五万亿元的总部署，结合国内经济形势和吕梁实际，2014年，全市确定288个重点工程项目（其中省级重点工程118个，分解后为169个），总投资5971.93亿元（其中省级重点工程4286.1亿元）。省下达年度计划任务1222亿元（其中省重点796亿元），吕梁又自加压力，将年度计划调整到1450亿元（其中省级重点工程计划完成投资957亿元）。

按产业分类来看，重大基础设施类项目（包括铁路、公路、水利）46个，总投资1144.17亿元，计划完成投资255.9亿元。产业项目类中，传统产业项目（煤炭、焦化、火电、冶金）53个，总投资1379.38亿元，计划完成投资341.09亿元；新兴产业项目（化工、装备、新能源及“四气”产业、材料工业、其他工业、服务业、现代农业）101个，总投资2640.07亿元，计划完成投资547.01亿元。城镇化和生态环保类项目（城镇化、生态环保）39个，总投资554.53亿元，计划完成投资166.1亿元。民生社会事业类项目（保障性住房、文教卫生及其他社会事业）49个，总投资253.78亿元，计划完成投资139.9亿元。

按投资规模来看，100亿元以上项目14个，总投资2757.54亿元，计划完成投资295.25亿元。50亿～100亿元项目11个，总投资679.67亿元，计划完成投资134.86亿元。10亿～50亿元项目100个，总投资2065.25亿元，计划完成投资730.62亿元。1亿～10亿元项目103个，总投资466.77亿元，计划完成投资226.58亿元。

（二）2014年“六位一体”完成情况

1. 项目储备

省下达任务9495亿元，完成储备项目271个，总投资额12445.81亿元，综合得分74.29，全省排名第八。

2. 项目签约

省下达任务1338亿元，已签约项目186个，签约额3060.24亿元，全省排名第三；完成率228.72%，全省排名第二。

3. 项目落地

省下达任务1433亿元，已落地项目489个，落地额1209.24亿元，全省排名第四；完成率84.39%，全省排名第十一。

4. 项目开工

省下达任务856亿元，已开工项目399个，开工额1001.70亿元，全省排名第五；完成率117.02%，全省排名第二。

5. 项目建设

省下达省市重点工程建设投资任务1222亿元，完成1121.19亿元，完成年任务91.75%。其中省重点工程建设投资任务796亿元，完成794.44亿元，全省排名第一；完成率99.8%，全省排名第十。

6. 项目投产

省下达任务1283亿元，已投产项目456个，投产额1285.31亿元，全省排名第二；完成率100.18%，全省排名第十。

二、项目建设的亮点和成果

2014年，围绕市委市政府“打基础、利长远、惠民生”的总体要求，以经济结构调整为主导，着力推动转型跨越发展，项目建设取得比较显著的成效。

（一）煤焦产业循环发展

在困境中彰显出竞争优势。2014年，市煤焦企业在转型升级，延伸产业链条上主动作为，在困境中彰显出新的竞争优势。交城山西华鑫肥业股份有限公司积极上马利用焦炉煤气生产18万吨合成氨、60万吨硝基产品项目，延伸了产业链条；汾阳山西华天新能源240万吨底煤阶煤化工转化项目顺利建设，实现了煤炭科技的创新；孝义金州煤焦煤系针状焦项目竣工投产，填补了孝义市针状焦的空白；孝义市千万吨级煤化工业园区主体项目逐步推进，以体量博成本，积蓄了大型焦化项目的优势。

（二）电力产业多元发展

夯实了全市能源新基础。2014年，吕梁市电力项目蓬勃发展，低热值煤发电、风电、太阳能发电、生物质发电等项目陆续上马。交城国锦2×300兆瓦低热值煤发电项目已基本完工；文水国金2×350兆瓦低热值煤发电项目和汾阳国峰2×300兆瓦低热值煤发电项目建设顺利；孝义晋能2×300兆瓦、中阳桃园2×300兆瓦、兴县锦兴能源2×350兆瓦低热值煤发电项目已取得路条。岚县阎家背、河口、王狮3个风电项目均已核准并进展顺利，年底有望并网发电。汾阳中节能光伏农业科技大棚电站项目预计年底调试并网发电；汾阳垃圾焚烧发电项目，2014年7月已成功并网发电，项目近期可日处理垃圾量500吨，远期日处理垃圾量可达1800吨，年发电量7800万千瓦时，不仅实现了经济效益，也改善了周边的人居环境。

（三）高新技术遍地开花

引领了吕梁产业的发展方向。2014年吕梁市在创新驱动上推进迅速，为转型跨越发展提供了核心动力。围绕离石城区，建设了云计算中心，为智能城市的发展打下了坚实的基础。围绕占领技术制高点，集聚周边产业的目标，离石区划出1500亩土地建设了无人机产业基地，为吕梁市转型发展提供了坚强动力。江川国威在建设了无人机产业基地的基础上，在岚县继续发展，将高科技新型软磁材料项目落户岚县，预期可以带来5亿元的年产值。

（四）铝系产业快速崛起

形成了吕梁新的支柱产业。面对煤炭市场下行带来的冲击，吕梁市加快发展新兴产业、努力培育新的经济增长点，铝材料产业不断向下游延伸。年内新上了交口道尔200万吨铝系产业园、兴华科技70万吨铝基加工、孝义信发二期180万吨氧化铝、华兴二期100万吨氧化铝等项目，预计全年产量有望达到1000万吨。铝产业成为全市工业经济新的支撑点，逐步成为吕梁又一支柱产业。

（五）新材料工业迅速成长

奠定了工业化发展的新基础。2014年，在市委市政府打造新材料集聚带的号召下，吕梁市新材料项目发展快速。孝义任氏华普瑞新能源上马了年产3200吨锂离子电池磷酸铁锂正极材料项目、汾阳昊阳新能源科技有限公司新建了500万平方米光伏背板项目、离石凌云龙盟纸业公司新建了石头造纸项目、交城国利天能新建了聚光热反射镜项目、文水晋能清洁能源公司新建了500兆瓦太阳能电池及600兆瓦太阳能组件项目。这些项目的上马推动了吕梁市材料工业转型升级、支撑了战略性新兴产业的发展。

（六）装备制造业逐步壮大

奠定了转型发展的新基础。装备制造业是产业升级、技术进步的重要保障，为实现转型发展，吕梁市陆续建设了华夏动力新能源客车联合研制生产基地项目（年产1000万套电动农用作业车电机及锂离子动力电池项目）、山西光华铸管有限责任公司15万吨高效离心球墨铸管清洁化生产项目、孝义金晖矿山煤机制造项目、交城山西国正高铁新建高铁动车制动盘开发制造项目等，不仅吸收了当地的就业，而且为吕梁市的转型发展奠定了坚实的基础。

（七）商贸物流产业蓬勃发展

逐步形成了新产业。2014年，在汾阳孝义周边新建了一些服务业项目：孝义红星美凯龙、丰邦农商贸批发市场、丰邦汽车广场建设项目、沃尔玛商贸综合体、美特好、华美新天地、义务商品交易国际博览城，汾阳阳城商贸物流园区等。在离石城区周边新建了居然之家、天源物流中心等商贸区，既把消费留在了吕梁，又优化了吕梁市吸引人才的软环境，并逐步形成了新的经济增长点。

（八）现代农业普惠民生

开辟了农民致富新出路。在“8+2”（大力发展核桃、红枣、杂粮、畜牧、蔬菜、马铃薯、林下中药材、食用菌八大产业，突出抓好市场建设和龙头企业建设两个关键环节）农业产业化振兴规划的指导下，吕梁市农业产业结构不断调整，产业水平不断提升，逐步形成了现代农业发展的新格局。立足于规模化发展，孝义山西一果食品公司新建了年加工处理6万吨核桃系列产品项目、中阳厚通科技养殖有限公司上马了30万头生猪产业化项目、石楼上马了10万亩红枣核桃精品科技示范园项目；立足于技术优势，汾阳市山宝

万吨双孢菇工厂化项目落地建设、裕源汾州核桃产业园高新技术综合加工项目竣工投运。这些项目，带动了农民增收，实现了吕梁市农业的不断升级。

（九）旅游产业潜力初显

产业前景一片光明。2014年，交城新建了庞泉沟果老峰水上乐园、汾阳建设了文湖景区、孝义市建设了胜溪湖湿地公园；依托吕梁市政治经济中心优势，离石区旅游项目也不断发展，建设了千年旅游景区、白马仙洞景区和安国寺等。旅游产业的地位得到进一步巩固并不断增强，产业潜力逐步显现出来，前景一片光明。

（十）文教、卫生事业同步发展

民生状况得到明显改善。2014年吕梁市社会事业建设步伐不断加快，各县市区学校和医院新建改建项目数量增多。兴县友兰中学二期工程进展顺利，文水县新建人民医院一期工程稳步建设，岚县中学新校区

已基本竣工，孝义市吕梁职业技术学院三期工程项目已运营招生，首批已招生3000多人。

（十一）交通基础设施稳步推进

交通运输网络日趋完善。西纵高速、环城高速已具备通车条件；中南、太兴及吕临支线预计年内竣工，兴县蔡家崖、肖家洼铁路专用线、柳林孟门、兴县通昌集运站年底将具备发运能力；兴县蔡家崖至魏家滩一级公路改造项目已基本竣工。

（十二）生态环保项目发展提速

为经济生态和谐发展提供了保障。吕梁市作为资源型发展地区，长期以来高投入、高消耗、高污染、低效率。2014年，吕梁市加大了生态环保项目的建设力度，上马了湫水河临县城区段综合治理二期工程、方山北川河流域综合治理工程、文水文峪河环境综合治理工程、汾阳禹门河生态综合治理工程、孝义市曹溪河生态环境综合治理工程等项目，通过治污减排，加快推进经济结构调整，保障经济健康快速发展。

三、主要工作措施

（一）早动手，早安排，明确任务，落实责任，掀起重点工程建设高潮

全省转型综改创新驱动项目见效工作大会之后，市委、市政府立即于2月13日召开了全市“项目见效年”动员大会，市委、市政府、市人大、市政协领导出席会议，会议对2014年项目见效工作进行了安排部署，同时下发了重点工程建设责任状，明确了各县市区2014年度重点工程建设各项工作任务，各县市区也陆续召开了动员大会，掀起了重点工程建设的高潮。

（二）认真落实各项制度，多措并举，确保重点工程按时序推进

2014年，吕梁市进一步健全完善了相关制度。市县两级出台了领导干部包联重点项目制度、重点项目集中会审制度、考核奖惩制度、月调度月通报制度、定期督查等制度，有效保障了重点项目顺利推进。一是逐月召开调度会，专题听取各县（市、区）和市直有关部门汇报，研究问题，解决问题；二是坚持重点项目进展情况逐月通报制度，鼓励先进，鞭策后进；三是及时函告各县（市、区）主要领导工程推进中存在的问题，明确责任、明确时限、检点落实；四是多部门先后多次就重点工程手续办理、固定资产投资和重点工程建设投资情况，联合进行专项督查，跟踪督查，对照督查，确保问题解决方案落到实处，对故意拖延不履行协调方案的相关责任人，严格追究责任，确保重点工程建设进度。

（三）召开政银企会议，为解决项目资金问题积极搭建融资平台

针对企业融资难的问题，5月26日，吕梁市组织召开政银企对接洽谈会，辖区内所有银行业金融机构与533个（项目）企业进行了对接，共签约意向贷款金额860.91亿元，截至2014年底，已授信贷款项目177个，授信金额225.08亿元，已到位贷款的项目93个，到位资金135.85亿元。

四、存在的主要问题

（一）资金问题

虽然吕梁市多次召开政银企对接会落实项目资金，也取得了一定成效，但受宏观经济形势和金融机构为规避风险调整贷款投向的影响，建设资金不足仍然是当前项目推进中面临的主要问题。

（二）土地问题

经测算，吕梁市重点项目存在用地规划指标缺口4.98万亩，吕梁市拟自行调剂解决1.05万亩，但仍有3.93万亩的缺口。

（三）开复工问题

截至10月底，吕梁市288个省市重点工程项目中仍有57个项目未开（复）工。主要原因是部分项目市场信心不足，资金短缺，暂停工程建设。

朔州市重点工程建设概览

2014年，朔州市重点工程建设落实省、市“项目见效年”总体部署，按照以统筹推进重点工程“六位一体”为抓手，积极应对经济下行压力，强化组织领导，细化分解责任，强化跟踪调度，优化协调服务，深化解决难题，硬化督查考核，重点工程“六位一体”齐抓共进，成绩较好。

一、全年重点工程“六位一体”完成情况

（一）项目储备

2014年省定朔州市项目储备任务8148亿元。截至12月底，全市共储备农林牧水、交通、工业、服务业、社会事业等九大类251个项目，储备项目投资额1.06万亿元，完成率130%，综合得分75.97，全省排名第五。

（二）项目签约

2014年省定朔州市项目签约任务1116亿元。截至12月底，全市共签约招商引资项目123个，总投资1330.9亿元，全省排名第十；完成率119.26%，全省排名第十。

（三）项目落地

2014年省定朔州市项目落地任务1159亿元。截至12月底，全市项目落地投资额完成1174.09亿元，全省第六；完成率101.3%，全省第八。

（四）项目开工

2014年省定朔州市项目开工任务1219亿元。截至12月底，全市开工项目投资额完成1220.41亿元，全省第四；完成率100.12%，全省第十一。

（五）重点工程建设

2014年省定朔州市项目建设任务658亿元。其中，省重点工程投资任务372亿元，市重点工程投资任务286亿元。

截至12月底，省市重点建设完成投资714.51亿元（其中，省级重点工程完成投资427.86亿元，全省第五；完成率115.02%，全省第四。市级重点工程完成投资286.65亿元，完成率100.23%），完成率108.59%。

（六）项目投产

2014年省定朔州市项目投产任务750亿元。截至12月底，全市投产项目投资额完成815.68亿元，全省第七；完成率108.76%，全省第五。

二、主要工作措施

（一）深入调研，科学确定重点建设“六位一

体”年度计划

2014年初，市重点办深入县（区）实地调研，筛选提出了省、市重点建设投资盘子，拟定了266个项目，报市委常委会和政府常务会多次专题研究敲定。2月19日，全市转型综改创新驱动项目见效动员大会召开，全面部署了“项目见效年”重点建设工作，并向各县（区）、开发区颁发了《2014年全市重点工程“六位一体”目标责任状》，目标明确，责任细化，做到了人人头上有项目，人人肩上有担子。年中，根据项目实际实施情况和市县相关领导意见，及时对未开工或进展不快的省市重点工程项目进行了调整，确保了全年建设任务的完成。

（二）领导靠前指挥，协调解决在建项目难题

采取高位运作方式，强力推进项目建设。继续坚持市委、市政府领导对口联系重点工程制度，“一个项目、一位领导、一套班子、一抓到底”的工作机制见到实效。上半年，市委书记王安庞、市长李海渊以上率下，主动开展领导干部“包县区、包企业、包项目”工作，多次深入重点项目工地一线，督查重点工程和固定资产投资情况，要求抓紧重大基础设施项目建设，提高续建、在建、开工项目的完成率；加大招商引资力度，堵漏补缺，促进固定资产投资；对规模以上企业有针对性地实施帮扶，为企业减负;争取项目支持，搞好项目建设。自10月29日起，市委常委、常务副市长雷健坤率领市发改委、市金融办、市重点办等部门单位负责人先后深入六县区和开发区，深入各重点项目建设一线，全面了解项目进度、施工情况和运行情况，现场办公协调解决项目建设过程中存在的问题，确保项目顺利实施；11月28日市长李海渊主持召开固定资产投资专题会议召开。听取了重点办关重点建设进展情况分析和明年工作安排意见的汇报，要求集中力量推进在建省、市重点工程建设，扎实开展“百日百项”项目建设活动，特别是拿到路条和得到核准的项目要尽快开工;有关部门要加强协调，积极帮助企业完善土地、环评等相关手续，创造开工条件，加快推进新项目建设，确保新开工项目数量持续增加。要求做好基础设施、社会民生、生态城建三类投资的前期工作，争取早日开工建设一批大项目新项目好项目。要求对照年初目标任务，寻找差距、弥补短板、奋力冲刺，努力争取全年工作好成绩。

（三）建立重点项目问诊制度，挂牌督办重大项目

推行重点项目问诊制度，即由企业上报各自项目推进中存在的困难和问题，然后由市重点办分类整理后反馈到相关市直部门、县区；总投资30亿元以上的重大项目，对影响项目推进的重大问题实行挂牌督办。做到解决问题办法、责任单位、责任领导、责任人、解决时限“五到位”，定期通报情况。通过重点项目问诊和挂牌督办，对症下药，切实解决影响重点项目推进的困难和问题，帮助项目单位扫除推进过程中的障碍。

（四）开展“进工地、解难题”活动，破解制约项目推进的瓶颈

一是在上半年4、5月份和下半年9、10月份，开展了两次“进工地、解难题”活动，专题解决项目单位建设过程中遇到的实际困难和问题。二是联合市发改委和金融办，召开银企对接会，切实解决项目单位资金紧张而贷款又难的问题。重点扶持的第一批34家

项目单位与14家银行对接，签订合作协议32.19亿元，已落实贷款近10亿元；三是对全市2014年有用地需求省市重点工程进行了全面摸底和汇总整理，提出了朔州电子数码港、七里河桥梁道路工程、钒电池建设项目、中煤平朔2×66万千瓦煤矸石电厂等大项目的用地计划建议，并积极与市国土局进行对接，确保在今年预下达的2888亩土地利用计划指标中优先保证用地。四是全力做好“百日百项工程”开工工作。为全面贯彻落实省政府“百日百项工程”开工建设决策部署，促进全市投资稳定增长，朔州市重点办草拟了“百日百项工程”开工工作实施方案，在抓好省政府“百日百项工程”确定的朔州市9个项目开工建设的基础上，又提出了总投资173亿元、且前期工作基本完成的市定20个项目，作为百日攻坚工程统筹推进，利用有效施工时间，积极创造开工条件，组织实施项目建设。

（五）坚持“月调度、月考核、月排名”制度，基础服务再上水平

一是从四月份开始把全市重点工程调度会开在县（区），既现场观摩，又相互学习借鉴，比学赶帮，达到加快促进项目建设的效果。二是进一步完善重点项目动态基础数据工作，继续印发《朔州市重点建设月报》，以数据、图表分析研判重点建设形势，有排名、有分析、有预测、有对策。三是围绕“项目见效”主题，全面总结2009年以来已建成投产达效的重点工程。根据省重点工程领导组办公室《关于对2009年以来竣工投产的省重点工程进行总结的通知》（晋重建字〔2014〕3号）精神，对2009年以来竣工投产的重点工程项目进行了回顾总结，全方位、多层次、广角度分析项目成效，确保各个工作环节、各个重大项目、各个行业领域总结分析工作的质量与效果。

三、项目推进中存在的主要问题

一是受环评、土地等政策的影响，“1920”低热值煤发电项目核准进展慢。如平朔安太堡低热值煤发电项目、平朔2×66万千瓦发电项目等因环评未批复尚未核准。二是老百姓对征地补偿期望值高，造成拆迁、征地困难，村民阻工时有发生。如山阴合盛堡50兆瓦光伏发电项目、平鲁石堂山项目等。三是受用地指标和规划指标限制，一些项目不能及时办理相关手续，无法正常施工。四是受市场疲软影响，部分企业投资热情下降，一些原准备开工的项目不能按期开工。五是银行收缩信贷，项目单位融资比较困难。

忻州市重点工程建设概览

2014年，是省委、省政府确定的重点工程建设“项目见效年”。忻州市重点办在市委、市政府的领导下，在省重点办的支持下，按照“项目见效年”工作部署和省重点工程“六位一体”统筹推进工作机制要求，狠抓重点工程建设和优化投资环境，围绕“项目见效”强化指导和服务，切实推动现有落地项目加快建设，下大力气推动建设项目尽快投产达效，重点工程项目各项工作进展顺利，健康推进，取得较好的预期效果。

一、目标任务完成情况

2014年忻州市“六位一体”六项考核指标均超额完成，储备项目完成率130.04%，签约项目完成率140.66%，落地项目完成率115.85%，开工项目完成率110.08%，重点工程建设完成率109.75%，投产项目完成率111.98%。其中，储备项目和省重点工程完成率全省排名第一，重点工程建设继续保持了良好势头。

二、工作推进措施

（一）制度建设方面

建立了市领导对口联系指导重点工程项目制度、重点工程“八位一体”（项目储备、签约、落地、开工、建设、投产、服务、考核）考核制度、对口推进组制度、重点工程台账制度、限期督办制度、月通报、月排名、月公示制度、10亿元以上项目实时跟踪服务制度、项目直通车制度等。

（二）工作创新方面

1．制订了重点工程“八位一体”统筹推进实施办法，将项目储备、签约、落地、开工、建设、投产、服务、考核纳为一体，统筹推进。

2．开展了“项目见效年”服务月活动，通过举办服务月活动，对忻州市一大批前期手续存在问题的项目进行集中办理，加快了忻州市项目顺利建设。

3．制定了重点工程责任主体制。通过对重点工程主体的分解落实，使得各级各部门明确各自范围内的职责，进一步加强部门之间的沟通联系，各有关职能部门能够积极主动地为项目单位提供指导服务，为项目建设提供了便利条件。

4．印发了重点工程手册，将所有制度及文件精神汇总成册，分发到各部门、各项目单位。

5．分类考核。出台了《忻州市重大产业项目考核办法》，对全市重大产业建设项目实行三级分类考核，将全市14个县（市、区）和经济开发区按照地域经济状况分为A、B、C三类进行考核，发挥好考核导向作用，增强考核的科学性。

6．10亿元以上项目实时跟踪。对10亿元以上的省市重点工程项目所涉及的立项、征地、环评、供水、供电等事项全程实时跟踪服务，同时相关部门也建立了“特事特办、限时办结”的工作机制，加快项目前期准备工作。

太原市重点工程建设概览

2014年，太原市重点工程建设在市委、市政府的领导下，在省重点办的支持下，加强领导，完善机制，明确目标，落实责任，分解任务，狠抓落实，全力推进，较好地完成了重点工程“六位一体”各项年度目标任务。

一、重点工程“六位一体”任务完成情况

（一）项目储备

储备项目投资额24415亿元，完成年度目标任务的130%。

（二）项目签约

签约项目投资额3590.8亿元,完成年度目标任务的143.69%。

（三）项目落地

落地项目投资额1596.39亿元，完成年度目标任务的126.3%。

（四）项目开工

开工项目投资额1579.3亿元，完成年度目标任务的106.42%。

（五）项目建设

省市重点工程建设完成投资1360.69亿元，完成年度目标任务的108.51%。其中：省重点工程完成投资681.78亿元，完成年度目标任务的111.04%；市重点工程完成投资678.91亿元，完成年度目标任务的106.08%。

（六）项目投产

投产项目投资额1571.19亿元，完成年度目标任务的107.32%。

二、工作中主要措施

（一）加强组织领导，强化协调服务

一是组织召开全市“项目见效年”动员大会，对全市开展“项目见效年”活动进行动员和部署，向各县（市、区）、开发区和市有关部门2014年重点工程目标任务进行了分解并下达目标责任状。二是坚持月调度例会制度，对各县（市、区）、开发区和市有关部门进行月通报、月考核、月排名。三是利用每周在市政务大厅召开的由16个行政审批部门参加的现场办公例会，研究解决重点工程项目手续办理中存在的问题。四是现场解决问题。重点办经常深入到重点工程现场了解工程进展情况，及时协调解决项目建设中遇到的问题，确保项目顺利推进。

（二）全力抓好重点工程项目的开工

太原市重点办把推进省重点工程计划新开工项目的开工作为一项重要工作来抓，一是对未开工的省重点工程项目制作了统一的“一事一表”并进行了分类梳理，找出症结，限时解决，确保重点工程项目按期开工。二是对未开工的重点工程项目，逐个项目对接，要求项目单位分析未开工的原因，想方设法完善手续，积极主动地抓好开工前的各项准备工作；涉及市发改、国土、规划、环保等部门行政审批的，移交到市政务大厅加快手续办理；涉及国家、省有关部门审批的,由市有关部门上报省对口部门协调解决，加快手续审批。三是与市政务办建立了重点项目对接联动机制，定期通报重点项目手续办理进展，协调解决重点项目遇到的问题和困难。

（三）突出抓好省重点工程大项目的推进工作

以阳煤集团新型煤化工项目、太钢集团不锈钢冷连轧及硅钢冷连轧扩建项目等10个总投资百亿元以上的大项目和宝迪食品工业园建设项目、润恒农副产品（冷链）物流产业园等22个年度计划投资5亿元以上的大项目作为工作的主要抓手，建立了《2014年省重点工程总投资百亿元及年度计划投资5亿元项目手册》，定期召开专题协调会，每月通报投资完成情况，全力以赴做好大项目的跟踪推进工作。

（四）抓好项目投产，力争在“项目见效年”中见到成效

一是抓好省级重点工程项目的投产工作。要求各县（市、区）政府、开发区管委会和市有关部门加大与项目单位的对接力度，及时协调解决项目建设中存在的问题，积极主动地为项目单位提供服务，促使重点项目加快建设进度，确保按期完工，顺利投产达效。二是抓好城建重点工程项目的竣工投产。要求各项目建设单位精心组织，科学施工，加班加点，确保城市基础设施建设工程按计划竣工投产。三是督促各项目单位与相关部门加强沟通，完善项目投产的相关支撑性材料，做好投产项目的竣工验收工作，促使项目早日投产。

（五）实行目标管理，严格考核

按照“一事一表”的要求，建立了重点工程项目建设完成投资管理台账和土地、环评、规划、立项、形象进度等推进情况台账，对每一个重点工程项目，明确年度目标任务、月度投资计划、开竣工时间、责任人、工作进度、完成时限等内容。在项目建设全过程按照“一事一表”抓好事前指导、事中督促、事后检查。把重点工程“六位一体”年度目标任务和“项目见效年”开展情况纳入市委、市政府对各县区、各部门年度目标责任制考核范围，年底进行严格考核奖惩。

晋城市重点工程建设概览

2014年是省委、省政府和市委、市政府确定的“项目见效年”，面临经济下行压力和投资放缓的严峻形势，晋城市重点工程“六位一体”工作在市委、市政府领导下，工作运行平稳，进展有序，项目开工完成率全省排名第一，项目落地完成率全省排名第三。

一、重点工程“六位一体”完成情况

（一）项目储备

截至2014年12月底，全市储备项目327个，总投资额12258.2亿元，完成省定目标的130%，完成市定目标的100%。

（二）项目签约

2014年，全市经省会审通过的招商签约项目163个，总投资1825.57亿元，完成省定目标的140.11%，完成市定目标的101.4%。

（三）项目落地

2014年，全市落地项目552个，总投资额1125.86亿元，完成省定目标的115.71%，完成市定目标的96.4%。

（四）项目开工

2014年，全市开工项目286个，总投资额749.38亿元，完成省定目标的118.57%，完成市定目标的98.6%。

（五）工程建设

2014年，省、市两级重点工程共完成投资891.8亿元，完成省定目标的117.8%，完成市定目标的102.3%。其中，省级重点工程完成投资297.07亿元，完成省定目标的111.26%，完成市定目标的92.8%；市级重点工程完成投资594.7亿元，完成省定目标的121.4%，完成市定目标的107.7%。

（六）项目投产

2014年，全市投产项目308个，总投资额701.75亿元，完成省定目标的105.84%，完成市定目标的87.9%。

二、工作中采取的主要措施

（一）统一思想，明确目标，形成推进“项目见效年”的强劲态势。省“项目见效年”会议之后，晋城市高度重视。市委、市政府召开“综改攻坚、创新驱动、项目建设、招商引资”动员部署会议，下发了《全市“项目成效年”工作实施方案》《关于下达2014年度重点工程项目目标任务及任务分解的通知》《关于印发2014年全市重点工程项目名单的通知》，明确工作目标，细化工作任务，制定推进措施，提出工作要求。各县（市、区）先后召开“项目见效年”工作动员部署会议，做到了领导再加强，目标再明确，工作再部署，细节再落实，确保了项目见效年工作运行良好，推进有序。

（二）严格责任，加强协调，全力推进“项目见效年”有序开展。继续坚持领导对口联系、部门对口推进重点工程项目制度，下发了《关于市四套班子领导同志对口联系、市直部门对口推进重点工程项目的通知》，市四套班子30名领导每人对口联系2个省级重点项目，市直53个部门每个部门对口推进1～3个重点项目。项目联系领导以“进工地、解难题”为载体，到项目现场办公调研，帮助解决实际问题，做到既挂名联系、挂帅出

征，又拍板决策、主动服务。项目对口推进部门能根据各自的职责，成立专门的班子，确定专人负责，及时掌握项目动态，主动指导、协调、解决重点项目建设过程中遇到的资金、规划、土地、环保等有关问题。组成6个工作组每月深入县（市、区）、企业、项目单位开展巡回监督检查，主动帮困解难。各县（市、区）坚持“一个项目、一个责任领导、一套班子、一个目标、一抓到底”的工作机制，主动与项目单位结对子，对重点工程做到了“人盯人”。

（三）强化指导，优化环境，紧紧围绕“项目见效年”搞好服务。坚持把为重点工程搞好服务、创造宽松发展环境作为重中之重，全方位为项目提供服务，积极帮助项目单位破解资金筹措、手续办理、土地供应、阻工扰工等难题。市委、市政府先后召开未开工项目推进会议、融资工作会议、“双过半”推进会议，协调解决影响和制约项目顺利推进的资金、手续、土地以及阻工等问题。先后协调解决华昱公司100万吨甲醇清洁燃料项目碗周路临时出口和兰花大宁煤矿井下瓦斯地面预抽放项目施工阻工等问题，确保了重点项目有序推进。市人大、政协组织代表、委员深入项目单位检查调研，市发改、国土、规划、环保、建设、电力等部门继续发扬支持重点项目工作中的成功经验和做法，主动搞好服务，全力支持重点项目，确保了年度目标任务按序时推进。

（四）创新机制，激励争先，营造支持“项目见效年”的良好氛围。继续坚持重点工程月调度、月通报、月排名、“台账管理”、专项督查和“进工地、解难题”等有效的做法，每月在电视台、《太行日报》、晋城在线公布重点工程“六位一体”排名，对项目手续未办结的3个相关职能部门送达“告知书”，向进展缓慢的32个项目单位下发“督办函”，为推进重点项目建设起到了积极的作用。2014年，面对经济下行压力的影响，为激励进位争先，增加了重点工程在全市“三合一”目标考核中的赋分。在去年“三方”台账和“三项”台账基础上，又建立了重点工程项目问题台账和问题销号台账；与市总工会联合开展了“送清凉”活动，晋城电视台、《太行日报》、晋城在线等新闻媒体全方位、多角度、深层次宣传报道项目推进工作中的好经验、好做法，县（市、区）以“百日攻坚战”和“项目推进会”为载体，为项目建设宣传造势，激发了干劲，浓厚了氛围，调动了各方面的积极性，推动了重点工程“六位一体”建设。

（五）加强督查，注重实效，为“项目见效年”保驾护航。市委、市政府坚持把加强监督检查工作作为推进重点工程“六位一体”工作的重要措施，继续落实纪检监察、政府督查、媒体监督“三位一体”的监督检查机制，做到重点工程项目到哪里，监督检查就跟进到哪里。2014年，先后配合市委督查室、市政府督查室、市纪检委效能室等相关部门，深入各县（市、区）、企业集团、项目单位和市直相关部门进行督查，抓督促、抓协调，办实事、解难题，对督查发现的问题，下发“督办通知”，明确解决办法、责任单位、责任领导、责任人和解决时限，确保了“项目见效年”工作的顺利推进。

（六）建强队伍，提升素质，为“项目见效年”积蓄力量。坚持把加强队伍建设作为提高项目工作质量的一个关键环节来抓，在抓好平时业务培训和工作调研的基础上，专门邀请省重点办领导和业务骨干对市（县）两级和企业集团重点办人员进行工作指导和业务培训，提高了重点办人员的专业素质，促进了“项目见效年”工作的落实。

2014年，重点工程工作取得了一定的成绩，但也存在一些不容忽视的问题，如新项目开工率不高，省级重点工程推进比较缓慢，项目审批、土地、资金等因素影响项目建设等，已成为制约项目建设桎梏，需在以后工作中加以改进。

阳泉市重点工程建设概览

2014年是省委、省政府确定的“项目见效年”。全市围绕重点工程“六位一体”工作，明确目标分解任务，建立完善工作制度，制定落实推进措施，强化协调服务，严格督促检查，重点工程建设在全市经济社会转型发展中发挥了重要的促进作用。

一、目标任务完成情况

在2014年度重点工程考核工作当中，阳泉市综合得分2.57分，全省排名第八。“六位一体”各项指标完成及全省排名情况如下：

（一）项目储备完成263项，总投资8200.59亿元，完成年度任务的130.07%，综合得分74.13分，综合得分全省排名第九。

（二）项目签约完成139项，总投资693.14亿元，完成省下达年度任务的134.85%，完成率全省排名第九。

（三）项目落地完成155项，总投资490.52亿元，完成省下达年度任务的101.35%，完成率全省排名第七。

（四）项目开工完成216项，总投资504.7亿元，完成省下达年度任务的103.42%，完成率全省排名第八。

（五）重点工程投资完成476.17亿元，完成省下达年度任务的119.34%。其中：省级完成152.73亿元，完成年度任务的117.48%，省级重点工程投资完成率全省排名第三；市级完成323.44亿元，完成年度任务的120.24%。

（六）项目投产完成221项，总投资471.39亿元，完成省下达年度任务的103.83%，完成率全省排名第九。

二、主要工作情况

2014年，全省“综改攻坚创新驱动项目见效”工作大会后，市委、市政府召开部署会议，颁发《重点工程“六位一体”责任状》，下发《阳泉市项目见效年工作实施方案》，进行了全面动员。市委、市政府自加压力，在省下达任务的基础上，项目储备提高了43%，项目签约、落地和建设各提高了10%，确定了全市“项目见效年”奋斗目标，并将“六位一体”目标任务全部分解落实到6个县区。2014年，阳泉市共安排实施重点工

程项目379项，总投资1658.08亿元，年度计划投资399亿元。其中：省级重点工程42项，总投资509.45亿元，年度计划投资130亿元；市级重点工程337项，总投资1148.63亿元，年度计划投资269亿元。

（一）完善“六位一体”运行机制，为重点工程项目推进奠定基础

2014年，阳泉市重点工程工作逐步构建起项目储备、签约、落地、开工、建设、投产“六位一体、统筹推进”的工作机制，形成上下衔接、环环相扣的项目推进新格局，环节沟通更加顺畅，部门联系更加紧密，各项指标相互支撑，各项工作相互促进，“六位一体”工作机制运行顺畅，为顺利完成“项目见效年”目标任务奠定了良好基础。

（二）发挥领导包保作用，为重点工程项目推进担当后盾

2014年，阳泉市继续实行领导包保重点工程项目责任制度，15名市委、市政府领导包保联系15项省级重点工程，深入项目现场进行调研，召开专题协调会，帮助解决项目推进中的困难和问题。5月上旬，市政府领导班子组织对全市重点工程项目进行了一次观摩检查，有力地促进了全市项目见效年工作。从6月份起，市重点工程领导组为每位包保领导配备一个工作小组，各小组主动掌握项目进展情况，发现项目存在问题，跟踪落实市领导安排的推进措施，发挥桥梁纽带和参谋助手作用。9月17日，迎接了省政府组织的全省“项目见效年”督查调研活动。领导包保重点工程项目制度，得到项目单位的充分认可，成为项目推进的强大动力。

（三）强化工作制度，为重点工程项目推进提供保障

在市委、市政府的指导下，市重点工程领导组逐渐建立起了一整套较为完善、科学合理、行之有效的工作推进机制。一是坚持月调度会工作制度，每月召开一次全市重点工程调度会，综合分析推进情况，及时研究解决重点工程推进中的重大问题。二是坚持目标责任制考核管理办法，每月对各县区“六位一体”完成情况进行排名，并在新闻媒体公布，季度落后的县区先后进行了2次分层约谈，同时以《重点工程专报》的形式，将每月全市以及各县区“六位一体”的完成情况和排名情况，报送市四大班子领导及市委委员。重点工程主要指标列入全市“三合一”(考绩、考人、考廉)年度目标责任考核体系，年终按照专门的奖惩办法进行表彰奖励，有效地调动了各县区的工作积极性。三是建立挂牌督办制度，针对重点工程推进过程中遇到的重大事项和难点问题，给相关责任部门下达挂牌督办通知书，限期办理答复。四是广泛开展“进工地、解难题”活动，由21个重点工程领导组成员单位分工负责联系130项重点工程项目，经常深入项目单位，发现和解决存在问题，每个月汇报一次工作开展情况，摸排出来的问题进行分类，分别转交各县区、市直各有关部门进行解决，发现和解决230余个问题。五是建立了重点工程办公自动化系统，通过互联网电子报表，进行数据统计、信息上报、汇总审核，减少了手工填表的失误率，降低了重报、错报和漏报的概率，增强了数据的关联度，便于对数据进行分析研究，有效地提高了工作效率和质量。同时，进一步完善了重点工程项目台账，编制了重点工程工作手册，进行了统计工作业务培训，使重点工程统计工作更加标准化、规范化、科学化。六是推进开展“百日百项工程”活动。按照省政府确定的100项重点工程和市政府确定的50项重点工程，从2014年11月下旬开始，计划用100天时间完成开工工作。

（四）创优发展环境，为重点工程项目推进提供有效措施

2014年，市直有关部门高度重视重点工程建设，摆上重要议事日程，重点落实涉及重点工程事项。市发

改委积极探索“飞地经济”发展模式，突破行政区划限制推进项目建设，至年底，全市共有20个飞地项目，总投资105亿元。天元城市矿产、桃林欢乐世界、金星物资机械、联升办公家具、蒙牛物流、石头造纸等6个飞地项目开工建设，地源热泵等4个项目签约，其余10个项目正在加快推进。另外还印发《阳泉市固定资产投资项目管理流程图》，规范固定资产投资项目审批、核准、备案工作流程，重点解决项目审批中串联多、并联少、繁琐复杂等问题，极大地方便了投资企业办理项目手续，提高了职能部门工作效率。市经信委出台了《工业园区建设指导意见和考核办法》，平定王家庄工业园、盂县鑫磊循环经济产业园、郊区河底新兴工业集聚区等进展顺利。市国土局坚持“两个倾斜”，即土地利用总体规划调整指标向重点工程倾斜，省下达的年度建设用地指标向重点工程倾斜，全力保障重点工程项目用地。市行政审批中心积极深化行政审批制度改革，集中清理行政审批事项，市本级审批项目从84项进一步减少到78项，为全省最少，建设项目审批时限缩短到38个工作日，为全省最短。并公布了第一批权力清单，即承接、取消、调整及下放行政审批项目目录。市金融办主动服务，创新机制，出台了金融支持实体经济发展若干意见，组织召开了政银企洽谈会、地方煤矿银企合作促进会，参加了省里以及在北京召开的金融机构项目推介会，推荐省市重点工程项目进入省金融服务平台，积极帮助项目解决融资难的问题，为企业协调贷款78.9亿元。市检察院、市纪检委围绕中心、服务大局，领导班子分别联系包保重点工程项目，强化自身职能，服务项目建设。

（五）加强宣传报道，为重点工程项目推进营造浓厚氛围。

2014年，围绕“项目见效年”主题，市委宣传部主办、市新闻中心和市重点办联合承办了聚焦重点工程新闻大赛，邀请和组织国家、省、市新闻媒体30多位记者广泛深入报道重点工程建设情况。

三、存在的问题

第一，重点项目特别是大项目的审批周期较长，层级较高，程序复杂，推进速度比较慢，如：鑫磊2×35万千瓦低热值煤热电厂项目和南煤集团龙川二期2×60万千瓦低热值煤发电项目两个低热值电厂项目，山西阳煤远盛热电厂“上大压小”2×35万千瓦新建项目，山西国际能源裕光煤电有限责任公司新建2×100万千瓦级机组工程项目和阳煤集团年产40万吨乙二醇项目等；第二，经济下行压力较大，煤炭市场持续低迷不振，直接或者间接影响到煤炭企业投资项目进展速度，如阳煤集团吉天利循环经济产业园等项目；第三，征地拆迁工作难度加大，村民对环保及补偿的要求增高，难以很快协商签字，影响到部分项目的推进；第四，受资金困难因素影响的项目增多，落地项目迟迟不能开工，在建项目投资进度放缓；第五，许多项目涉及到城市、城乡总体规划以及土地利用总体规划，土地用途需要变更，需要进行规划调整，法律规定比较严格，审批程序比较复杂。

分类目录

一、重大基础设施类

（一）铁路类项目

（二）公路类项目

（三）机场类项目

（四）水利类项目

二、产业投资类

（五）煤炭类项目

（六）焦化类项目

（七）火电（含电网工程）类项目

（八）冶金类项目

（九）化工类项目

（十）装备类项目

（十一）新能源及“四气”产业类项目

（十二）材料工业类项目

（十三）其他工业类项目

（十四）服务业类项目

（十五）现代农业类项目

三、城镇化和生态环保类

（十六）城镇化类项目

（十七）生态环保类项目

四、民生社会事业

（十八）保障性住房类项目

（十九）文教卫生及其他社会事业类项目

★ 本分类目录依据山西省人民政府办公厅晋政办发〔2014〕8号《关于印发2014年全省重点工程项目的通知》，并结合本志书资料征集及编撰要求编制。

后记

POSTSCRIPT

《2014山西重点工程大事志》编辑工作从2015年3月启动。山西省住房和城乡建设厅副厅长姚少峰，省重点办副主任史红权、王恩茂，处长张运宁及该办有关同志积极支持、配合，在对本志资料的征集和与项目单位联系沟通等方面做了大量工作。各项目单位踊跃配合，为本书提供了大量翔实的资料。截至2015年5月，经严格筛选，有104篇入编本志。

本志的编写工作，是在山西省地方志办公室主任李茂盛主持下完成的,在省地方志办公室副巡视员梁力民指导下，开发利用处处长郭建平具体负责。梁力民、郭建平、刘先、沈乔、冯翠兰、和晓芳承担了本志书的编辑、校对和编务工作。省方志发展中心主任丰胜在排版、印制工作上积极帮助和配合，敬鹏涛、王晓君、刘洋负责排版设计工作。郭建平进行审改，梁力民审阅，最后由李茂盛审定。

在此，对给予本书积极支持的领导、专家、学者表示衷心的感谢！

由于我们经验不足，水平有限，加之时间紧、任务重，疏漏和不妥之处，敬请广大读者批评指正。

编　者

2015年8月26日